# 간첩,
# 밀사,
# 특사의 시대

# 간첩,
# 밀사,
# 특사의 시대

초판 1쇄 발행  2022년 5월 30일

지은이  ㅣ  건국대학교 통일인문학연구단
펴낸이  ㅣ  윤관백
펴낸곳  ㅣ  선인

등  록  ㅣ  제5-77호(1998.11.4)
주  소  ㅣ  서울시 양천구 남부순환로 48길 1(신월동 163-1) 1층
전  화  ㅣ  02) 718-6252 / 6257
팩  스  ㅣ  02) 718-6253
E-mail  ㅣ  sunin72@chol.com

정가  23,000원
ISBN  979-11-6068-714-9  93340

이 책은 대한민국 교육부와 한국연구재단의 지원을 받아 저술되었음.
(NRF-2019S1A6A3A01102841)

# 간첩,
# 밀사,
# 특사의 시대

건국대학교 통일인문학연구단

間諜

特使

密使

선인

# 들어가며

우리 사회에서 과거 냉전 시대부터 팽배했던 반북·친북의 이분법이 우리의 분단역사, 반공주의, 남북관계를 객관적으로, 균형적으로, 그리고 미래지향적으로 이해하는 데 많은 한계가 있다. 건국대학교 통일인문학연구단은 남북관계를 탐구하는데 있어 자본주의와 사회주의라는 제도만 다루는 것이 아니라 그 안에 살고 있는 많은 다양한 사람들의 경험과 정서, 인식과 가치에 관심을 돌리고, 북한체제와 북한주민들에 대한 우리의 시선과 감정이 냉전 시기에도 고정되지 않았다는 점에 주목해왔다. 탈냉전 이후「남북기본합의서」로 남북관계가 재정의되면서 북한은 적대의 대상이면서 동시에 화해와 협력의 동반자로 보다 더 분명하게 이중적인 의미를 갖게 되었다. 이에 필자들은 간첩, 밀사, 특사와 이를 둘러싼 국내외적 배경, 역사적 사건, 정치적 논쟁, 대중매체, 정책변화들을 통해서 남북관계의 이중성, 반공주의의 다층성을 포착할 수 있는 내용들을 발굴하고 이를 사람의 통일이라는 관점에서 재해석해보자는 데 뜻을 모으게 되었다.

이 책이 다루고 있는 간첩, 밀사, 특사의 정치사 및 사회문화사는 시대별로 간첩의 시대 (50-60년대 적대와 대결의 시기), 밀사의 시대 (국제적 긴장이완의 시기), 특사의 시대 (90년대 이후 남북교류협력 시도기)로 구분된다. 주요 내용은 ① 1950-1960년대 간첩사건과 남남갈등 및 간첩의 사회문화사, ② 1970년대 데탕트 시기의 이후락 평양 방문의 의미, ③ 1990년대 이후 탈냉전을 배경으로 활약한 특사들의 역할로 구성되었다.

도지인은 「'북괴'인가 북한인가?: 간첩사건과 '남남갈등'」을 통해 전후 1950년대와 1960년대 대표적인 간첩 사건인 '진보당사건'과 '동백림사건'을 중심으로, 이 사건들을 통해서 볼 수 있는 대북정책과 통한여건의 변화와 논쟁의 양상은 무엇인지 주목한다. 냉전시기 간첩사건은 북한의 실체와 전망에 대한 국론이 분열되기 시작한 시기부터 부각되었다. '진보당사건'과 '동백림사건'은 각각 1956년과 1967년 대선을 전후로 전모가 드러났는데, 이 글에서는 이 사건들의 조작 여부라던가 정치적 여파보다는, 전후 1950년대와 1960년대는 지나면서 한국 사회에서 북한이 정치적 '쟁점'이 되어가는 과정, 즉 북한을 둘러싼 '남남갈등'의 시원을 재조명한다. 북한이 '북괴'로 소멸이 임박했다는 관점이 유지되었던 1950년대 중후반은 북한을 둘러싼 국론분열의 여지가 크지 않았다. 따라서 1950년대 한국에서 제기된 평화공존론의 여파는 이승만 - 조봉암의 적대관계에 국한되었고, 통한정책 전반에 대한 정치권의 논쟁으로 번지지 않았다. 그러나 1960년대부터 다원화되는 세계 조류 안에서 북한의 실체가 현실화되고 북한붕괴론의 기반이 현저히 약화되기 시작하면서 기존의 통한정책과 반공주의는 수정되어야 할 수밖에 없었다. 북한의 체제가 공고화되고 국제적으로 승인될 가능성이 공산 중국의 유엔가입 가능성의 증대로 인해 높아지면서, 1960년대에 들어와서 북한이 어떤 존재인가, 어떻게 대할 것인가, 북한과 어떤 관계를 맺을 것인가, 이런 문제들이 정치권에서 치열한 논쟁의 대상이 되었다. 이와 같은 냉전 시기 간첩조작사건의 국내외적 배경을 이해해야 그 실체와 역사적 의의를 제대로 이해할 수 있다.

전영선의 「은밀하지도 위대하지도 않은 간첩 영화 이야기」는 냉전의 한반도 땅에서 이루어진 다양한 교류들이 때로는 남북이 적대하면서도 한편으로는 통일을 지향하는 이중적인 상황 속에서 이루어진 단속(斷續)의 과정이었다고 보고 있다. 한반도에서 이루어진 정치적 사건들은 한반도 구성원들에게 직접적인 영향을 미쳤다. 간첩 영화는 남한에서도 주목받는 영화였고, 북한에서도 낯설지 않은 영화였다. 간첩 영화는 시대적 상황을 적실하게 보여주었다. 반공, 멸공의 시대에 만들어진 간첩 영화들은 대립과 갈등의 분단 상황을 보여준다면 1990년대 이후의 간첩 영화는 새로운 상황으로 전개된 남북의 상황을 대변한다. 시대를 넘어 남북에서, 제작한 간첩 영화를 통해 시대상과 남북의 상호 이해방식의 지형을 그렸다.

김지형의 「이후락의 평양 방문: 대화있는 대결의 시대」는 1972년 '남북공동성명'을 중심으로 밀사 이후락의 활약에 주목한다. 1972년 7월 4일 중앙정보부장 이후락은 '남북공동성명'을 발표하면서 "최근 평양과 서울에서 남북관계를 개선하며 갈라진 조국을 통일하는 문제를 협의하기 위한 회담"이 있었다고 시인하고 5월초 자신의 평양 방문과 뒤이은 박성철 북한 제2부수상의 서울 잠행 사실을 공개했다. 7.4 공동성명의 탄생을 가져온 남북 사이의 비밀 대화는 전년도인 1971년 9월부터 판문점에서 진행되고 있던 남북적십자 예비회담 과정에서 비롯되었다. 양측은 거의 비슷한 시기에 적십자회담과는 별도의 정치회담 창구를 모색하고 있었다. 박정희 정권의 의도는 북한의 평화공세를 차단하고 남북대화의 주도권을 쥐고자 하는 데 있었다. 이미 1970년 8.15 평화통일구상 선언을 계기로 남북 간 평화공존 관계의 정립과 '선의의 체제 경쟁'을 모색하기 시작한 상황이었다. 이에 따라 남북 간 정치적 대화 통로를 마련함으로써 한반도 긴장 완화의 계기를 포착하려고 했다. 이런 점에서 박정권의 남북대화 의지는 대화 그 자체보다 북한의 공세를 잠재우기 위한 측면이 더 강하였다. 미국 측의 지속적인 남북대화 종용과 압력 또한 남북대화 의 강력한 동기로 작용했다

정진아의 「'20세기 최후의 전위예술', 소떼 방북」은 1998년 6월과 10월 2차례에 걸쳐 정주영 현대그룹 명예회장이 소떼 1,001마리를 이끌고 판문점을 넘어 북한을 방문한 사건으로부터 시작한다. 소떼 방북은 IMF사태, 고난의 행군으로 경제적인 어려움을 겪던 남북의 상황에서 남북관계가 풀리고 민간차원의 경제협력과 교류가 증가함 으로써 난국을 돌파할 수 있을 것이라는 희망을 남북 주민들에게 심 어주었다. 소떼 방북이라는 기상천외한 빅 이벤트가 성사될 수 있었 던 배경에는 첫째, 자본축적의 위기 속에서 해법을 찾고자 했던 정 주영의 경제위기 돌파 구상과 미래 전략, 둘째, 탈냉전 기류를 타고 이전과 달리 공산권 국가들에 대해 전향적인 외교정책을 취했던 노 태우 정권의 북방정책, 셋째, 정경분리를 내세우며 정주영의 북한진 출을 지원하고 남북정상회담을 개최하는 등 북한과의 적극적인 관 계개선에 나섰던 김대중 정권의 햇볕정책이 있었다. 정주영은 소떼 방북을 통해 남한 기업의 적극적인 경제협력 의지를 북한 수뇌부에 게 각인시키고, 북한과의 경제협력 사업에 본격적으로 나섰다. 김정 일 역시 남한 기업을 통해 경제난에 빠진 북한의 경제에 활력을 불 러일으키는 한편, 대외 이미지 개선에 나서고자 했다. 정주영 명예 회장이 김정일 총비서 국방위원장과의 단독면담을 통해 얻어낸 경 협의 성과들과 금강산관광과 서해안 공단 구상은 분단의 오랜 질곡 을 끊고 하나씩 결실을 맺는 과정이었다. 그런 의미에서 소떼 방북 은 "20세기 최후의 전위예술"이었다.

김지니의 「노래하고 춤추는 특사: 군사정권 시대, '정치적 적대' 속에서 '민족'을 탐색하다」는 민간예술인들의 활약을 통해 남북관계의 변화를 살펴보았다. 군사정권은 30년 동안 지속되었다. 그 시절 군사정권을 겪은 이들은 일상적인 반공교육을 받아야 했다. 어린 학생들도 예외가 아니었다. 초등학교들은 때마다 반공포스터, 반공글짓기, 중·고등학생이 되면 여기에 더해 일명 '개구리복'을 입고 100시간이 넘는 군사훈련을 받아야 했다. '적대의 시대'였다. 그러나 아이러니하게도 노골적이었던 '적대의 시대'는 다이나믹한 남·북 관계가 추진되고, 역사적인 합의를 만들어 냈던 시기이기도 하였다. 군사정권 이후 추진되었던 대북 정책 및 남·북 교류를 위한 많은 정책들이 군사정권 시기 만들어지고 추진되었던 정책들에 뿌리를 두고 있다는 것은 부정할 수 없는 사실이다. 최초로 정치인이 아닌 민간인이 분단선을 넘었던 때도 군사정권 시기였다. 노래하고 춤추는 남·북의 특사들은 분단선을 넘어 서로의 땅에서 민족의 가락에 맞춰 함께 했다. 남북의 합의서들이 체결·채택되고 있던 그 순간조차 '적대'를 멈추지 않았던 언론과 방송의 포화 속에서 소통과 통합에 대한 열망을 이어간 것은 오히려 노래하고 춤추는 남·북의 특사들이었다는 것을 기억해야 할 것이다.

　　이태준의 「신스틸러, 대남특사 김여정」은 2018년 대남특사 자격으로 남한 땅을 밟은 백두혈통 '김여정'에 주목한다. 평창올림픽 고위급대표단의 일원으로 남한을 방문한 김여정은 당당하고 주도적인 모습으로 세계인의 시선을 받았다. 당연 압권은 문재인 대통령과의 접견 자리에서 북한 김정은 국무위원장의 친서를 전달하며, 본인이 특사 자격임을 밝힌 것이다. 김여정의 '평창 외교' 이후 세 차례 남북 정상 회동이 이뤄졌고, 북미정상회담까지 추동하며 '냉전 질서'에 균열을 냈다. '평화의 대격변기'라 불렸던 2018년 한반도 정세에서 신스틸러(scene stealer)를 자처했던 김여정은 오늘날 남북관계 '파국의 주역'이라는 상반된 평가를 받고 있다. 다시 시작되어야 할 한반도 평화를 위해 김여정의 대남특사 전, 후 과정을 살펴보았다.

필자들은 남북관계의 다중성과 복잡성을 포착함으로써 한국사회를 오랫동안 지배해온 반공과 친북의 이분법적 시각으로는 우리가 겪은 간첩, 밀사, 특사들의 의미와 역할, 그리고 그 결과를 충분히 이해할 수 없음을 드러내고자 했다. 남북관계는 항상 변화해왔고, 앞으로도 변화의 여지가 있기 때문에, 남북이 적대하면서도 화해할 수 있고, 불신하면서도 교류할 수 있다는 가능성을 열어 놓아야 한다. 이 책이 남북관계의 과거, 현재, 미래를 조망하고자 하는 모든 독자들의 이해의 폭을 넓히는데 도움이 되기를 바란다. 마지막으로 기획의도를 흔쾌히 지지해주시고 출판에 응해주신 윤관백 사장님과 선인 편집진의 수고에 깊은 감사를 드린다.


2022년 5월
사람의 통일 지향하며
건국대학교 통일인문학연구단장 김성민

# 차례 ━━━━━━━━━━━━━━━━━━━━━

# 간첩의 시대

## 도지인·전영선

間諜의 時代

# 1장

# '북괴'인가 북한인가
## : 간첩사건과 '남남갈등'

## 1. 통한정책의 국내외적 변화와 냉전기 '남남갈등'

1948년 분단 정부 수립 이후 다소 취약한 기반을 갖추고 있었던 이승만은 한국전쟁 이후 반공주의를 바탕으로 지배체제를 강화할 수 있었다. 이후 한국 사회는 1960년대 박정희 시대를 지나면서 더욱 강화된 '반공정체화'와 '반공규율사회' 의식을 집단적으로 내면화하는 경험을 하게 되었다. 기존 연구에서 반공주의의 '내면화'는 1950년대와 1960년대의 반공주의를 구별하는 기준으로 사용되어 왔다. 이승만 정권기는 '외양적 반공주의의 확산', 박정희 정권기를 '실재적, 내재적 반공이데올로기의 구축'으로 구분되기도 한다.[1] 이렇게 전후 1950년대와 1960년대를 지나면서 한국 사회에서 반공주의가 외양적으로, 또 내면화되어 뿌리내리는 과정은 언뜻 보면 손쉽게, 정권의 뜻대로, 이루어졌을 것으로 생각할 수 있다. 전쟁으로 가족을 잃고 이산을 겪고 삶의 터전이 완전히 붕괴된 한국인들 사이에서 6.25 남침을 강행한 상대에 대한 증오, 그가 이끄는 체제와 제도에 대한 혐오, 또 체제가 상징하는 군사적 위협과 정치적 억압에 적대, 이 모든 감정과 정서의 내면화는 복잡한 일이 아닐 수도 있었다. 그러나 이 글에서 다루게 되는 전후 1950년대와 1960년대 간첩 사건들과 이를 둘러싼 많은 논란을 보면 반공주의의 외양적 확산과 내면화는 동서냉전과 남북분단으로부터 자연스럽게 파생되는 결과가 아니었음을 알 수 있다.

왜 그런가? 한국전쟁 이후 냉전이 가장 격했던 전후 1950년대와 1960년대라는 시공간 안에서도 국가가 정의하는 반공주의의 형식과 내용에 대해 의문을 제기하고, 재고를 권고하고, 심지어 비판하는 사람들이 있었기 때문이다. 이 때문에 북한체제의 성격, 존립의 전망, 북한과의 관계 등 통한정책과 대북정책에 대한 정치적 갈등과 논쟁이 끊이지 않았다. 이는 전쟁 이후라는 조건에도 불구하고 반공주의가 당연하거나 자연스럽지만은 않았다는 것을 의미한다. 특히 북한체제의 성격과 이 체제와의 관계 설정 등의 문제를 둘러싼 논쟁이 격화되는 과정에서 국가 주도의 반공주의 확산과 내면화와 일치되지 않는 목소리를 내는 사람들, 또는 그렇게 보이는 사람들은 종종 '간첩'으로 명명되었다. 이 글은 전후 1950년대와 1960년대 대표적인 간첩 사건인 '진보당사건'과 '동백림사건'을 중심으로 이들이 실제 간첩이었는지 아닌지 진위를 따지기 보다는, 어떤 국내외적 사정으로 인해서 관련자들이 간첩으로 명명되는 것이 국내정치적으로 필요했는지, 이 사건들을 통해서 볼 수 있는 대북정책과 통한여건의 변화와 논쟁의 양상은 무엇인지 주목한다. 이를 위해서 1950년대 '북진통일'과 1960년대 '선건설 후통일'이 직면한 통한정책의 국내외적 변화요인과 대북정책 논쟁을 재조명할 필요가 있다.

당시 이승만 시대의 반공주의의 외양적 확산과 박정희 시대의 반공주의 내면화에 대한 도전이 커진 이유는 정권이 직접적으로 통제할 수 없는 요인들이 많아졌기 때문이다. 특히 국제정치의 다원화와 북한의 체제공고화의 차원에서 본다면, 이전 시기 하나의 전망에 불과했던 북한의 체제 공고화가 현실로 가시화 되면서 그간 한국정부가 고수해 왔던 '하나의 한국관(one Korea)'이 '두개의 한국관(two Korea)'으로 대체되는 새로운 국면을 맞이하게 되었다. 따라서 38선 이북에 실재하고 있는 김일성 정권이 단순히 '북괴'에 불과하며 소멸될 수밖에 없는 체제라는 입장을 바탕으로 통한문제와 외교를 추진하는 것이 점점 어려워지고 있었다. 이는 한국정부가 무능해서라기보다는 국제적 요인과 북한의 변화로부터 기인했다. 유엔(UN)에서 공산 중국의 가입이 1960년대 중반부터 가시화되었고, 한국에게만 우호적이지 않은 비동맹 세력이 유엔에서 한 블록을 형성하고, 북한에서 전후복구와 경제개발이 가속화되고, 김일성 중심의 1인 지배체제에 대한 마지막 남은 모든 도전의 가능성이 연안파와 국내파의 소멸로 제거되었기 때문이다. 따라서 38선 이북에 존재하는 통일의 대상을 '북괴'로 볼 것인지 문제가 큰 논란이 될 여지가 없었던 전쟁 이전의 상황에 비해서 전쟁 이후 50년대, 그리고 더 본격적으로 1960년대는 '북괴'인지 북한인지가 정치적 쟁점으로 부상하면서 '남남갈등'의 양상을 띠기 시작하는 것을 볼 수 있다.

이와 같은 국내외 정세에 비추어 보면, 이 글에서 주목하는 전후 1950년대 중반부터 1960년대 전반은 한국의 반공주의의 대상의 성격이 본질적으로 변화하는 시기였다. 이승만의 '북진통일'과 박정희의 '선건설 후통일'의 기본 전제는 자생력, 자주성, 정치적 · 외교적 정당성을 모두 결여한 '북괴'의 붕괴였다. 그러나 '북괴'는 정권의 바람과 달리, 점점 더 실체를 갖추어 가고 있었고, 국제적으로 뒷받침을 얻고 있었다. 따라서 북한에 대한 반대, 증오, 적대만으로는 통한정책과 대북정책을 이끌어 갈 수 없다는 인식으로부터 출발한 것이 1950년대의 '평화통일론'이며, 이후 한국 정부의 통한정책과 대북관에 대한 더욱 과격한 도전은 1960년대 '남조선혁명론'으로부터 파생되었다.

　냉전시기 간첩사건은 북한의 실체와 전망에 대한 국론이 분열되기 시작한 시기부터 부각되었다. '진보당사건'과 '동백림사건'은 각각 1956년과 1967년 대선을 전후로 전모가 드러났는데, 이 글에서는 이 사건들의 조작 여부라던가 정치적 여파보다는,[2] 전후 1950년대와 1960년대는 지나면서 한국 사회에서 북한이 정치적 '쟁점'이 되어가는 과정, 즉 북한을 둘러싼 '남남갈등'의 시원을 재조명한다. 북한이 '북괴'로 소멸이 임박했다는 관점이 유지되었던 1950년대 중후반은 북한을 둘러싼 국론분열의 여지가 크지 않았다. 따라서 1950년대 한국에서 제기된 평화공존론의 여파는 이승만-조봉암의 적대관계에 국한되었고, 통한정책 전반에 대한 정치권의 논쟁으로 번지지 않았다. 이는 국제적으로도, 또 북한내부에서도, 그러한 여건이 성숙하지 않았기 때문이다. 따라서 1950년대 조봉암 사건은 이승만의 최대 정치적 반대자에 대한 탄압으로 작용하였고, 본격적인 대북정책과 통일정책에 대한 논쟁과 직접 연결되지 않았다. 1950년대 간첩은 주로 정치적 반대파를 탄압하기 위한 이승만 정권의 정치공작의 산물인 경우가 많았다.[3]

　그러나 다원화되는 세계 조류 안에서 북한의 실체가 현실화되고 북한붕괴론의 기반이 현저히 약화되기 시작하면서 기존의 통한정책과 반공주의는 수정되어야 할 수밖에 없었다. 한국이 북한의 실체를 정치적으로 부인하지 않음을 공식적으로 인정한 것은 1973년 박정희의 「평화통일 외교정책에 관한 특별선언」이지만, 1960년대 전반 국제정치적 질서는 '두 개의 중국', '두 개의 한국'으로 이미 변화하고 있었다. 북한의 제체가 공고화되고 국제적으로 승인될 가능성도 공산 중국의 유엔가입 가능성의 증대로 인해 높아지면서, 1960년대에 들어와서 북한이 어떤 존재인가, 어떻게 대할 것인가, 북한과 어떤 관계를 맺을 것인가, 이런 문제들이 정치권에서 치열한 논쟁의 대상이 되었다. 즉 '유엔감시하'의 남북한총선거라는 기존의 통한정책이 유효성을 상실하고 이에 대한 대안으로 '민족자주적'인 통일방안이 제시되기 시작했다. 1960년대 들어오면서 한국은 대외적으로는 '두 개의 한국'이 현실화 되고 있음을 부인할 수도 없지만, 그럼에도 불구하고 대북적대시 정책은 국내적으로 확고히 유지해야 하는 딜레마를 양립시켜나가야 하는 복잡한 입장에 처하게 되었다. 이와 같은 냉전 시기 간첩 조작사건의 국내외적 배경을 이해해야 그 실체와 역사적 의의를 제대로 이해할 수 있다.

## 2. 1950년대 통한여건의 변화와 진보당 사건

### 1) 1956년 북진통일론 vs. 평화통일론

이승만은 전쟁 이후에도 북진통일, 무력통일을 여전히 표방하면서 1956년 대선을 치렀다. 당시의 통일방안은 북진통일과 무력통일

외에 다른 방안은 공존할 수 없었다. 그러나 '북진통일론'은 북한의 붕괴를 전제로 하고 북한을 해방의 대상으로 본다는 의미에서 통일 정책이라기 보다는 분단체제에 안주하기 위한 정치적 상징조작의 측면이 더 강했고 따라서 '북진통일론'에 대한 반대는 곧 체제 논쟁과 표리관계를 이루었다.4 따라서 1956년 대선에서 '북진통일론'을 반대하고 평화통일론을 주장한 진보당 준비위원회의 후보 죽산(竹山) 조봉암은 이승만 정권을 반대한 것이나 다름 없었다.

휴전 이후 처음 치러진 1956년 대선은 원래 자유당 이승만, 민주당 신익희, 진보당 준비위원회 조봉암의 3파전이었으나, 신익희가 갑자기 사망함에 따라 이승만과 조봉암의 대결로 치러졌다. 조봉암과 진보당은 해방정국의 중간파 노선을 계승했다. 중간파는 민족주의를 공통분모로 삼고 있지만 김규식과 여운형의 중도좌파부터 안재홍과 조소앙의 중간우파까지 그 이념 지형이 상당히 넓었다. 조봉암은 반공에는 반대하며 사회주의와 일정한 친화성을 보이는 점에서는 중도좌파에 속하지만 미국의 주도적 역할을 인정하며 남한 단정을 지지하는 미묘한 입장에 있었다.5 조봉암은 5.15 대통령 선거에서 진보당추진위원회의 공천으로 대통령 후보로 출마하였다. 그는 모스크바공산대학 출신의 항일운동가로 해방 후에는 전향하여 건국 후 초대농림장관을 지냈고 국회의원으로 2차 당선되어 2대 국회 때 부의장까지 역임한 인물이었다. 1956년 출마는 대통령 후보로 두 번째 도전으로 혁신정치를 표방하였다.

1956년 제3대 대통령 선거는 실질적인 의미에서 국민들에 의한 최초의 직접 선거였다. 이전 선거였던 제2대 대통령/제3대 부통령 선거(1956년 대선)는 부산정치파동과 발췌개헌을 통해서 도입된 직선제를 통해서 치러졌다. 하지만, 이 선거는 전쟁 중에 치러진 일종의 예외적인 선거였으며 사실상 요식행위에 그쳤던 선거였다.[6] 1956년 대선은 사실상 이승만 정권에 대한 중간 평가와도 같은 선거였다. 선거 결과 국가권력을 동원한 부정선거가 광범위하게 진행되었음에도 불구하고 이승만은 전체 총 투표수(9,067,063)의 과반수를 간신히 넘는 득표(5,046,437 / 55.65%)를 얻는데 그쳤다. 반면에 민주당 후보였던 신익희의 갑작스런 사망으로 이승만의 유일한 경쟁자가 되었던 조봉암은 52년 대선에 비해서 2.5배에 가까운 표(2,163,808 / 23.8%)를 획득하여 이승만의 강력한 경쟁자로 부상하였다.[7]

1956년 선거에서 이승만의 북진통일에 반대하여 당시의 상황으로써는 매우 진보적인 평화통일 정책을 제시했던 조봉암이 획득한 216만 표(유효 투표 30%)는 1952년 선거에서의 79만 표에 비해 그 지지가 거의 3배로 증가한 것이었다.[8] 이 선거에서 평화통일론을 표방한 조봉암의 약진은 상대적으로 이승만의 북진통일에 대한 대중적 지지가 약해졌음을 의미했다. 그렇다면 1956년 시점에서 조봉암이 평화통일론을 표명한 이유는 무엇인가? 이승만을 반대하기 위해서 평화통일론을 제기했다기보다는, 당시의 국내외적 여건이 기존의 '북진통일론'을 유지할 수 없는 방향으로 전개되고 있었고 새로운 대안을 요구하고 있었기 때문이다. 국제적으로는 1956년 2월 소련공산당 제20차 당대회에서 흐루쇼프(Nikita Khrushchev)가 탈스탈린화와 함께 자본주의와의 평화공존론을 제기하고, 미국의 아이젠하워 행정부가 냉전전략을 군사적 대치에서 정치경제적 경쟁을 중심으로 수정하고, 1955년 반둥에서 개최된 아시아 아프리카 회의로 비동맹 제3세계의 세력화가 강화되었기 때문이다. 1956년을 계기로 아아블록의 신생독립구가들이 대거 유엔에 들어와 캐스팅보트 세력으로 등장하고 미소대립을 견제하는 새로운 세력이 나타났다. 국내적으로는 평화통일론은 극우반공체제를 균열시킬 수 있으며, 국민들이 '북진통일론'으로 재생되는 전쟁논리에 염증을 느끼고 있었기 때문이다.[9]

한국에서 '북진통일론'의 적실성이 도전받고 있는 가운데 북한은 전후 1950년대 '평화'에 초점을 맞춘 통일방안을 제시하였다. 북한은 통일민주조국전선이 "평화적통일 위하여 투쟁할 것"을 촉구하면서 "1948년 4월의 합동회의와 흡사한 회의"를 개최하자고 제의하고,[10] 1956년 7월 북한과 소련은 "한국의 평화적인 통일에 관한 제안"에 대한 공동 코뮤니케를 발표하여 "한국의 평화적인 통일을 위한 현실적인 조건을 조성하는데 기여해야 한다"면서 남북간의 문화 및 통상관계 촉진을 요구하였다. 1956년 제3차 조선노동당 대회에서 채택한 호소문인 「조국의 평화적 통일을 위하여(1956.4.28.)」는 통일방안으로 전한국 인민의 총선거에 의한 통일정부 수립, 정전협정의 준수와 남북 군대 축소, 모든 외국 군대의 철수 및 모든 군사동맹 폐기, 남한에서 정치적 자유의 회복, 민간 차원의 교류 활성화, 미제국주의에 반대하는 공동투쟁의 강화, 한반도 평화 유지와 한국문제의 해결을 위한 국제적 협정 체결 등을 포괄적으로 제시했다.[11] 이 무렵 북한은 남북의 군대 축소(1955), 경제·문화교류(1955), 남북 이산가족 서신연락을 위한 남북적십자회담(1957) 등을 제안하면서 평화통일 공세를 한층 적극적으로 펼쳤다.[12]

당시 북이 제시한 통일방안은 이승만의 북진통일과 정면으로 배치되었을 뿐만 아니라 후술하듯이 조봉암의 평화통일론과도 다른 내용이었다. 우선 정부의 공식입장을 본다면, 국방부 장관 손원일은 "한국의 평화적 통일이라는 미명하에 개최되었던 미소공위를 비롯한 판문점회담, 제네바회담, 그리고 비단 한국 문제만이 아니고 양대진영의 유엔을 중심으로 한 많은 회담에 있어서 공산 측은 항상

회담을 통하여 실질적인 해결의 방도보다는 선전적 효과를 확대하는데 주력했고 신의를 지킨 일이라고는 단 한 번도 없었다"고 지적하고 공산 측과의 제반 문제 해결에 있어서는 오직 "힘"으로 할 수밖에 없는 바 막강한 무력의 대비가 긴요하다고 강조하였다.13 당시 이승만 정권의 입장에서 인정할 수 있는 유일한 평화적 해결책이 있다면, 이는 북한으로부터의 중공 군대의 철수를 전제로 했다. 조정환 당시 외무장관서리는 "만약 한국통일문제의 평화적 해결책이 있을 수 있다면 그것은 오직 북한으로부터 중공군이 즉시 무조건 철수함으로써만 실현될 수 있다"고 언명하였다.14 정부 인사들은 휴전협정 폐기, 한국을 계속 분할하려는 사악한 간계인 현 비무장지대 즉시 철폐, 중립지대 철폐 이후 소련지원군 및 중공침략군 무조건 동시 철수, 유엔의 승인을 획득한 바 있는 대한민국의 헌법에 따라 남북한 재통일을 위하여 유엔 감시하에 북한에 진정한 자유선거를 실시할 것을 계속 주장하였다.15

이와 같은 유엔 감시하의 북한만의 자유선거라는 입장은 조봉암도 동의하는 바였다. 1954년 3월 조봉암은 「우리의 당면과업」을 발표하며 이승만의 '북진통일론'에 대비되는 통일론을 제시하였지만, 동시에 친미반공주의적 입장에서 평화통일을 모색하였다. 조봉암은 「우리의 당면과업」에서 남북 통일방안을 군사적 무력통일과 선거에 의한 정치적 통일로 구분하고, 평화적이고 정치적 통일을 더 중요한 과제로 삼고자 하였다. 조봉암은 중국 장개석의 사례처럼 무력통일을 하고자 해도 정치적으로 통일을 할 수 있는 능력이 없으면 결국 통일문제에서 패배자가 될 수밖에 없으니 통일문제에 있어 진정한 승리는 정치적인 승리라고 주장하였다.16 그러나 무력통일에 대한 대안으로 제시된 평화통일론이라고 하더라도 기본적으로 조봉암의

「우리의 당면과업」(1954), 「내가 본 내외정국」(1955) 등은 친미반공적인 입장에서 서술되었다. 두 문건에서 미국은 자유진영을 구원하는 '원대한 사업'을 수행하는 나라로 묘사되고, '우리는 세계자유진영의 선봉대'라며 냉전구도의 최첨병에 서있다는 사실을 오히려 자랑스럽게 내세우고 있었다.17 아울러 조봉암의 평화통일론은 유엔의 지지와 민주주의의 승리를 전제로 "북한만의 선거"를 주장한 내용으로, 같은 시기 북한정권이 내세우는 평화통일과는 전혀 다른 내용이었다.

결국 조봉암의 평화통일론은 미국이 주도하는 유엔에서 주장했던 통일론과 다르지 않았다.18 "진보세력이 주도권을 장악하여 유엔보장하에 민주방식에 의한 평화통일을 성취한다"는 평화통일론은 진보당의 선거공약 1순위였다.19 조봉암은 한국은 국제연합 지지하의 평화적방법에 의해서 조속히 통일되어야 한다고 주장하고 "오늘에 있어 북진통일 운운의 구호는 적당치 않은 것"이라고 말하였다. 조봉암은 조국통일은 대한민국주권과 합법성을 인정하는 테두리 안에서 "북한만의 선거 또는 기타의 방법에 의해" 평화적으로 이루어져야 한다고 말한 다음 "평화적통일이란 어디까지나 민주주의 방식에 의한 민주주의승리를 전제로 하는 것이어야 한다"고 언명하였다.20 평화통일이라 해도 "대한민국의 주권과 합법성을 인정하는 테두리 안에서"라는 조건에 대해서 분명했다. 따라서 평화통일론은 이승만의 북진통일에 비해서는 진보적이었지만, 다른 한편으로 전형적인 반공민족주의에 입각한 것이기도 했다. 「평화통일에의 길」(1957)에서 조봉암은 통일의 첫 번째 이유로 '단일민족', '민족감정', '단일민족으로서의 민족적 긍지'를 들고 있으나, 이를 철저하게 남한의 입장에서 서술했다. 북한은 '자유대한'에 의한 해방의 대상일 뿐이었다.21

선거를 앞두고 이승만과 조봉암은 '무력통일론' 대 '평화통일론'으로 격돌했다. 이승만은 조봉암을 절대 허용할 수 없는 용공분자, 즉 "이북괴뢰군과 합동해서 통일을 이루겠다는 사람"22으로 몰아가며 "공산당과 싸우지 않고 평화적으로 통일을 하겠다든가 하는 것은 소련을 조국이라고 하는 류의 언동"이라며 비난했다.23 이에 조봉암은 "남북의 평화적 통일을 주장하는 사람들을 매국매족으로 몰아대는 협박적 태도는 독선적이며 투표 전에 알아보아야 하겠다는 것은 위협적 트집이라 아니할 수 없다"고 반박하였다.24 조봉암은 이승만 정부가 "군사부문에 너무 많은 금전 지출을 하여 국민을 곤궁한 생활에 빠뜨리고 있다"고 경고하며, 공산주의 전술에 대한 전문가적인 입장에서 이대통령은 "공산주의에 대한 서투른 투사"라고 비난하였다.

## 2) 선거 이후 진보당 창당과 평화통일론 무력화

1956년 8월 16일 대통령 취임사에서 여전히 통일이 가장 긴박한 과제임을 피력한 이승만은 선거 이후부터 무력통일 기조를 이어나가면서 여전히 중공군이 주둔하고 있는 북한의 군사위협을 강조하고, 미국으로부터 더 많은 군사원조를 확보하고자 했다. 이승만은 "우리는 군국주의를 좋아하지 않는다"면서도 "수분이면 서울에 침입할 수 있는 적이 군력의 증가를 금지하고 있는 휴전기간 중에도 그들의 군력을 방대하게 증가하고 있는 현재 만약 우리가 우리의 병력을 감축한다면 그보다 적의 공격을 유인할 일이 또 있겠는가?"라며 "방대한 군력을 유지하기 위한 부담보다 우리에게는 노예생활이 더

값비쌀 것이다"라고 했다.[25] 미국의 병력감축에 대한 압박을 비판하면서, "한국의 방위선은 미국의 제일 방위선인 것이며 또한 한국군 12개 사단은 미군 단 1개 사단을 유지하는 비용으로 유지될 수 있는 것"이라며 핵무기 중심의 전략에 기반한 재래식 병력감축은 한국의 실정에 맞지 않다고 주장했다.[26] 아울러 아이젠하워 행정부의 '뉴룩 독트린(New Look Doctrine)'으로 인해 "주한 「유엔」군이 신무기의 반입을 금지하고 있는 휴전협정을 과도하게 철저히 준수하여 그 결과 심지어는 1954년형의 신형 「찦」차도 들어오지 않았다"고 지적했다. 이에 따라 "신무기를 포함한 불법적인 공산군 측의 군력 증강으로 인하여 우리의 무기가 마치 「활」과 「화살」 모양으로 낡은 것이 되었다"고 탄식했다.[27]

이렇듯 흐르쇼프의 평화공존론이나 비동맹블록의 탄생과 같은 국제적 요인이나 북한의 체제공고화가 아니더라도, 미국의 '뉴룩독트린' 그 자체만으로도 이승만의 북진통일은 저지될 수밖에 없었다. 그러나 미국의 병력감축 정책을 반대하고 군 현대화를 위한 원조를 더 확보하기 위한 무력통일 시위는 1956년 선거 이후, 즉 북진통일론에 대한 관변단체들을 통하여 계속 추진되었다. 선거 이후 열린애국단체연합회의는 '휴전협정 폐기 및 북진통일'을 촉진하는 국민운동을 전개하고, 동 운동추진체로서 '북진통일투쟁위원회'를 보강키로 했다.[28] 이는 휴전 직전 전국애국단체연합회가 중심이 되어 구성되었는데, 이후 1957년 4월 '한국통일촉진총연맹'으로 개편 강화되어 위원장 이기붕, 부원장 이활, 윤치영, 이재학, 김도연, 유각경을 임명하였다.[29] 여기서 '북진통일'이라는 용어가 단체의 이름에서 빠지고 '한국통일' 촉진으로 대체된 데는 1957년 한국에 핵무기 탑재가 가능한 미사일이 주한미군에 배치되면서 북진통일을 더 이상 고수할 수 없게 되었기 때문일 것이다.

선거 이후 북진통일 대중동원이 유지될 수 있던 또 다른 배경에는 1956년 말 헝가리에서 발생한 반소운동이 있다. 스탈린 사후 1950년대에 발생했던 스탈린 격하운동과 1956년 2월 흐루쇼프의 제20차 공산당대회 발언 이후 격화된 동구권의 반소운동을 배경으로 1956년 10월 23, 24일 헝가리 부다페스트에서 발생한 대규모 시위는 한국에서 25일자 신문 1면에 '반소봉기(蜂起)', '반소궐기(蹶起)', '반소시위(示威)', '반공봉기' 등으로 대서특필되었다.30 이승만은 10월 25일 담화에서 헝가리가 "소련에 항거하여 궐기"했으며 나아가 "공산당의 기반을 타파하기 위한 일대 십자군운동"이 전개되길 바란다고 말했다.31 이승만은 헝가리 사태에 대해 이제 "세계의 인심이 많이 돌아서서 공산주의에 대한 세계 민심이 많이 깨었었으며 구라파의 파탄과 헝가리는 다 위성국가로서 다시는 자유를 찾을 생각도 못하게 된 줄 알았던 것인데 지금은 이 사람들이 일시에 일어나서 애국남녀 여러 만명이 저의 국권과 자유권을 위해서 목숨을 영광스러이 희생하며 또 따라서 죽기를 결심하고 뒤에 따라가는 사람들이 계속해서 나오는 것이니 이렇게 새 기운이 일어나는 것에 대해서 세상의 모든 사람들이 다 깨우쳐서 움직이고 있으며 이 풍조를 따라서 미국 안에서도 공론이 비등하고 있는 중이니 이와 같이 점차로 일어나게 되면 우리가 단독으로라도 일어나서 북진통일을 기회하기를 또한 희망할 수 있을 것"이라고 주장했다.32

1956년 선거 직후 이승만이 북진통일론을 계속 추진하며 헝가리 사태를 배경으로 반소궐기운동을 펼치는 가운데, 11월 10일 진보당이 창당되었다. 진보당은 '계획성 있는 경제'와 '부정부패 일소' 그리고 '평화통일론'을 내걸고 1957년을 통해 전국 대부분의 지역에 지부를 건설하면서 세를 확장시켜나가고 1958년에 실시된 제4대 총선에 대비하고자 했다.[33] 조규희는 창당대회의 국제정세 보고에서 헝가리 사태를 "반소적인 정치적 폭발"이며 "식민지주의적 속국화 정책의 당연한 귀결"이라고 설명했다. 진보당은 헝가리 사태를 '반소'이자 '반식민'의 폭발로 보았다.[34]

그러나 비록 조봉암이 1956년 대선에서 약진을 보였더라도, 진보당 창당 이후의 안보와 정치 상황은 '평화통일론'이 실제적 대안이되는 것을 어렵게 했다. 먼저 1957년 5월 14일 기자회견에서 미국의 덜레스 국무장관이 한국에 더 근대적이고 효과적인 무기를 배치할 것이라 발표하고 윌슨 국방부 장관이 유도미사일과 같은 '이중 성능'을 가진 무기라고 재확인하였다. 이후 6월 21일 군사정전위원회에서 리젠버그 장군은 조중연합군 측이 지속적으로 정전협정을 위반하는 한 협정 13항(ㄹ)목은 더 이상 유효하지 않으며, 조중연합군 측이 협정을 지킬 의지를 보일 때까지 조항의 효력을 정지시킨다고 선언하여 주한미군 및 한국군 장비 현대화 사업에 착수하였다.[35] 1953년 아이젠하워 행정부 취임 이래 '뉴룩독트린' 기조하에서 한국전쟁을 통해 증가된 재정적자 문제를 해결하기 위해 국방비 감축을 추진했고, 이 과정에서 한국에 대한 원조도 축소하면서 한국군 감축을 제한하는 대신 주한미군 및 한국군 장비 현대화하기로 한 것이다. 주한미군은 한국전쟁이 끝나는 시점에서 327,000명, 1954년 4개 사단, 1956년 1개 사단의 철수로 이어져서, 1950년대 말에는 약 7만 명으로 감축되었다. 미국은 1957년 이후 대한 원조를 2/3 수준으로 삭감하게 되는데 당시 미국의 대한원조가 대부분 한국군 유지비로 사용되었다는 것을 감안하면, 이는 곧 한국군이 감축을 의미하였다.[36] 1958년 1월 29일 한국에 원자무기를 들여온 사실이 정식으로 발표되었다. 미 국방부는 1958년 6월 30일까지 한국군 676,995명 중 약 10%인 60,000명을 감축하는 동시에 한국에 어네스트 존과 280mm 포를 배치하기로 권고하는 문건을 1957년 12월 11일 작성하였는데, 한국전쟁 시 사용되지 않았던 신무기를 한국에 주둔하고 있는 미군에 배치한 것으로 정전협정 13항(ㄹ)목의 위반이었다.37

## 3) '진보당사건'과 평화통일론의 몰락

'진보당사건'은 1957년 9월 서울특별시경찰국이 진보당의 평화통일론의 불법성과 당수인 조봉암이 조총련계 간첩 정우갑의 간첩활동을 방조하였다는 혐의를 인지하고 수사하면서 시작되었다. 서울시경은 1958년 1월 12일 윤길중, 조규희, 박기출 등 진보당 간부들을 체포하였고, 1월 14일 조봉암은 자진 출두했다. '진보당사건' 처리과정을 살펴보면, 사건수사 초반에 서울시경이 기소하였던 간첩들과 진보당의 접선혐의는 사실무근으로 밝혀졌다. 따라서 후반에는 검찰·서울시경이 진보당의 수사방향을 '평화통일론'의 위법성 여부와 양명산이라는 '이중간첩'으로부터 정치자금 수수여부에 초점을 맞추게 된다.

검찰 측에서 문제를 삼고 나온 통일론은 조봉암과 진보당이 내세웠던 통일론이 아니라 진보당 당원 김기철이 제기한 중립국가의 감시에 의한 총선거 이후 평화통일이었다. 그러나 중립국 감시하에서 총선거를 통한 통일론은 조봉암의 유엔감시하의 북한만의 선거라는 입장과도 다르고, 진보당의 공식적인 입장도 아니었다. 그리고 북한이 말하는 외국군 철수 이후의 남북협상이라는 노선과도 다른 것이었다. "평화통일을 기대하는 것은 좋으나 이북괴뢰의 깃발 밑에서 주장하는 것은 부당하고 민주주의 승리하에 평화통일"이 이루어져야 한다는 것이 변함없는 조봉암의 입장이었다.[38] 그러나 검찰당국에 발표에 따르면, 진보당의 평화통일 주장이라는 것은 북한괴뢰가 주장하는 '평화통일론'의 음모와 내통하고 있는 것이라고 하여 결국 국시(國是)에 위반되는 것이라고 했다. "북한의 공산괴뢰집단이 대한민국을 부인하고 공산주의의 독재방식의 정권을 수립할 것을 목표로 하는 음모는 아무리 평화적이며 민주주의적인 선거의 방식을 채택한다고 하더라도 결과에 있어서는 무력으로 침략하여 국가를 전복하려는 것이나 다름없는 반국가적인행위라 할 것이고 따라서 이야말로 「국시」에 배반되는 흉계"라는 논리였다.[39]

그렇다면 유엔결의에 나타나는 평화통일이란 무엇을 말하는가? 한국의 입장에서는 제네바회담 이래의 유엔의 평화통일은 유엔 감시하에 자유선거를 실시하여 통일을 완수할 것을 뜻하는 것인데 소련과 중공 북한 측에서는 '국제감시'하에 선거를 실시하자고 하여 제네바회담이 결렬되었던 것이다. 북한이 말하는 '국제감시'하의 선거는 유엔을 부인하고 공산 측과 자유진영이 각기 동수의 감시원을 파견하여 선거를 감시하자고 하는 것으로 한국의 입장에서는 이는 휴전감시위원회에서 분규를 보듯 공산 측이 선거를 혼란에 빠지게 하려고 떼쓰는 것에 불과했다. 다시 말해서 국제감시하의 선거란 결국 한국의 통일을 공산주의방식에 의한 선거에 의하여 공산정책의 통일야망을 달성하겠다는 뜻이었다. 이런 점에서 '북한 괴뢰'의 평화통일을 그대로 받아들인다고 하면 이는 국시에 위반이라는 것이다.

수사당국에 따르면, 북한의 김일성으로부터 남파된 간첩 박정호는 공작원 김경태 오중환 등과 같이 '북한괴뢰집단'의 대남적화공작인 '공산평화통일'을 침투시키기 위하여 때마침 재야 혁신세력 규합

운동이 조봉암 윤길중 등의 주도하에 움직임을 알고 조봉암과 '평화통일'에 관한 검토를 한끝에 조봉암의 '평화통일'이 '공산평화통일'과 상합 된다는 결론을 얻고 정당조직에 매진하였다는 것이다.[40] 아울러 조봉암은 조총련에서 진보당에 가입하여 평화통일공작을 전개하라는 지령을 실천하고자 한 정우갑과 접선 협의하였다고 공표했다.[41] 서울지방검찰청 정보부 조인구 부장검사는 1958년 1월 10일 공소사실을 기자들에게 설명함에 있어 "평화통일이란 구호는 남한의 적화운동을 위한 하나의 방책에 지나지 않으며 또한 대한민국의 존립을 부인하는 것으로서 국법에 위반된다"고 전제했다.[42] 그러나 조봉암과 북한의 통일론의 차이에서 보듯이, 당시에도 평화통일론만으로는 관련자를 탄압하는 것이 어려웠다. 서울시 경찰국이 인정하기에도 "진보당이 당책으로 내세운 평화통일문제로서 이 사건을 수사한 것이 아니라 박정호사건 등 간첩사건에 직접관련 되었다는 확증이 있어 사건수사에 착수한 것"이라고 밝혔다.[43]

이에 따라 이중간첩 양명산(남쪽 첩보기관 HID, 북의 무역회사 모두 소속)이 전달한 정치자금을 북의 공작금으로 둔갑시켰다.[44] 조봉암이 북한과 남한의 첩보조직 사이에서 이중간첩으로 활약하고 있던 양명산을 통해 1955년과 1956년 사이에 북에서 온 약 2,500만 환에 달하는 자금을 받아 진보당의 정치자금으로 사용했다는 것이었다. 이에 대해 1958년 7월 2일 1심에서는 진보당의 강령이 대한민국의 기본적 원리를 손상시키지 않았다고 규정하였으나 간첩죄 여부에 대해서는 양명산의 '자백'을 토대로 하여 조봉암에게 5년을 선고하였다. 양명산에게는 국가변란 혐의 죄로 5년을 선고하고 대부분의 다른 진보당 관련 피고인들에게는 무죄를 선고하였다.

결국 수사기관은 조봉암을 공산당원으로 둔갑시켰다. 서울시 경찰국장은 "이미 구속된 조봉암 등 진보당의 간부들이 소련 및 북한 괴뢰에 호응하여 대한민국을 전복하려고 기도했다"고 언급하면서 "진보당의 간부들은 1957년 11월 7일 모스크바 공산당대회에서 채택한 평화공존을 강조하고 사회주의의 흡인력을 이용한 혁명세력의 강화 사회주의 세력의 의회 진출 등을 도모하는 등 각국 공산당에게 지령된 3개 조항과 똑같은 보조를 취하여 평화공존론에 입각한 평화통일론을 슬로건으로 내세우는 동시 의회진출을 기도한 다음 정권을 장악하여 국가변란을 꾀하였다"고 말했다.45 서울시 경찰국장은 "조봉암이 공산당과 완전히 결별하였다는 데 대해서 현재 우리로서는 하등의 증거도 얻지 못하였으며 따라서 그는 공산당에 계속 되어 있는 공산분자이며 해방 후 동아일보지상을 통해서 박헌영을 고발하는 글을 게재한 것은 박헌영을 반대한 것이지 공산당을 반대한 것은 아니었으며 그 후도 공산당과 완전히 손을 끊었다는 성명이나 다른 형식의 공표사실이 없었다"고 말하기도 했다.46

치안국 발표에 따르면 조봉암과 진보당 간부들은 "대한민국을 전복하려는 소련「뿔럭」인 괴뢰집단의 소위 통일방안대로 남북 양대표로써 전국위원회를 구성한 다음 총선거에 의한 남북연립정부를 세우려고 하였다." 이를 위하여 여기에 "국제감시위원회를 설치하고 인도, 폴란드, 체코슬로바키아 등 한때 적성감시위원회라 하여 전국적으로 물의를 야기하여 그 후 축출운동이 전개된 바 있는 소위 중립국감시위원단으로 구성하고 인도대표를 의장으로 하여 총선거를 실시하자는 것을 진보당에서는 조봉암, 박기출, 김달호 등 정부의장을 위시한 당 중요간부 비밀회의에서 결의 채택"하였던 것이다.47 검찰은 "대한민국을 유일한 합법적 정부로 인정한 유엔의 권위를 무시하고 대한민국을 북괴와 동등한 위치에 두고 취급한 끝에 대한민

국 해산의 방법으로 위장적인 동 괴뢰의 퇴거를 내세우면서 일방 총
선거를 구실로 남북한의 왕래를 자유로이 하여 공산세력의 남침화
를 노리고 일방 평화란 그의 독점물인양 선전하여 6.25 사변의 책임
을 전가시키는 현혹적인 효과를 국민에게 주고자 하는 그 목적이 있
는 한갓 흉계에 지나지 않는 것임이 지극히 명백하다"고 밝혔다.[48]

　1958년 12월 24일 정당의 입을 막고 언론의 자유에 재갈을 물릴
속셈으로 내놓은 신 국가보안법이 국회의사당에 무술경관 200명을
불러들여 야당의원들을 지하실에 감금한 상태에서 통과되었다. 그
리고 곧 1959년 2월 27일 진보당사건에 대한 대법원의 판결이 내려
졌다. 대법원은 첫 번째 쟁점인 평화통일정책에 대해서는 "언론자유
의 한계를 이탈했다고 볼 수 없다"는 이유로 무죄를 선고하였다. 그
러나 조봉암의 간첩죄 여부에 대해서는 양명산의 1심 자백과 돈을
받은 사실 그리고 감방 안에서 양명산에게 전하려 했다는 조봉암의
쪽지가 중요 증거가 되어 사형이 확정되었다. 이어서 진보당을 불법
단체로 판시하였다. 이승만 정부에 의해서 조봉암과 진보당의 주요
세력은 간첩죄로 기소되었고 조봉암에 대한 사형이 1959년 7월 31일
집행되었다.[49]

## 4) 북의 평화통일론과 중공군 철수의 선전 효과

　'진보당사건'이 진행 중이던 1958년 2월 진보당의 정당등록이 취소
되었다. 공권력은 조봉암과 진보당을 북괴의 사주를 받은 간첩으로
둔갑시키기 위해서, 또 북한의 '평화통일론'과 진보당의 '평화통일론'
의 사이의 공통점을 주장하기 위해서, 여러 구실을 쥐어짜고 있었

다. 그러나 진보당의 정당등록이 취소되던 1958년 초는 조봉암의 '평화통일론'과 북한의 '평화통일론'의 차이점이 더욱 더 분명하게 드러나는데, 이는 1958년까지 북한에서 중공군의 철수가 완료되었기 때문이다. 북한은 1958년 2월 5일 「조국의 평화적 통일을 위한 제안」을 발표하였는데, 이 제안문에서 북한은 '조선에 군대를 파견하고 있는 모든 국가들은 조선으로부터 자기의 군대를 즉시 철퇴시킬' 것을 요구하고 외국군 철수 후 남북한 자유선거와 남북한 군비축소를 주장하였다. 중국은 이 제안에 답하여 2월 7일 '1958년 안으로 북한에 주둔한 모든 중국 군대를 철퇴할 것'이라는 성명을 발표하였다. 북한 당국은 10월 28일 중국인민지원군이 북한으로부터 완전히 철수했다고 발표하였다.50 한반도에서 외국 군대들을 철수하자는 제안은 북한의 1958년 2월 6일 성명 중 가장 관심을 끈 항목이었다. 그러나 당시 한국은 북한이 주장하는 미군과 중공군을 포함한 모든 외국 군대들이 한반도에서 철수하며 또한 외국군이 철수한 후 일정한 기간 내에 중립국의 감시하에 한반도에서 총선거를 실시하자는 건의를 일고의 여지조차 없는 것으로 평가했다.51

북한은 전쟁 직후부터 평화통일의 한 방안 및 전제로 외군군 철수를 주장해왔다. 1953년 7월 27일 - 1958년 1월 1일 약 90만 명의 중국인민지원군 북한에서 철수하였다.52 이를 통해서 북한은 통일문제에 있어서 한국에 대해 주도권을 선점하고 공세적 입장을 취했다. 1954년 4-6월 제네바에서 열린 한반도 문제의 평화적 해결을 위해 국제회의에서부터 본격적으로 이 문제를 제기하고 북한 대표 남일 외무상이 남북한 자유선거와 모든 외국 군대의 6개월 내 한반도에서의 철수를 주장하였다. 그러나 북한으로부터 침공을 당한 한국은 미국군대의 계속적인 주둔과 유엔감시하의 자유총선거를 주장하였다.[53] 이후 북한에서는 일차적으로 정전 직후 120만 명에 달했던 중국인민지원군 중 약 25만 명 정도만 북한에 잔류시키고 나머지 1955년 말까지 철수하였다. 이 중 6개 군단(47, 67, 59, 68, 24, 46군) 18개 사단과 제 33사단 등 19개 사단은 1954년 9월부터 1955년 10월까지 3단계에 걸쳐 1년간 공개적으로 철수하였다. 이밖에도 보병 6개 군단(60, 63, 64, 65, 12, 15군)과 포병 4개 사단, 고사포 부대 4개 사단, 철도병 10개 사단, 공안 1개 사단, 기타 특수병과 부대가 1955년 말까지 비밀리에 북한으로부터 철수하였다.[54] 1955년 말 이후 북한에 잔류한 중공군은 5개 군단(1, 16, 21, 23, 54)과 일부 포병, 고사포병, 장갑병, 공정병, 후방 병참부대였다.[55]

1958년 3월 15일부터 10월 26일까지 3단계 걸쳐 지원군 사령부를 포함한 중국인민지원군 병력 전체가 최종적으로 철군하였다. 중국인민지원군이 철군하기 직전인 1958년 1월 1일, 북한 인민군 병력은 약 33만 명, 같은 시기 한국군 병력은 61만 명이었다. 한국군이 북한군보다 대략 두 배의 병력을 보유하고 있었던 군사적 열세의 상황에서도 북중은 북한 군사력의 중추를 담당했던 중국인민지원군의 철수를 단행했던 것이다. 게다가 미국은 당시 핵무기 탑재가 가능한 미사일 배치를 계획하여 남한의 군사력을 강화시키려 했고 한반도 주변의 국제 정세도 불안한 시기였다.[56] 즉 한미가 공세적으로 군사 대비 태세를 강화시키고 한국군병력이 북한군의 절반을 상회하는 비대칭적 상황에서 북한과 중국은 한반도에서 공산 측 군사력의 중추를 담당했던 중국인민지원군의 철수를 단행했다.[57]

이와 같은 안보적 위험에도 불구하고 북한이 요청해서 이루어진 중공군의 철수는 통일문제에 있어서 이승만 정부를 상대적으로 수세적인 입장으로 몰아넣었다. 물론 이것은 당시 김일성이 특별한 능력이 있어서, 또는 북한 체제가 실제로 중국 또는 소련으로부터 실제로 자주성을 확보했기 때문에 가능한 것은 아니었다. 당시의 중국 및 북한 각각의 정치경제 그리고 대외적 상황이 중공군 철군에 대한 상호 양해를 가능하게 했기 때문이다. 그러나 모양새와 선전효과는 북한에게 유리한 측면이 있었다. 북한의 평화통일론의 파급력이나 호소력이 컸다기보다는, 당시의 북중 관계가 탈스탈린화와 전후복구 완료의 시점에서 새로운 국면에 접어들자 북중 양자관계의 강화를 위해 양국의 합의로 중공군이 철수를 하면서 동맹이 강화되면서도 북한은 자주성의 외양을 갖출 수 있게 되었다. 따라서 북한으로써는 평화통일의 전제로 항상 내세워왔던 외국군대의 철수에 대해서 한국에 대해 더욱 강하게 요구할 수 있었다. 북한은 "남북한 인민의 총선거를 마련하기 위하여 모든 외군은 외세간섭을 사전방지하기 위하여 남북한에서 동시에 철수하여야 된다"며 한국문제의 평화적 해결을 토의하자고 제의했다.[58] 공산측은 북한주둔 중공군 철수를 발표하면서 선전전의 차원에서 미국정부에 주한 미군 철수를 요구하였다. 그러나 미 국무부는 2월 19일 중공군 철수와 상관없이 주한미군의 철수를 고려하지 않는다는 입장을 표명하였다. 미국은 유엔군으로 참여한 국가들 입장을 대표하여 한국이 통일될 때까지 유엔군을 남한에서 철수할 의사가 없다고 천명하였다.[59] 2월 24일 공산 측의 요구로 열린 군사정전위에서 북한과 중국이 한반도에서 미국 군대를 포함한 모든 외국 군대의 철수를 요구하며 관련 논의를 제안하였으나 유엔 측은 이를 거절하였다. 중공군의 북한 철수 발표에도 불구하고 미국과 유엔은 주한미군을 비롯한 유엔군의 철수에 대해서 일체 호응하지 않았다.[60]

당시 한국 정부의 공식적인 해석은 중공의 국내문제 특히 식량부

족에서 오는 난관과 북한에서 중공군이 점차로 미움을 받게 되었다는 두 가지 사실이 중공으로 하여금 북한철수를 불가피하게 만들었다는 것이다.[61] 아울러 유엔군이 스스로 군사행동을 일으키지 않을 것이라는 북한과 중국 측의 확신, 중국인민지원군의 철군으로 양국의 비용감소 효과, 북한의 대중 종속(중국인민지원군의 철군 이후에도 중국의 명령에 복종할 것이라는 점), 중국인민지원군의 철군은 압록강만 넘어서는 것으로 실제로 한반도에 미치는 영향은 그대로라는 점이 철군을 가능하게 했다.[62] 당시 이승만도 만약 중국인민지원군이 북한에서 철수한다면 한국에서도 유엔군을 철수할 수 있다는 입장을 표명했으나, 한반도가 민주적으로 국경선이 확정될 때까지는 유엔군의 한국에서의 철수는 없다고 강조했다.[63] 한국의 입장에서 우려하는 바는 공산 측은 이렇다 할 만한 대가의 지불도 없이 크게 효과적인 선전적 이득을 차지하게 되었다는 것이다. 즉 공산 측은 한국통일과 "중립국감시하 총선거를 실시하는 전제조건으로 유엔군도 철병해야 한다"는 선전공세를 취할 수 있게 된 것이다.[64]

미국이 평가하기에도 중공군의 철군은 선전적, 정치적 효과를 의도하고 있었다. 한국에 원폭무기를 보유한 미군과 남한의 이승만에 의해 해루어지는 무력통일이라는 호전적 발언 그리고 휴전회담의 무기제한 조항을 폐기하려는 미국 측 입장과 '평화'를 강조하는 공산 측의 행동을 대비시키기 위해서, 1958년 5월에 예정된 한국의 국회의원선거에서 친정부적인 자유당의 지지를 약화시키고, 남북통일이라는 새로운 기회를 제공하는 것처럼 보임으로써 남한 내에 반정부 감정을 증가시키기 위해서, 또 북한에서 중국인민지원군 철수를 요구한 유엔결의안에 따름으로써 유엔 회원국 자격을 요구하는 중국의 입장을 강화시키고 그렇게 함으로써 중국이 침략자라는 낙인을 희석시키기 위해서라는 분석을 내놓았다.[65] 중국의 입장에서도 중공군 철군은 중국이 평화통일을 지지한다는 모양새를 취할 수 있게 해주었다. 중국은 "조선 문제의 평화적 해결을 촉진하기 위하여 중국 인민지원군은 주동적으로 조선에서 영원히 철거하였다"고 주장했다.[66]

북한은 중공군 철수 이후 1960년 평화적 통일을 촉진하는 과도적 대책으로서의 남북조선 연방제를 제안하면서, 통일문제에 대한 미국의 간섭 배제와 주한미군 철수를 지속적으로 요구하였다.[67] 김일성은 8.15해방 15주년 경축대회에서 한 보고에서 "조국의 평화적 통일 문제를 조선 인민이 자주적으로, 어떠한 외국의 간섭도 없이 민주주의적 기초 위에서 자유로운 남북 총선거를 실시하는 방법으로 해결할 데 대한 유일하게 정당한 방안"을 발표했다.[68] 김일성은 "남조선 당국이 남조선이 다 공산주의화될까 두려워서 아직은 자유로운 남북 총선거를 접수할 수 없다고 하면 우선 민족적으로 긴급하게 제기되는 문제부터 해결하기 위하여 과도적인 대책이라도 세워야 할 것이라고 지적"하면서 그러한 대책으로 "남북조선의 련방제"를 실시할 것을 제의했다. 특히 "남조선의 현 파국적 사태를 수습하여 조선 문제를 종국적으로 해결하기 위한 유일한 출로는 두말할 것 없이 민족 분렬과 남조선 인민들의 모든 불행의 화근인 미제 침략군은 철거시키고 나라를 평화적으로 통일하는 데 있다"[69]면서 "조선 문제의 평화적 해결을 촉진하기 위하여 중국인민지원군이 영원히 철거한" 북한의 주도권과 우월성을 내세웠다. 미국은 "조선을 분렬하며 극동에서의 긴장 상태를 격화시킬 것을 고집하고 그 침략 군대의 철거를 거부하였을 뿐만 아니라 남조선에서 그 군사력을 계속적으로 증강하여 정전 협정을 난폭하게 위반하면서 다량의 신형무기들을 남조선에 비법적으로 반입함으로써 남조선을 자기의 식민지 및 군사기지로 전변시키려고 꾀하고 있다"고 폭로했다.

한국에서의 논란이 된 문제는 1958년 중국인민지원군 철군 완료 이후 강화된 북한의 자주통일을 위한 연방제 제안에 대해 호응하는 사람들이 없지 않았다는 것이다. 중공군 철수 완료 이후 북한은 '자주통일'이라는 민족자결주의 원칙을 내세웠다. 이는 누구의 '감시하의 통일'이라는 표현보다는 민족주의 감정에 강한 호소력을 갖게 마련이었고, 한국의 많은 학생들은 4.19 혁명 이후 이러한 슬로건에 도취되어 있었다.[70] 예를 들어서 당시 1960년 9월 24일-25일 고려대학교 정경대 학생회 주최의 '민족통일의 제문제' 라는 주제로 개최된 전국학생시국토론대회는 이러한 분위기를 가속화하는 역할을 했다.[71] 각 대학에서 민족통일연맹이 급속도로 조직되어 경희대 건국대 고려대 성균관대 동국대 부산대 수산대 경북대 대구대 전남대 등에서 민통련 조직이 추진되었고 심지어 경북고등학교에도 민통련이 결성되었다.[72]

이를 배경으로 북한은 "오늘날 남조선에서 리승만의 북진 소동이 파산을 당하고 평화적 통일에 대한 남조선 인민 대중의 요구가 높아가고 남조선 각계에서 자주적인 평화적 통일과 협상을 주장하는 목소리가 울리고 있는 것은 이방안의 정당성을 뚜렷이 증명있다"고 주장했다.[73] 4.19 이후 장면 정부 기간 동안의 통일 논의의 새로운 양상을 보면 북한의 주장을 공산당선전으로 치부하기에는 국내의 통일 논의가 점차 복잡해지고 다양해지고 있었다. 혁신계 인사들이 중립화 통일과 남북협상, 중공의 유엔가입 등을 주장하는 가운데 집권 민주당은 유엔감시하의 선거라는 기존의 입장을 유진하고 있었다.

특히 사회대중당(서상일, 이동화)은 일정한 제한 아래 남북 교역 및 통신 거래를 촉구하여 문제가 되었고, 혁신동지총연맹은 '민주적' 제 정당 및 사회단체가 '남북통일위원회'를 구성하여 "유엔의 협조하에 민주주의의 승리에 의한 정치적 남북통일을 이룩할 것"을 주장함으로 써 북한의 대남선전에 일견 호응하는 듯한 오해를 불러일으켰다.[74]

혁신동지총연맹의 장건상은 "유엔이 남북통일방안을 결의하여 순 조롭게 실천에 옮기려면 그 전제로 중공을 유엔에 가입시켜 먼저 유 엔을 세계적 기구로 만들어야 한다"는 주장으로 파문을 일으키기도 했다.[75] 이에 대해 장면은 "혁신계에서 특히 중공을 유엔에 가입시 켜야 한다고 주장하는 것이 사실이라면 중대한 일이다"라고 논평하 였다.[76] 당시 동아일보 주필 김삼규 역시 중립화통한론을 제기하면 서 "자유로운 총선거를 확보하기 위해서 한반도에 아무런 이해관계 도 없는 중립국에 의해 선거위원회든지 또는 중공까지도 가맹시킨 유엔에 의한 선거위원회가 곧 구성되어 헌법제정을 제일의 사명으 로 하는 대의원선거를 준비"할 것을 촉구했다.[77]


## 3. 1960년대 간첩사건
### : 통한여건의 변화와 '북괴'에 대한 논쟁

1) 통일논의의 확대와 간첩의 대중화

문제는 민주당 정부 시기 제기된 중국의 유엔가입과 같은 문제는 한국 정부가 일방적으로 완전히 통제할 수 있는 변수가 아니었다는 데 있었다. 장면 정부 시기 폭발적으로 터져 나왔던 통일 논의는 반공을 국시로 표명하면서 등장한 5.16 군사정부 출범 이후 크게 제약되지만, 그럼에도 불구하고 1960년대 박정희 시대에 들어와서 '북괴'의 성격, 존립전망, 남북관계 설정 등에 대한 논쟁이 더욱 첨예하게 전개되었다.

전후 1950년대 진보당 사건은 이승만 정권의 정치공작의 산물이었다. 그러나 본격적인 대북정책과 통일정책에 대한 공식 vs. 비공식, 정통 vs. 혁신, 정부 vs. 민간과 같은 논쟁의 맥락 안에서 발생한것도 아니고, 이와 같은 논쟁을 촉발시키는 파급효과도 크지 않았다. 이는 다음과 같은 측면에서 그 이유를 생각해볼 수 있다. 첫째, 이승만의 북진통일에 대해 평화통일을 제기했던 조봉암조차도 당대의 반공주의적 통일방안의 한계를 벗어나는 제안은 하지 않았기 때문이다. 따라서 유엔감시하에서, 북한지역에서 선거를 통한 통일이라는 기존의 틀은 벗어나지 않았다. 두 번째, 1950년대까지만 해도 중소분쟁과 비동맹운동으로 인한 다극체제가 아직 가시화되기 전이었고 따라서 유엔에서도 기존의 한국문제에 대한 토의를 답습하고 있었다. 세 번째, 남한의 체제전복과 공산혁명을 기하는 북한의 대남접근 방식이 전후 1950년대에는 기본적으로 소련의 '평화공존론'의 기조에 맞춰져 있었고 무력통일보다는 전후 복구에 우선적으로 집중하고 있었기 때문이다. 따라서 한국에 보다 더 직접적인 선전이나 무력공세를 하지 않았다.

그러나 이와 같은 여건들은 1960년대에 들어오면서 큰 변화를 맞이하게 된다. 다원화되는 국제질서 안에서 북한의 실체가 현실화 되고 북한붕괴론의 기반이 현저히 약화되었다. 한국이 북한의 실체를 부인하지 않고 대결 없이 경쟁하기로 한 것은 1973년 박정희의 「평화통일 외교정책에 관한 특별선언」이지만, 1960년대 전반 국제정치적 질서의 변화는 '두개의 중국', '두개의 한국'을 인정하는 방향으로 가고 있었다. 통일문제가 1954년 제네바회담 이후 미국의 주도하에 국제연합으로 이관되어 연례적으로 논의되어 왔다. 그러나 1955년 '반둥회의' 이후 비동맹운동의 범세계적인 확산추세와 더불어 이를 표방하는 아시아 아프리카 신생국가들의 대유엔 발언권이 강해짐에 따라서 미국의 영향력 행사가 제한되기 시작했다. 특히 중요한 변화는 유엔총회에서 남한 단독 초청안과 유엔감시하 총선거안에 대한 이견이 점증하여 특히 제15차 총회(1960-1961)에서 남한 단독 초청안 대신 북한 조건부 초청안이 통과된 것이다.[78] 1961년 4월 제15차 유엔 총회 정치위원회에서 인도네시아가 당사자주의 원칙에 입각해 '남북한동시초청안'을 제기하고 이 안의 통과 가능성이 높아지게 되자 미국의 대표 스티븐슨(Adelai Stevenson)은 국제연합의 권위와 권능을 수락한다는 조건하에 북한을 초청하자는 수정안을 제기하게 되었는데, 이 수정안이 99개 회원국 중 59대 14 (기권 23, 결석 3)의 표결로 통과되었던 것이다.[79] 이 스티븐슨 수정안은 결국 북한이 거부함으로써 실현을 보지 못하게 되었지만, 이를 계기로 북한의 대유엔정책은 상당히 유리한 위치를 확보하게 되는 결과를 가져오게 되었다.[80] 그리고 한국의 조야에서는 한 전문가의 지적대로 "유엔을 통한 통일방안만을 고집하다가는 뜻하지 않은 통일방안으로 낙착될 우려도 있기 때문에 세계 조류에 역행하지 않으면서 우리의 자주력을 발휘할 수 있는 좀 더 과학적이고 적절한 통일방안을 모색해야 한다는" 교훈을 얻게 되었다.[81]

따라서 "유엔감독하의" 선거라는 통한방식을 고수하는 것이 가능했었던 국제 질서의 구조가 근본적으로 변화하고 있었다. 게다가 북한은 1960년대 들어서 무력공세와 남조선혁명을 직접 위협하고 나섰다. 이러한 북한의 체제가 정치경제적으로 공고화되고 국제적으로 독자적 체제로 인정받을 가능성도 중국의 국제적 부상과 함께 점차 높아지면서, 한국 내에서 북한에 대한 국론도 점점 더 분열되기 시작하고 '정치적 쟁점으로서의 북괴'를 둘러싼 '남남갈등'이 증폭되었다. '유엔감독하의 남북한총선거'라는 기존의 통한정책이 효력을 더 이상 발휘할 수 없는 여건들이 조성되고 '민족자주적'인 통일방안에 대한 필요성이 학계, 지식인층, 재야에서 강하게 제기면서 이제 한국의 통일방안은 재조정이 불가피했다. 즉 대외적으로는 불가피해진 '두 개의 한국'을 외교적으로는 배제하지 않으면서도 대한민국의 '유일 합법성'을 바탕으로 한 승공태세를 유지하면서 북한에 대한 우월성을 확보하여 통일을 달성해야 하는 새로운 여건에 직면하였다. 1950년대와 다르게 1960년대는 통일 논의의 주제와 주체가 확대되었다.

따라서 간첩사건의 표적이 된 사람들도 이제는 최고지도자의 최대 정적이 아니라 일반 대중들 사이에서 등장했고, 또 국내에만 국한되지 않고 해외에서 일하거나 공부하는 유학생들도 범위도 넓어졌다. 1960년대의 간첩사건, 즉 인혁당 사건(1964), 동백림 간첩단 조작사건(1967), 통혁당사건, 유럽간첩단 조작사건(1969) 등은 수많은 위기를 돌파하기 위한 반대파 탄압과 정치 조작의 성격이 강하지만, 이 사건들의 실체를 이해하기 위해서는 보다 더 폭넓은 시각에서 재조명할 필요도 있다. 1960년대 간첩 사건들은 박정희 정권이 국제정치, 남북관계, 그리고 북한의 현실 세 수준에서 제기되는 새로운 변화들을 선택적으로 수용하면서 그 경계를 넘어서는 논의를 차단하고 제한하는 과정에서 일어났다. 아울러 간첩이 대중화 되고 다양화

된 데는 1960년대 초반 이후 북에서 직접 파견하는 간첩의 수가 줄어든 사정도 작용하였다. 박정희 정권은 1960년대 초반까지도 북에서 직접 파견하는 간첩을 잡았다면 파견되는 간첩의 수가 줄어든 후에는 정치적 필요에 의해 대규모 '간첩단'을 만들었다. 특히 유럽 거주 문화예술인, 유학생, 연수공무원, 정부 산하기관 직원 등이 간첩단에 포함되었다.[82] 대남공작 업무를 맡았던 전직 고위관료 박병엽에 따르면, 북한은 1950년대 후반부터 대내외적인 정치공세를 강화하면서 유럽의 프라하와 동베를린에 대외선전거점을 만들었고, 1960년 남한의 4·19혁명 이후 이를 더욱 강화했다. 이때 북한은 동베를린에서 접촉한 남측 인사들에게 '간첩' 역할이나 지하당조직과 같은 역할을 기대했던 것이 아니라, 그들이 지식인, 학자, 교수인 만큼 유럽에서든 남한으로 돌아가서든 북한의 평화통일 방안을 지지하고 전파하는 '선전적 역할'을 해주기를 기대했다고 한다.[83]

## 2) 남조선혁명론 vs. 선건설 후통일

통일 논의를 경제적 우위를 점한 시점 이후로 미루자는 1960년대 박정희 정권의 기조에 대비해 북한은 4.19혁명 시기부터 북한은 통일에 대한 공세적인 입장을 취하면서 한국 내 동조세력을 고취하려고 했다. 이를 위해서 북한은 '민족자주적'인 통일을 논의하자는 주장으로, 한국 내 반정부 및 혁신세력에게 호소력을 가질 법한 제안들을 내놓게 되는데, 이는 부분적으로는 1956년 이후 평화공존론과 1958년 중공군 철수 완료 이후의 외국군 철수와 외세의 간섭 배제를 주장하는 연장선상이면서 1960년대의 남조선 혁명론과 무력통일로의 전환이라는 성격을 동시에 가지고 있다. 북한은 1960년대에 걸쳐 외형적으로는 연방제 통일방안을 주창하였으나, 실제로는 혁명적 전위정당을 건설하고 남한혁명을 이루고자 부심하였다.

북한은 한국에서 5.16 쿠데타로 반공 국시를 표방하는 군사정권이 등장하자 이를 계기로 '남조선 혁명'을 기조로 하는 공세적 대남정책을 전개했다. 이 같은 대남정책은 1961년 9월 조선노동당 제4차 당대회에서 분명하게 표명되었다. 동 대회에서는 대남 혁명의 성격을 '민족해방 인민민주주의 혁명론'으로 규정했다. 그리하여 미국을 한반도에서 축출하고 남한의 군사정권을 전복할 수 있는 맑스-레닌주의 정당이 남한에서 뿌리내릴 수 있도록 지원해야 한다는 점이 강조되었다.[84] 북한은 제4차 당대회부터 남한 내 지하정당을 조직하고, 이른바 '남조선 혁명'을 일으켜 '조국통일'을 달성한다는 통일전략을 피력해왔다. 특히 1960년대 말부터 북한 지도부들은 '우리 세대 안의 통일'을 강조하며 여기에 조급성을 보이고 있었다.[85]

1961년 김일성의 당대회 보고를 통해 종래의 평화공세를 후퇴시키고 '남조선 혁명론' 내지 '민족해방전쟁론'을 전면에 내세우는 선언을 하였다. 이는 무력공세의 강화라는 측면에서는 평화공세와 다르지만, 미군철수를 전제로 한다는 점에서는 한국 내 반정부 세력의 지지를 타깃으로 하였다. 특히 4.19혁명을 한국체제 전복의 계기로 활용하지 못한 이유를 남한 내 혁명정당의 부재로 파악하였다. 북은 1961년 당대회에서 4월민중항쟁이 실패한 가장 큰 이유는 남한에 진정한 맑스-레닌주의 정당이 없었기 때문이라고 진단하며, 남한 내에 혁명정당을 건설할 필요성을 공식적으로 제기했다. 김일성은 이 대회에서 남한 혁명을 조선 혁명의 한 구성부분이면서도 남조선의 식민지·반봉건 사회경제제도와 계급관계에 고유한 모순을 해결해야 할 지역혁명으로서 상대적 독자성을 가지고 있다고 규정하였고, 통일에 앞서 남한 혁명의 필요성을 강조하였다.[86] 북한은 한국 내에 마르크스 레닌주의에 따라 혁명을 성취시킬 노동자 농민의 당의 필요성을 강조하고 "외국의 침략군이 남조선에서 철수한 조건 아래서만 남북조선 사이에 상호 신뢰를 증대시킬 수 있는 보다 적극적인 조처들이 취해질 수 있다"고 선언하였다.[87]

이와 같은 혁명노선에 기초하여 우선 대내적으로 당중앙위원회 상임위원회를 정치위원회로 개편하고 권력의 핵심부인 이 기구를 항일빨치산체력으로 충원함으로써 김일성 1인 지배체제를 더욱 강화하였다. 북한은 1961년부터 제4차 당대회에서 발표한 7개년 계획을 실시했는데, 이 계획은 도중인 1966년 10월에 3년을 연장하여 실질적으로 10개년 계획으로 달성되었다. 이 계획의 달성이 지연된 것은 이 시기에 크게 늘어난 국방비 지출이 경제 건설에 큰 부담을 주었기 때문이다. 북한은 '경제건설과 국방건설'의 동시 추진을 국가정책으로 채택함으로써 정치 · 군사 우위형의 경제건설체제로 이행하였고, 이때부터 과도한 국방비 지출이 북한 경제에 큰 부담으로 작용하기 시작했다.[88] 1962년 조선노동당 중앙위원회는 '4대 군사노선'을 채택했다. 이는 "인민군대의 간부화, 무장의 현대화, 군사진지의 요새화, 전체 인민의 무장화, 온 나라의 요새화"를 뜻한다.[89] 1965년 4월 김일성은 '3대 혁명역량'을 강화해 남한 혁명을 수행하고 이를 통해 통일을 달성한다는 목표를 제시했다. 즉, 조선노동당의 임무를 '남조선에서 혁명역량을 빨리 장성시키며 남조선 인민들의 혁명투쟁을 돕는 것'으로 설정하고, '조선혁명의 전국적 승리가 북한의 혁명기지 강화, 남조선의 혁명역량 강화, 국제혁명역량과의 단결 강화'라는 3대 혁명역량 강화로 가능하다고 강조했다.[90] 1960년대는 북한이 강조하는 3대혁명역량 중 "공화국북반부의 혁명역량"의 핵심이 군사력에 치중되어있는 시기였다. 김일성은 "혁명적 무장력은 반혁명 세력을 때려 부시고 혁명의 승리를 보장하는 강력한 수단입니다. 군사력을 강화하지 않고서는 적들의 침공으로부터 혁명의 전취물을 지킬 수도 없으며 정치적 역량과 경제적 역량을 보호할 수도 없고 그것을 더욱 강화·발전시킬 수도 없습니다. 그러므로 우리는 자기의 군사력을 강화하기 위하여 모든 힘을 다 하여야 합니다"라고 역설했다.[91]

　1960년대 들어서 국방력 강화에 매진하는 동시에 한국에 대해서는 미군 철수 요구를 계속 제기했다. "남조선에서 미국 침략 군대를 몰아내고 미국의 식민지 통치를 철폐하지 않고는 남조선 인민들의 자유와 해방도 남조선 사회의 진보도 있을 수 없으며 우리 조국의 통일도 실현될 수 없다"고 주장하면서 "남조선에서 미제가 쫓겨나고 혁명이 승리하기만 하면 우리 조국의 통일은 물론 평화적으로 평화통일 공세에 치우쳤던 전후 1950년대에 비해 1960년대 들어서 통일은 한층 더 긴박한 국가적 과제로 설정되었고, 이를 위해서 경제 발전의 손실도 불사할 만큼 국방력 강화에 몰두하고 있었다. 그렇다면 한국은 어떤가? 북한에서 1961년 9월 제4차 당대회가 열리기 4개월 전 1961년 5월 16일 새벽 박정희 소장이 주도한 군사쿠데타가 일어났다. 쿠데타 세력은 방송국을 장악하고 군사혁명위원회 의장 장도영 중장의 이름으로 5월 16일 오전 9시 대한민국 전역에 걸쳐 비상계엄을 실시한다는 방송을 내보냈다. 다음날인 5월 17일 박정희는 육군방첩부대장 육군준장 이철희를 육군본부로 불러 용공세력 색출 지시를 내렸다.[92] 새정부와 기존 정부와의 차이는 박정희 체제가 출범하면서 내세운 '선건설 후통일'이라는 전략으로 경제발전에 우선

순위를 두고 북한에 대한 우위를 먼저 확보한 다음 70년대에나 가서 통일 논의를 시작해보자는 것이다. 이와 같은 통일유보론은 국내적으로도 비판에 처했고, 남한 내 전위당을 건설한다는 방침을 세우고 게릴라 침투까지 감행한 북한의 1960년대 통일노선과도 대비되었다.

박정희 정권의 '선건설 후통일'이 처한 어려움은 북한이 표방하는 '민족자주'가 국내 정치적 반대파에게 갖는 영향력을 차단시키면서도 국제정치의 다원화라는 현실 속에서 점차 불가피해지고 있는 "유엔감시하의 남북총선거"라는 기존 통일 방안 수정에 대한 요구를 정권 자체가 표방한 '민족자주적'으로 수용해야 한다는 점이었다. 그러면서도 북한의 공세에 맞서고 이승만정부와도 차별화 되는 "자주외교" "실용외교" "다변외교" "중립국 외교"를 실천해야 했다. 따라서 군부세력은 남북협상론과 중립화통일론 등 4월 민중항쟁시기 혁신세력의 통일론을 용공사상으로 둔갑시켜 이를 북한의 사주에 의한 것으로 규정하면서93 동시에 외교적으로는 통한 여건의 변화를 수용하는 입장을 취해야 했다. 그러면서 북한이 내세우는 '민족자주'와 차별되는 '주체'까지 구현해야 하는 과제에 직면했다. 즉 친미를 하면서도 대미일변도의 외교는 통한 여건의 변화상 할 수 없는 것이 새 정부의 딜레마였다. 어쩌면 통일문제가 이렇게 많은 과제를 제기했기 때문에, 경제개발을 우선순위로 하여 "절대 우위의 주체적 역량"을 다진 다음에 1970년대에 가서야 통의를 논의해보자는 관점이 '선건설 후통일'이었다.

군사정부는 1962년 시정 방침을 발표하면서 통일 및 외교에 대해서 이승만 정권과의 차별화를 표방했다. 박정희는 "거센 물결과 같이 흠씰거리는 내외정세에 알맞추어 따라갈 수 있는 외교체제를 완전히 갖추어서 우리도 능히 우리의 힘으로써 우리의 문제를 처리할 수 있는 자주외교의 터전을 뚜렷이 세울 것이며, 지난날 모양 줏대 없이 갈팡질팡하는 것과 같은 태도를 버리고, 특히 유엔 및 공산주의 나라가 아닌 국가들에 대한 외교 활동을 적극적으로 펼치도록 할 것"이라고 선언했다.94 자주외교와 함께 경제외교를 표방하면서 "이러한 외교활동의 적극화와 아울러 우리 민족도 먹고 입고 사는 데 있어서 시급히 요구되는 경제개발을 뒷받침하기 위해서 강력한 경제외교를 전개해서 해외시장을 개척하는 일과 외국자본의 도입을 장려"하고 "우리나라와 일본과의 교섭은 계속해서 추진을 하되 지금까지 걸쳐 있는 여러 가지 문제와 조건들이 일단 타협과 해결로서 끝장을 보고 난 다음에라야 이웃나라로의 교제와 거래를 제대로 하게 되는 것"이라고 주장했다.

5.16 이후의 여론은 이승만 시대의 고립적인 반공외교는 "자주외교" "적극외교" "실용외교" "중립국외교" "다원외교"로 수정되어야 한다는 것이었다. 이제 중점을 두어야 할 것은 아프리카와 중립을 표방하는 나라들과 국교를 수립하고, 종래에 미국에 의지하여 외교를 하던 것은 유엔에서의 비동맹국가들의 증가로 인한 판도 변화로 인해서 더 이상 어렵다는 인식의 전환이 1960년대 초반에 이루어지고 있었다. 따라서 "종래의 고식적인 태도를 버리고 적극적인 외교에 나선 것은 우리국가가 외교목표에 있어서 그 주체성을 확립한 일증좌라고 할 것"이라고 분석했다.95 아울러 1962년 10월 현재 수교를 맺고 있는 54개국 중 (유엔가입 110개국) 41개국과 혁명 이후 외교 관계를 수립한 것은 "약화되어 가는 우리의 지위를 높이기 위해 명분과 이데올로기에 치중했던 과거의 외교정책을 버리고 실리위주의 정책전환을 시도한 혁명정부의 업적"이라고 치켜세웠다. 이전 정권들이 "자유세계의 지도적 국가와 아세아의 강력한 반공국가 13개국

과 외교 관계를 맺었을 뿐 국제무대에서 단결된 힘을 발휘해가는 아세아 아프리카의 군소 국가와 중립국가에는 아무런 힘을 기울이지 않았다"면 이에 비해 새 정부는 "실리외교" "적극외교"를 이행하면서 유엔의 한국문제 표결의 변화에 대처하고 있다는 주장이었다.[96] 경향신문은 1962년 12월 11일 유엔총회 정치위원회는 한국문제 토의에 한국대표만을 참석시키자는 미국제의가 찬성 71, 반대 9, 기권 19로 압도적 다수 가결된 데 대해 "군사혁명 이후 한국외교가 대미일변도에서 중립국가군과 적극외교를 가지기 시작"했기 때문이라고 분석했다.[97] 이는 "쿠바 사건이나 인도 - 중공 국경분쟁과 같은 국제정세가 우리에게 유리하게 전개되었다는 객관적 조건에만 귀결시킬 문제가 아니며" 군사혁명 이후 "다원외교"로 방향 전환하여 "중립국가마저 공산주의나 다름없이 위험시하던 구정권시의 감각과 비교해 볼 때 지금의 한국외교는 비약적인 발전을 했다고 볼 수 있다"고 평가했다.[98] 아울러 "이번 한국대표단이 한국문제 토의를 앞두고 자주성을 발휘한 것도 외교정책의 다원화의 필연적 귀결"이라며 "국제외교가 이미 이데올로기외교에서 실리외교로 기울어지고 있음을 볼 때 한국외교의 주체성 회복이라는 문제는 더욱 절실히 우리 앞에 제기되고 있다"고 강조했다.[99]

### 3) 한일협정 파동과 통일논의의 재점화

그러나 군사정부가 이전 시기 정부와의 차별화를 부각시키기 위해서 추진한 "자주외교" "실용외교" "적극외교" "다원외교"의 초기의 성과에도 불구하고 경제개발이라는 실리를 내세워 무리하게 추진한 한일관계 정상화로 인해 민정이양 1년 만에 군사정부는 1964년 내내 최대의 정당성 위기를 겪게 되었다. 1964년의 반일회담 반대시위는 18개월에 걸쳐 전국적으로 진행되었는데 약 300만 명의 학생과 50만 명의 시민이 가담하였고 계엄령이나 위수령에 의한 군대의 동원에 의해서만 수습이 가능할 정도로 극렬했다.100 이 가운데 김일성이 통일을 위한 3대 역량 강화를 1964년 8월에 제의하고, 한국 내 전위당을 건설한다는 방침을 같은 해 조선로동당 중앙위원회 제4기 8차 전원회의에서 세워 남한혁명이 조선로동당의 직접 지도를 받지 않고 독자성을 띠어야 한다는 방침이 강화되었다. 같은 시기 국내에서는 1964년 가을 신금단선수 부녀상봉과 황용주 필화사건을 계기로 통일논의가 재점화되어 5.16쿠데타 이후 처음으로 다양한 통일논의가 재개되었다.

이렇게 되자 박정희 정권은 1964년 통일논의 초기에는 논의의 자유를 보장했지만 야당이 자신들을 공격하고 통일논의가 통제 범위를 넘어서자 이를 통제하기 시작했다.101 신직수 검찰총장은 11월 19일 "어떠한 형태의 용공사상이나 중립 사상도 배격 엄단"하겠다고 말하면서 승공통일만이 국법상 허용되는 방법이고 "언론 자유를 빙자하여 이 한계를 이탈하는 통일론은 국가보안법 및 반공법을 위반하는 것"이라는 담화 발표를 발표하였다.102 공화당 정부의 통일방안은 승공통일을 전제로 한 '제네바공식'으로 혁신계가 표방했던 중립화 통일론이나 남북협상론 모두 용공론 내지 이적행위에 해당하는 것으로 규정되었다. 그러나 다른 한편으로 박정희 정권은 통일논의를 확산시켜 한일협정으로 인한 위기를 돌파하고자 했다. 한일협정반대로 반미, 반정부적 정서가 팽배한 가운데 대중 반발을 무마시키기 위해 통일에 대한 관심을 고양시켜 정권의 민족적 성격을 부각시키려는 정치적 의도도 있었던 것이다.103 박정희는 "남북통일은 멀지 않아 이루어질 수 있을 것"(1964.10.19.)이라고 발언하기도 했고, "통일문제를 심각하게 연구할 시기가 되었다"는 입장(1964.10.21.)을 밝히기도 했다. 아울러 1964년 10월 27일 이만섭 공화당 의원 외 45명은 "남북가족 면회소 설치에 관한 결의안"을 제출하였다.

한일회담을 둘러싼 사회적 갈등을 배경으로 1964년 10월 10-24일 간 동경에서 개최된 제18회 올림픽대회에 참가한 북한의 육상선수 신금단과 서울로부터 동경을 방문한 아버지 신문준이 14년 만에 상봉한 사건이 일어났다. 신금단 선수 부녀상봉을 계기로 일반 국민들 사이에서 남북교류에 대한 열망이 크게 고조되었다. 당시 조선일보는 1964년 10월 29-30일간 서울시내 식자 층 144명을 대상으로 통일문제에 대한 여론조사를 실시했다. 여기서 남북교류 협상론에 대한 지지도가 점증추세를 보여주는 가운데, 특히 통일문제와 관련해서 남북 간의 편지교환, 체육인 또는 언론인 교한 등의 주장에 대해 긍정률 75%, 부정적 반응 17%로 나타났다.104

신금단 선수 부녀상봉과 함께 당시 통일논의에 있어서 큰 파장을 일으킨 사건은 '황용주 필화사건'이었다. 황용주는 박정희의 대구사범학교 동창, 부산일보 사장을 역임하고 당시 문화방송 사정으로 재직하면서 ≪신동아≫ 10월호에 박정희를 움직이는 사람들 50인 중 1명에 선정된 인물이었다.105 그는 ≪세대≫ 11월호에 「민족적 민주주의론」이라는 논문을 발표하고 여기서 '두 개의 한국'을 인정하는 동시에 남북한이 동시 유엔 가입하고, 미군을 포함한 외군을 한반도로부터 철수시킨 다음 유엔경찰군 감시 아래 남북한 동시총선거 실시하며, 남북연방제도 고려할 수 있다는 파격적인 주장을 펼쳤다.106 이 논문은 박정희의 '민족적 민주주의'를 옹호하기 위해 작성된 것이나 남북한 적대 상황의 해빙 작업을 먼저 착수할 것을 제안하고 구체적 방안으로 군비축소, 치안을 위한 유엔 경찰군의 극소주둔, 남북한 유엔 동시가입, 제3국을 통한 남북 대화를 제안 했다는 점에서 야당으로부터 강한 비판을 받았다. 1964년 11월 10일 열린 국회 국방위원회 삼민회 한건수 의원은 대통령의 측근이라는 인사가 '민족적 민주주의'다 하고 쓴 것이 "북괴의 통일방안과 같은 주장"이라고 강하게 비판하고 11월 20일 윤보선 민정당 대표최고위원, 박순천 민주당 총재, 김도연 자민당 대표최고위원 등 3당 대표는 공동성명 발표해서 정권을 용공이라고 공격하였다. 이 사건은 1964년 11월 11일 황용주가 반공법 제4조 1항 (반국가단체 찬양 고무) 위반 혐의로 구속되고, 1964년 11월 29일에 국회에서 채택된 「국토통일방안에 관한 결의안」으로 기존의 "유엔감시하의 남북한 토착인구비례에 따라 자유로운 선거" 실시라는 공식이 재확인 되면서 일단락되었다.

### 4) '북괴'인가 북한인가? '하나의 한국' vs. '두개의 한국'

문제는 아무리 "유엔감시하"라는 공식으로 되돌아온다고 하더라도, 이와 같은 입장이 더 이상 유지되기 어려운 여건이 국제적으로 조성되고 있었고, 북한의 체제 공고화도 저지할 수 없었다는 데 있었다. 미국의 발언권이 약해지고 중국의 유엔가입이 가시화되고 있는 1964년의 상황에서 한국의 통일외교는 난관에 봉착해 있었다. 당시 이 상황에 대해 당시 민주당 소속 의원 김대중은 "자유 공산 어느 쪽도 결정적으로 상대방에 대한 승리를 얻기가 어려운 그러한 정세하에 있고, 과거 우리가 가장 신뢰했던 유엔은 날로 다원화 해가고 우리가 가장 의지했던 미국의 영향력은 날로 감소되어 가고 있다. 이질적인 체제만 굳어져 국제적으로 보더라도 여간해서 우리 통일에 이로운 여건이 온다는 것은 희박"하다고 분석했다.[107] 아마도 이중 가장 불리한 여건은 특히 중국이 1964년 10월 단행한 1차 핵실험으로, 이 사건을 계기로 한국은 '할슈타인 원칙'의 조정과 대유엔 외교, 국제적으로 확산될 수밖에 없는 '두 개의 한국'관 저지 등에 대한 더 깊은 현실적인 고민을 하지 않을 수 없었다.

　1964년 초 당시 이동원 외무장관에 따르면, 중공이 유엔에 가입했을 경우와 핵실험을 했을 경우에 대한 대비를 주요 과제로 하고 있었다.[108] 프랑스의 중공승인은 한국 정부와 여야 정치인에게 큰 쇼크를 던졌다. 유엔에서 중공을 강대국화 시키고 이에 준해 북한의 국제적 지위를 올리는 가공할 사태를 초래할 것이라고 국회 외무위원장 김동환과 박준규, 강문봉 의원 등이 경고한 것이다.[109] 프랑스가 중공을 승인함에 따라 프랑스 영향권 아래 있는 10개 아프리카 국가들이 중공을 승인할 가능성도 높아졌다. 이렇게 되면 북한의 지위가 향상될 뿐만 아니라 중공문제에 관한 미국을 위시한 자유진영이 소수파에 몰리기 쉽고 이렇게 되면 한국의 유엔가입에 적지 않은 타격을 받는다는 문제가 지적되었다. 국회 외무위원장 김동환은 프랑스가 중공을 승인하게 되면 "극동 및 동남아에 대한 중공의 지위가 크게 강화되고, 중공의 지위가 향상되면 간접적으로 북괴의 지위도 향상되는 결과를 가져오게 될 것이며, 이 상태까지 나가면 일본 등도 중공을 승인하고 중공이 유엔에까지 가입되는 결과를 가져올 것이 예상되며 미국의 극동정책은 근본적으로 변경되는 것이 불가피해진다"는 점을 인정했다.[110] 따라서 "중공의 강대국화는 우리에게 커다란 위협이 되기 때문에 거국일치의 단결된 태도로 외교에 임

해야 한다"고 촉구했다.111

　프랑스의 외교적 승인이 제기한 중국의 국제적 위상 강화에 대한 1964년 초의 이와 같은 우려는 중국의 1차 핵실험으로 더욱 가시화되었다. 1964년 10월 16일 단행한 핵실험으로 중국은 다섯 번째 핵보유국이 되었고, 이에 따라 국제적 발언권이 증대되는 것이 불가피했다. 중국의 핵실험은 무시 못 할 정치적, 심리적 영향을 가질 수밖에 없었다. 정일권 총리는 "중공의 핵실험이 군사적 목적에는 만족을 못 주나 아아블록 등의 후진국에 대한 정치적 영향력은 심대할 것이며 이에 대한 북괴의 허세를 경계해야 할 것"이라고 했다.112 한국에 대해서 실제 군사적 위협보다는 심리적 위협과 영향이 강조되었다. 정일권 총리는 "중공의 핵실험은 동남아와 아아블록에 영향을 주는 한편 한국에 대해서는 심리적 작전을 펼칠 것이며 북한 공산정권으로 하여금 허세를 부리게 할 것이다"라고 관측했다.113 아울러 "중공을 유엔에 가입시키도록 하는 무드는 조성될 것이며, 중공의 국제적 지위가 향상됨에 따라 우리나라에도 여러모로 심리적 작전을 쓸 것이며 북괴도 이에 편승하여 허세를 부리게 될 것이다"라고 보았다.114 정일권 총리는 "중공의 핵실험은 대단한 것은 아니나 그것이 소련의 원조 없이 독자적으로 이루어진 점은 주목할 만하며 동남아사태나 아아블록 단결에 영향을 줄 것"으로 예상했다.115 김성은 국방장관 역시 중공의 핵실험은 원시적인 것으로 "무기로 사용하려면 상당한 시간이 걸릴 것"으로 관측하고 "한국의 국방에 영향을 미칠 것이라고는 생각되지 않으며 다만 심리적인 영향은 있을 것이다"라고 결론지었다.116 아울러 중국의 위협이 더 가시화 되자 이는 한일 국교정상화에 대한 필요성을 정부가 다시 강조할 수 있는 여건으로 작용했다. 1964년 10월 20일 김동조 신임주일대사는 "중공의 핵실험으로 한일 국교정상화는 어느 때보다도 긴급히 해결해야 한다"고 지적했다.[117] 이동원 외무장관 역시 "국제정세가 급변해짐에 따라 한일회담의 조기 타결이 절실"하다고 지적했다.[118]

중국의 유엔 가입이 가시화 되자 이에 대한 최소한의 대안으로 "소아병적인 반공관념을 탈피하여 대담하게 국제정세를 내다보고 분석할 것," "현실성 있는 초당외교로 국제적 지위 향상의 비상대책을 강구할 것," "두 개의 중국 승인이 두 개의 한국 승인으로 되지 않도록 할 것"과 같은 제안이 제시되었다.[119] 아울러 중국의 핵실험 이후 유엔 가입에 대한 전망이 더 높아짐에 따라 '두 개의 중국'관 우세와 이를 저지하기 위한 외교적 대비책을 강구하게 되었다. 1964년도 유엔 총회는 아아블록에의 중국진출과 영국의 노동당 집권으로 유엔의 기상도는 많은 변화가 예상되고 있었고 한국문제를 의제로 올리느냐 보류하느냐 문제보다 한국에 불리한 제안, 가령 '두 개의 한국'관 같은 것이 나올지도 모른다는 우려가 증폭했기 때문이다.[120] 이에 따라 중국승인으로 정책을 바꾼 세네갈과 중앙 아프리카를 포함하는 12개 국가를 두 차례 나누어 방문토록 하는 주불 백선엽대사를 수반으로 하는 외교사절단을 출발토록 하도록 했다.[121] 10월 22일부터 11월 12일 사이 중국을 승인한 세네갈을 비롯하여 모리나티, 아이버리코스트, 토고, 다오메, 니제르, 어트블타 방문하고 11월 19일부터 12월 24일까지 중국을 승인한 중앙아프리카와 카메룬, 콩고, 가본, 차드 등 역방하고 고위회담을 가졌다.[122] 1964년 유엔총회에서 중국의 유엔가입 문제가 상정되는 경우 드골의 영향권에 들어가 있는 12개국 불란서 공동체와 영국이 깊이 코미트 해있는 영연방 국가들이 중공의 유엔가입을 뒷받침 할 가능성이 많았다.[123] 미국에 의해 국제외교의 이단자로 낙인찍힌 중국의 유엔진출이 실현되는 경우 가장 치명적인 타격은 한국에 떨어진다고 우려했다.[124] 영국이 중국의 유엔진출을 지지하는 현실적인 근거가 '두 개의 중국'관에 있고 궁극적으로 대만정부를 신탁통치에 두었다가 자결투표로 자유중국의 운명을 결정짓자는 것이라면 이 두 개의 국가론은 한국에도 적지 않은 영향을 미칠 것임이 틀림없었기 때문이다.[125]

이와 같은 국제질서의 근본적 변화는 한국의 어떤 정부도 단독으로 저지하거나 부인한다고 해서 바꿀 수 있는 문제가 아니었기 때문에 결국 한국 정부는 1965년부터 공산국과의 관계를 맺는 국가와 외교관계를 수립하지 않는다는 '할슈타인 원칙'을 조용히 폐기시키는 방향으로 전환하게 되었다. 정부는 '두 개의 한국'관을 부인하던 종전의 강경한 외교정책을 보다 신축성 있게 하기 위해서 "사실상 배제한다는 방향"으로 대책을 강구 중이라는 보도가 나오기 시작했다.[126] 정부가 이처럼 묘한 표현으로 정책전환을 검토하려는 까닭은 북한의 외교 진출이 적극화되어 만약 북한과 외교관계를 맺는 나라와 즉각 단교한다는 정책을 고수하는 경우 앞으로 아시아 아프리카 신생국에서 우리가 더욱 고립화될 우려가 클 것이라고 분석했다.[127] 이것이 만약 북한과 대사교환을 한 나라와도 즉각적인 단교를 하지 않고 그들이 북한과 외교관계를 끊도록 단지 노력만 하는 것이라면 대한민국의 외교상 하나의 전환기를 가져오는 것이었다. 왜냐면 정부의 신축성이란 사실 두개의 한국을 인정하는 방향으로 나아갈 수밖에 없다는 의혹이 제기 되지 않을 수 없었기 때문이다.[128] 결국 1966년 1월 13일 이동원 외무장관은 기자회견에서 정부는 "자주적인 외교"를 하기 위해 "대중립국 외교전략에 신축성을 갖게 될 것"이라고 확인했다. 이렇게 함으로써 "종래 북한을 의식적으로 피함으로써 생긴 부작용을 고려하여 실리 면에서 유리한 입장을 갖게 될 것"이라고 말하고 "두 개의 한국을 불용인한다"는 '할슈타인 원칙'에는 변함이 없으나 "북괴와 수교한 나라와도 영사관계를 갖고 비외교적인 경제 및 문화교류를 계속 가질 것"이라고 설명했다. 이는 '할슈타인 원칙'을 고수함으로써 숱한 벽에 부딪혔던 한국의 대중립국외교에 신축성을 보인 것으로 해석되었다.[129] 물론 정부에서는 이런 변화를 "자주적"인 입장에서 수용한 변화라고 했지만, 야당의 시각으로는 그렇지 않았다. 민주당은 공화당이 "민족자주적인 민주주의"를 부르짖을 그 당시와 마찬가지로 이 문제를 처리해야 할 것을 촉구했고, 또 "민족자주적으로 하는 데 있어서는 오늘의 국제사조로 보더라도 또 외교적인 조류를 보더라도 어떤 외국도 이것을 방해하기 어렵다고" 주장했다.[130]

## 5) 민족 vs. 민족-통일 논쟁과 '동백림사건'

위와 같은 통한여건의 근본적 변화를 맞이한 1960년대에 박정희 정권은 민족적 성격을 부각시킬 필요성에 직면해 있었지만, 이 과제를 성공적으로 수행하기에는 근본적인 한계와 딜레마가 있었다. 박정희 정권은 "자주외교"를 하면서도 한일 국교정상화나 베트남파병이 보여주듯 미국과 가장 긴밀한 냉전외교 공조를 할 수밖에 없었고, "적극외교"를 표방하면서도 '두 개의 한국'의 현실을 전면적으로 수용할 수 없었고, 북한과 '자주'와 '민족'에 대한 대표성과 우월성을 두고 경쟁하는 가운데 국내에서도 그 불가피함이 인정되고 있는 탈유엔 통한방안에 대한 새로운 대안을 세워야 했다. 유엔에서 남북한을 동등한 국가적 실체로 인정하는 '두 개의 한국'관이 가시화 되고 있었다. 한국은 미소의 공존정책을 그대로 따르자니 통일문제에 있어 딜레마에 빠질 수밖에 없다. 소련과의 평화공존을 바탕으로 한 현상유지 정책을 계속 밀고 나가고 있는 미국은 한국도 국제정세의 추이에 적응하기를 희망하고 있었다. 그러나 한국정부가 미국처럼 소련과 접촉하면 간접적으로 북한도 하나의 외교에서의 경쟁상대로 인정하지 않으면 안 되는 상황이 올수도 있었다. 국제적으로 현상유지정책에 동조하면서도 국내적으로 통한문제 등에 있어 현상변경을 추구하지 않을 수 없는 것이 한국이 당시에 처한 외교적 입장이었다.[131] 정부가 미국의 공존정책을 그대로 수용하게 되면 한국은 북한을 하나의 사실상의 단체인양 상대하게 되는 셈이며, 통한 문제를 현상대로 방치해두는 이율배반적인 결과를 초래할 위험이 커지고 있었다.[132]

대내외적으로 박정희 정권은 공식적인 통일방안으로 '유엔감시하 총선거안'을 지속적으로 선전했지만 군정의 실질적인 통일론은 승공의 방법으로 경제성장을 설정하고 실력 배향 후 통일을 하겠다는 '선건설 후통일'이었다.[133] '선건설 후통일'은 한국이 북한 체제를 능가하는 충분한 국력을 구축할 때 비로소 통일을 달성할 수 있다는 단계적 유보적 통일론이었다.[134] 박정희 정권은 '민족 자주적'인 입장에서 '선건설 후통일'을 주장하고 있었지만, 야당에서는 이 노선이 '민족 자주적'인 성격과는 배치된다고 비판했다.

박정희에 따르면, "자주외교"와 "경제외교"로 북한에 대한 "절대 우위의 주체적 역량"을 달성한 후 통일 논의는 "70년대 후반기에 들어가서 본격화될 것이며, 그때 가서도 6·25사변을 일으켜 조국을 초토로 만든 김일성의 전범집단과는 논의할 수 없고 새로운 민족집단이 나오는 경우 그들 하고나 논의할 문제"라고 말했다.[135] 또 통일

논의를 미룰 필요성을 언급하면서 "누구나 통일을 원하지만 지금으로써는 그 논의가 아무런 실리를 가져오지 못하고 북괴만 이롭게 하기 때문에 우리가 주도권을 장악할 수 있을 때까지 묵묵히 실력을 양성해야 할 것"이라며 "일부 정치인들이 무책임한 발언을 한다고 통일이 되는 것도 아니고 인기정책으로 그런 발언을 하는 것은 북괴에 이익만 주는 것"이라고 비난했다.[136]

그러나 정부의 통일논의 유보론은 야당의 거센 비판에 직면했다. 대표적으로 1966년 당시 민중당 정책위원회 의장 겸 정무위원을 맡고 있었던 김대중은 "선건설 후통일은 패배주의의 극치"라며 "민족분단의 비애를 해결하지 못하고 있는 것도 우리가 서러운 것인데 우리의 생명과 같이 중요한 통일문제에 대해서 지금 말하는 것은 마치 일제시대에 내 성을 말하고 내 나라 말을 하고 역사를 말하는 것같이 위험시되고 갖은 법으로 처벌의 위험을 받고 있다"고 개탄했다.[137] 정부 여당이 통일 논의를 기피하는 것과 대비해 서독에서는 "정부와 지도자들은 이 통일문제에 대해서 부단한 연구와 노력을 보임으로써 국민으로부터 우리나라 정부나 정치인들이 받고 있는 바와 같이 통일에 대한 무성실하고 아무런 의욕도 없고 통일을 체념포기하고 있는 것 같은 그러한 불신은 받지 않고 있다"고 비판했다.[138] 그러면서 왜 공화당이 애초에 공약한 "민족적 민주주의" "자주적 외교 통일 문제의 처리"를 실행하지 않는지, "정치·경제·사회·교육 문화 모든 영역에 걸쳐서 승공태세를 강화하고 승공통일의 숙원을 달성하기 위하여 국가기구로서 국토통일 연구기구를 두어 통일문제에 관한 과학적인 연구와 국토통일 후의 정치·경제·사회·교육 문화 등 제분야에 대한 대책을 마련한다"고 해놓고 "이제 통일 문제를 이야기하면 덮어 놓고 이것을 마치 일제시대 한국말하고 한국역사

얘기한 자를 일본관헌이 의심하고 감독하듯이 공산당에 이롭게 한 자와 같이 감독하고 한다는 것은 국민에 대한 기만"이라고 질타했다.[139]

위와 같은 상황을 보면 '민족 자주적'인 통일방안이 무엇인지 한국과 북한이 서로 대결하고 있을 뿐만 아니라, 여당과 야당도 치열한 논쟁을 벌이고 있었고, 그리고 1960년대 중반부터는 상술한 국제 질서의 다원화, 중국의 핵실험과 유엔 가입의 가시화, '할슈타인 원칙'의 유효성, '두개의 한국,' 등과 같은 이슈들이 실제 정책적인 문제가 되면서 야당 내에서도 논의가 분화되었다. 1966년부터 보수야당은 승공통일론을 고수하며 중립국 감시하의 총선거나 남북협상은 배제하면서도 반공법을 통한 통일 논의 탄압을 반대하고 유엔감시하의 총선거안이라는 "과거의 의존적인 통한방안"을 "대담하게 전환시켜 민족 자주적인 방안"으로 수정할 것을 촉구하면서 '제한적 남북교류론'을 주장하기 시작했다.[140] 보수야당의 분화뿐만 아니라 (민중당 vs. 신한당) 5.16 직후 해산되었던 혁신 정당들이 등장해 4월 민중항쟁시기 혁신세력들이 중심된 통일사회당은 1965년 7월 20일 창당 발기인대회를 개최하고 김성숙을 대표위원으로 선출하고 준비위원회 체제로 활동하고 있었다. 이와 함께 서민호를 중심으로 하는 일부 인사들은 신당 운동에서 이탈하여 민주사회당(이하 민사당) 창당을 준비하는 과정에서 '남북교류론' 주장을 계기로 1964년 이후 차단되었던 통일 논의가 재개되는 양상을 보이게 되었다.[141] 1966년 5월 7일 발기취지문에서 "국토의 통일 목표를 달성하기 위하여 국제적 여건을 감안해서 '민족자결'을 토대로 부분적 통일로부터 완전 통일을 성취"한다고 천명하고 부분적 통일이란 서신, 기자, 문화인, 체육인, 친척교류 등의 남북교류를 뜻했다.[142] 북한의 실체를 인정한다는 점에서 민사당의 남북교류론은 보수 야당의 통일론과도 구분되었다.

통일과 북한의 실체에 대한 국내 정치권의 논쟁과 더불어 이 시기 주목되는 것은 베트남파병을 계기로 소위 '허니문'이라고 불리는 시기를 통과하고 있었던 한미 간에도 중국과 공산권과의 공존에 대한 이견이 노출된 것이다. 1971년 중국의 유엔가입에 이르기까지는 1960년대 중반부터의 미국의 대중국 정책의 변화의 필요성에 대한 논의가 그 배경에 있다. 1960년대 중반부터 미국 사회 내부에서 이제 중국의 실체를 인정하고, 중국을 봉쇄하면서도 고립시키지 않는 노선으로 전환할 필요가 있다는, '고립없는 봉쇄(containment without isolation)'와 '두 개의 중국'에 대한 식자층의 여론이 형성되고 있었다. 이 가운데 미 상원 외교위원회에는 1966년 3월 8일부터 30일까지 각계의 중국전문가들이 출석한 가운데 새로운 대중국 정책에 대한 제안들이 언급되었다. 당시 "고립없는 봉쇄"를 뒷받침하는 이유로 여러 중국전문가들이 제시한 분석은 대체로 다음과 같다: "중공의 호전적인 언동은 실제 침략할 의도를 드러낸 것이라기보다는 욕구 불만에 따른 것이다; 중공은 향후 10년 내지 20년 동안 군사적으로 '종이호랑이'에 불과한 것이며 경제적으로 '대약진'에 따르는 후퇴로부터 회복되기 어려울 것이다; 현재 팽창주의적이지만 행동은 신중하며 통설과는 달리 그 수뇌부는 핵전쟁의 위험을 숙지하고 있고 미국의 핵공격을 초래하지 않도록 노력하고 있다; 중공은 혁명을 수출할 수 없으며 임표조차 월남 민족 해방전선을 지지할지 주저하고 있으며 월맹에 장기투쟁을 권고하고 있다; 중공의 외교정책 기조는 '모택동 주석' 생존 기간 중 큰 전환을 기대할 수 없지만 권력 상층부에 제3세대가 진입하면 유연하게 변화될 가능성이 있다; 미국은 중공이 거부해 온 유엔 가입, 외교승인, 금수완화, 접촉 확대 등을 권고하는 '고립없는 봉쇄' 정책을 채택할 필요가 있다."143 중공을 대륙의 실제적인 지배정권으로 인정하는 '두 개의 중국'관에 입각하여 다양한 차원에서의 타협과 협조, 그리고 교류를 진행하는 '고립없는 봉쇄'정책을 추구해야 한다고 역설했다.144

그러나 한국의 입장에서는 중국에 대해서 '고립없는 봉쇄'를 한다는 것은 아직 생각하기 어려웠지만, 중국과 베트남과 다르게 소련과 같은 이른바 "비적대공산국"에 대해서는 인식의 변화를 보이기 시작했다. 즉 모든 공산국가를 동일하게 적대적으로 취급하기 보다는 적대/비적대 공산국가의 구분이 일어나기 시작했다. 소련의 경우, 과거 약 10년을 통해서 동아시아에 대한 직접적인 위협이 어느 정도 감소했다고 보기 시작했다. 그러나 중국은 여전히 야심적이고 호전적인 전략으로 주변에 대한 팽창과 침투에 여념이 없는 존재로 여겨졌다.145 따라서 중국과 베트남을 제외한 경우, 우리나라가 가입하고 있는 국제기구가 주최하는 국제학술 기술회의가 공산국가에서 열리더라도 정부와 민간대표를 파견하기로 결정하고, 이와 같은 성격의 회의가 우리나라에서 열리는 경우에 공산국가 또는 한국과 국교가 없는 회원국대표의 입국을 허용하기로 결정했다.146 정부가 대공산권개방으로 정책적 전기를 마련하기까지는 미국의 끊임없는 권유가 있었던 것으로 알려졌다. 정책결정에 직접 참여한 외무부 당국자는 "미국이 브라운 주한대사를 통해 여러 차례 공산지역에서 열리는 국제회의 참석을 종용해왔다"고 밝히고 미국정부가 그러한 작용을 한데는 국제정세에 대한 여러 각도의 계산이 있었던 것 같다고 언급했다. 이 당국자에 다르면 "미국은 한국이 이제 전투적인 반공만을 능사로 삼을 시대는 지나갔다고 보고, 대화를 통한 좀 더 이성

적인 승공외교를 벌여야 한다"고 귀띔했다는 것이다.[147]

1966년 발표된 공산권 접근에 대한 허용이 반공국시에 입각한 현정부의 외교정책은 물론 국가의 기본정책에도 어떤 영향을 미칠지 큰 관심을 모았다. 각계는 이 문제에 대해 전향적인 의견을 내놓았다. 서울대 문리대교수 이숭녕은 "중공과 북괴를 제외한 곳이라면 찬성한다"며 "소련을 포함한 동구권국가들도 차차 자유진영 가까워지며 그 사이의 장벽도 완화되는 것 같다"고 찬성했다.[148] 재무장관 고문이자 아주개발은행 대책위원 천병규는 "적극 참가해야 할 시기"가 왔다면서 "중공을 비롯한 일부 교조주의국가를 제외하고는 대체적으로 공산국가들도 비정치적인 학술, 문화 부분에선 서방과 교류를 꾀하고 있다"고 이해했다.[149] 전 상공부장관 김훈은 "학술적인 회의면 찬성"한다면서 "57년뉴델리 세계적십자대회 한국대표로 참석했는데 당시보다도 세계 정세도 변동되었고 따라서 우리나라 외교정책도 어느정도 달라져서 여건이 좀 완화되지 않았나" 본다면서 "적극 참가해야 한다"고 주장했다.[150] 제15차 유엔총회 한국대표 이관구는 "할슈타인 원칙이 좀 누그러지고 있다"면서 "북괴나 중공을 제외한 국가와는 계속 접촉하여 국제진출에 나서야"할 것이라고 강조했다.[151] 제16차 유엔총회 한국대표 서민호 역시 "시대적으로 보아 동의하지 않을 수 없다"면서 "다원외교 시대에 우리만이 예외일 수는 없다 … 국제적으로 고립화되지 않고 나아가서 실리외교를 거두려면 북괴와 동석하는 것을 피할 필요는 없다"는 의견을 피력했다.[152]

1966년을 지나면서 '할슈타인 원칙'이 조심스럽게 재정의되는 가운데 박정희는 7월 18일 월례무역확대회의에서 과거에 '용공상사'라고 불리는 자유진영의 상인 또는 상사에 대해 한국과의 상행위를 불허하는 정책을 수정하라고 지시했다.153 이른바 '용공상사거래불인' 정책을 수정하고 앞으로는 자유 진영의 상인으로서 그가 "중공이나 북괴 또는 월맹을 제외한" 공산권과 거래했거나 그 지역을 여행했다고 하더라도 한국 상품을 사준다면 그들과의 거래를 제한할 필요가 없다는 견해에 대해 구체적인 조치를 취할 것을 관계부처에 지시했다.154 이는 7월 13일 - 18일 서울에서 열렸던 한국무역진흥공사주재의 재외무역관장 회의에서 무역확대와 관련해 정부에 건의 한 내용을 수용한 결정이었다. 즉 프랑스 영국 또는 서독 상인들이 상거래를 위해 한국을 방문하려 해도 그들이 공산권과 거래한 실적이 있다든가 또는 최근 공산권을 여행했다든가 한 자라면 그의 한국입국이 불허되어 무역확대에 많은 지장을 초래한다고 지적되었던 것이다.155 서구 진영은 동국공산권 코메콤 경제체제를 자유화시키려는 적극적인 정치적 목적도 곁들여 공산권과의 교역을 활발히 진행시키는 한편 수출로까지 교역의 폭을 넓고 있었다. 공산권에 대해 가장 예민한 반응을 보이고 있는 서독만 하더라도 그들의 외교정책인 '할슈타인 원칙'을 수정하면서까지 동구공산권 접촉을 시도하고 있었다.156

그러나 이는 어디까지나 경제적 실리는 추구한다는 명분하에 가능해진 변화였다. 우리의 물건을 팔아주는 독일의 "용공상사"와는 거래할 수 있지만, 정치적으로는 경계태세를 유지해야 했다. 독일의 경우, "국토 분단이라는 면에서 우리와 공통점을 가지지만, 가혹한 동족상잔의 전쟁이 없었다는 면에서는 우리와 사정이 다르기 때문에 해외유학생들이나 여행자들이 공산당의 활동이 합법화하고, 공산권과의 교류가 자유롭고, 공산당원이 당당한 시민으로 권리를 향유하는 그러한 외국으로 가서 변화된 상황을 보고 국내의 특수상황을 잊어버리고 대공경계심이 해이해져서는 안 된다는"[157] 내용의 경고도 당시에 흔히 볼 수 있었다.

김형욱 중앙정보부장이 1967년 7월 8일부터 17일까지 발표한 이른바 '동백림을 거점으로 한 북괴 대남적화공작단 사건(동백림사건)'은 1960년대 중 후반 동구권 접촉이 시도 되고 있는 바로 이 서독을 거점으로 학계 언론계 문화계 저명인사 광부 등 194명이 동베를린 주재 북한대사관을 방문해 북한 측으로부터 금품을 받고 간첩 활동을 했다는 내용이다. 관련자 중 15명은 1958년 9월부터 1967년 5월 사이에 동베를린에 있는 동독주재 북한대사관을 왕래하면서 북한과 접선, 간첩활동을 해왔으며, 7명은 소련과 중국 등을 경유하여 직접 평양까지 방문, 밀봉교육을 받고 귀국하여 간첩활동을 해왔다고 공표되었다.[158]

'동백림사건'은 1967년 '6.8선거'에 부정선거에 대한 항의 가운데 발표되었기 때문에 당시의 정치적 위기에 대한 대응으로 볼 수도 있으나, 지난 2006년 1월 국정원과거사건진실규명을통한발전위원회(이하 국정원과거사위)에서 밝힌 결과에 따르면, 1967년 '6·8선거' 이전에 수사가 본격화 되었고 수사계획서에 부정선거 대응차원임을 입증할 만한 단서가 없는 점으로 보아 '사전기획조작설'은 사실이 아니었다.[159] 1967년은 5월 3일 제5대 대통령선거 당시 공화당후보 박정희는 1967년 5월 11일 야당인 신민당 후보 윤보선을 116만여 표 차로 눌러 재선에 성공하였으나, 3선개헌을 위한 개헌선 확보가 절실하였던 여당은 6월 8일 7대 국회의원 선거에서 엄청난 부정투표를 통해 공화당은 개헌가능선인 2/3를 상회하는 129석(지역구 102석, 전국구 27석)을 얻었고 신민당은 45석(지역구 28석, 전국구 17석)을 차지하였다.[160] '6.8선거'에서 개헌선인 전체 의석 3분의2 이상을 확보하고자 동원된 금권, 관권, 폭력에 대해 1967년 6월 9일부터 신민당과 학생들 중심으로 항의 시위가 시작됐고, 4.19혁명을 방불케 하는 시위가 계속되었다. 이런 상황에서 '동백림사건'이 발표되자 6.8부정선거 규탄 시위는 급격히 냉각되었다. 7차례에 걸쳐 7월 내내 지속적으로 발표된 '동백림사건'은 사람들의 관심을 부정선거 문제에서 간첩 문제로 돌려놨다.161

하이델베르크 대학 박사과정생 임석진이 동베를린 주재 북한대사관을 통해 두 차례 북한을 방문하고 주변 유학생들에게 북한 대사관 소개했으며 1963년엔 노동당 입당 원서를 쓰기도 했다는 자수를 계기로 독일 유학생 등 유럽 거류민에 대한 대대적인 조사 바람일 불었다. 사건 관련자 194명 중 31명은 해외에서 연행되었고(서독 16명, 프랑스 8명 등), 국내에서 체포된 사람들의 경우 서독이나 프랑스 등에서 유학했던 사람들이 다수였다. 중앙정보부 발표에 따르면 "동백림의 북괴대남공작거점을 통해 북괴와 접선, 평양까지 드나들면서 북괴의 지령을 받아 한국의 적화를 꾀했으며, 임석진 조용수 등 7명은 북괴의 지령에 의해 1961년 8월부터 1965년 8월 사이에 소련 또는 중공을 경유, 북괴에 들어가 1주 내지 4주간 평양에 체류하면서 밀봉교육을 받았다."162

김형욱의 발표에 의하면 "북괴는 58년부터 동백림의 북괴대사관에 구라파지역 공작본부를 두고 한국유학과 장기체류자, 광부, 간호원등을 꾀어 중공 또는 소련을 경유, 평양으로 유인하여 공산당에 입당시키는 한편 공작금을 주어 정계와 학원 및 언론, 문화계 침투의 사명을 띠고 합법적으로 한국에 귀국케 하여 지하당조직을 확대 배양하고, 정부시책을 비방, 선동하는 등 반정부활동을 감행케 했다"고 지적하고, "포섭된 자들은 신문, 방송, 잡지, 좌담회 등 언론기관을 이용하여 사회주의혁명기운을 조성하고 사회각 분야에서 조직망원을 포섭, 공작금품만도 10여만 달러를 북괴로부터 받았다"고 말했다.163 '동백림사건' 관련자들이 국가보안법과 반공법을 위반한 주요 혐의는 그들이 동베를린 주재 북한대사관을 방문(31명)하고 북한 측으로부터 금품을 받았다는 것(29명)이다. 그들 중 일부는 북한을 방문(11명)하고 조선로동당에도 입당했다는 혐의(10명)를 받았다.164

관련자들은 혐의를 대체로 시인했다. 작곡가 윤이상은 "친구 최상한의 소식도 알 겸 낙랑고분 벽화를 실제로 목견함으로써 그를 통하여 피고인의 작곡 경향에서 민족적 소재를 찾고자 하는 순수한 예술적 동기"에서 1963년 평양에 간 적이 있다고 시인했다.165 더 자세히 보자면, 윤이상은 "북괴공작원" 이원찬(조선노동당 연락부 유럽공작총책)과 접선, 동백림을 내왕하다가 1963년 4월 처와 함께 평양까지 가서 1천 8백여 달러 등을 받았으며, 음악하는 친구 최상한(사리원악단 지휘자)을 만났고 부산에 있는 최상한의 아들 최정길을 독일로 유학시켜 동백림의 이원찬에게 접선시켜 주었다는 공소사실을 대체로 시인했다.166 윤이상의 처 이수자도 남편을 따라 평양까지 갔으며 남편이 미국에 가있던 동안인 1966년 7월엔 단신 동백림의 이원찬과 접선, 공작금을 받았으나 양심의 가책을 받아 돌아오는 길에 차 안에 놓고 내렸다고 진술했다. 처음 북한에 가게된 것은 1958년 8월 서독에서 열린 현대음악제 때 식당에서 동부백림의 한국사람을 잘 안다는 동백림 여학생들 만난 것을 계기로, 그 학생에게 북에 있는 친구인 음악가 최상한의 소식을 알아달라는 편지를 부탁한 것이 인연이 되었다. 그 후 1958년 12월 동백림에서 "좀 와달라"는 편지를 받고 친구의 소식도 알겸 "용기를 내어" 동백림으로 갔다.167 그 후 1959년 4월 서백림 음악대학에 있을 때 동백림의 이원찬으로 부터

"여기 와서 냉면이나 함께 먹자"는 편지를 받고 서백림자유대학생 김택환과 함께 동백림으로 갔었으며, 1961년 3월에도 이원찬을 만나러 가서 2백 달러를 받았다. 1963년 4월 처와 함께 모스크바를 거쳐 평양에 갔을 때 비행장에서 호텔에 들 것을 요구했으나 바지가랭이가 좁은구라파식 옷을 입었고, 기타 소지품도 그쪽 사람들과 달라 남의 눈에 띄기 쉽다면서 김일성대학 신축공사장 근처의 안전가옥으로 갔다. 강서고분과 김일성의 생가, 함흥비료공장, 청년회관등을 구경했는데 함께 간 이원찬이 노동당에 입당하라고 권유했으나 입당하지는 않았다.[168]

최정길은 1964년 9월 18일 윤피고인의 주선으로 동백림으로 가 다음날인 19일 동백림의 이원찬과 접선, 1966년 8월 7일 평양으로 들어가 아버지 최상한과도 만나고 송수신용난수표 사용법 교육을 받고 공작금 5백달러를 받아 갖고 돌아왔다고 진술했다.[169] 정규명도 1965년 8월 초순 동백림의 이원찬의 지령에 따라 처 강혜순과 같이 평양에 다녀온 것을 비롯, 1961년부터 6년동안 동백림을 15차례나 다녀왔으며 공작금은 모두 1만 2백 달러를 받았다고 진술했다.[170] 화가 이응로는 동백림에 가서 북괴와 접선, 돈을 받은 사실이 잘못임을 시인하고 다만 동백림에 간 목적은 자식을 만나러 간 것뿐이라고 말했다.[171] 서백림공대생 임석훈은 친형인 임석진의 권유로 동백림과 평양에 오가면서 북괴와 접선, 그들의 지령을 받기도 했으나 평양에 가보고 그들의 선전이 터무니없는 거짓인 것을 알고 능동적인 활동은 하지 않았으며 지금 생각하면 그들에게 잠시나마 이용당한 것이 부끄럽다고 말했다.[172] 시인 천병희는 평양에 갔다 온 것은 사실이지만 북괴가 하도 과잉선전 하길래 "한 번 가자"는 마음으로 갔다 왔다고 진술했다.[173]

중앙정보부가 '해방 이후 최대의 간첩단 사건'이라고 불렀던 이 사건의 관련자 194명 중 33명에 대한 재판이 1967년 11월에 시작되었는데, 이 재판은 대법원의 파기환송과 재항소심을 거쳐 1969년 3월 재상고심이 끝날 때까지 1월 5개월간이나 지속되었다.[174] 1심과 항소심에서는 관련자들의 혐의가 대부분 인정되었다. 물론 혐의 중에서는 중앙정보부가 고문수사를 통해 확대·조작한 내용도 적지 않았다.[175] 따라서 1968년 7월 상고심에서 대법원이 '간첩죄'와 '잠입죄' 적용에 문제가 있다며 중형자 대부분의 원심을 파기하고 이 사건을 고등법원으로 돌려보냈다.[176] 이후 재항소심을 거쳐 1969년 4월 재상고심에서 관련자 2명에게 사형, 1명에게 무기징역 등이 확정되면서 무려 5차례에 걸친 재판이 모두 마무리되었다. 그런데 이들은 사건이 일어난 지 3년 6개월 만에 모두 석방되었고, 실제로 사형이 집행된 사람도 없었다.[177] 결국 '동백림사건'으로 실형을 선고받은 관련자 전원은 1970년 말까지 모두 감형과 특사의 방식으로 감옥에서 나왔다.[178]

이 사건이 '3선개헌과 장기집권의 초석'을 만드는데 기여한 것은 사실이지만, 여기서 더 주목하는 것은 1967년 이라는 시점에서 발표된 이 '동백림사건'을 통해 볼 수 있는 당시의 새로운 '남남갈등'의 양상이다. 1960년대 일어나고 있었던 국내외 통한여건의 변화와 이로 인해서 촉발된 통의 논의 안에서 이 '동백림사건'을 본다면, 당시는 국가 주도의 단일한 '민족자주적' 통일방안을 정권이 일방적으로 강제하기가 더욱 어려워지고 여건이 복합해지고 있었다. 이 시기의 통일논의 안에서 이제 민사당과 통일사회당은 물론 보수 야당도 유엔감시하 총선거안을 더 이상 통일방안으로 내세우지 않았다.[179] 그런데 이를 대체할 '민족자주적' 통일방안을 놓고 상술한 대로 정부,

제1야당, 야권 내 혁신계가 서로 경합하고 있었다. 여기다가 미국이 중국에 대해 '고립없는 봉쇄' 정책으로 선회하고 있는 상황이 제기하는 도전에 대해서도 한국외교의 대응이 필요해지고 있었다. 결국 1966년 통일논의를 거치면서 정부는 '두 개의 한국'을 저지하면서도 '할슈타인 원칙'의 조정의 필요성을 받아들였다. 1960년대 중후반으로 가면 정부는 중국과 베트남을 제외하고는 공산권과의 교류, 특히 학술 및 기타 비정치적교류를 불허하는 입장을 조정하기 시작했다. '동백림사건'은 당시 1964년 이래 통일논의가 재점화 된 배경에서 정부가 대공산권 정책, '할슈타인 원칙', 통일방안에 대한 시대적 변화를 수용하면서 '민족자주적' 통일방안 추진을 독점하고 통제하겠다는 뜻을 나타낸 것으로 볼 수 있다.

# 2장

# 은밀하지도
# 위대하지도 않은
# 간첩 영화 이야기

## 1. 분단은 왜 영화를 탐할까

### 1) 간첩 신고의 시대

한반도는 오랫동안 간첩의 시대를 살았다. 지금도 그 시절인지 모르겠지만 말이다. 분단과 한국전쟁을 거치며 모든 부문에서 경쟁했던 남북한은 승리를 위해 치열한 첩보활동을 벌였다. 이런 활동은 매우 은밀하게 진행되기 때문에 그 전모를 낱낱이 밝히는 것은 무척이나 어렵다. 남북한이 상대방 진영에 침투시킨 공작원의 규모가 아주 컸다는 것을 짐작할 수 있을 뿐이다.[1]

간첩의 역할은 분명하였다. 총으로 무장을 하고 대통령이나 요인을 죽이려고 남파된 무장공비부터 군부대의 기밀을 캐내거나 산업정보를 빼내는 것이었다. 늘 경계해야 했다. 간첩 식별법도 교육받았다.

불온삐라를 보면
즉시 신고합시다!

불온삐라

불온책자

POST

우표 없어
넣으면 됩니다

우체함

발견하면
우체함

경찰서 파출소
군부대 학교신고센타로

불온선전물 습득신고 포스터
Subversive publications report poster

삐라 신고 포스터(고성DMZ박물관)

    '이른 아침 산에서 내려오는 사람', '구두를 신었는데, 흙이 묻어
있는 사람'을 보면 신고하라는 교육은 아직도 기억이 생생하다. 심
지어 물건 값을 잘 모르거나 우리가 잘 쓰지 않은 '호상'이라는 말을
하거나, '일 없습니다'라고 말을 하면 의심해야 했다. '담배 값을 잘

모르는 사람'을 보거나 '버스비를 모르는 사람'은 간첩으로 의심 받았다. 일단 신고부터 해야 한다고 배웠다. 보고 의심하고, 의심나면 신고하는 것이 미덕이자 윤리였다.

간첩은 우리 문화사에서 분단을 다루는 가장 일반적인 방식이었다. 광복 이후 한반도는 분단의 시간이었다. 3년을 보낸 '6·25'는 휴전이라는 미완으로 끝났다. 분단과 전쟁은 일상과 문화로 반추되었다. '남과 북', '7인의 해병', '쉬리', '공동경비구역 JSA', '태극기 휘날리며', '만남의 광장', '동해물과 백두산이', '그녀를 모르면 간첩', '남남북녀', '천군', '휘파람 공주', '태풍', '나의 결혼 원정기', '크로싱', '간큰 가족', '웰컴 투 동막골', '유령', '국경의 남쪽', '송환'(다큐), '꿈은 이루어진다', '대한민국 1%', '포화 속으로', '의형제' 등등.

우리 문화에서 분단 문제가 떠나지 않은 이유는 분명했다. 분단은 우리의 삶과 직결된 문제였다. 겉으로 드러나지 않고, 보이지도 않지만 분단은 정치와 경제, 삶의 향방을 결정하는 토대였다. 분단과 전쟁으로 이어진 한반도의 지형 위에 만들어지는 영화는 '반공'을 지향했다. '반공'이 중요한 이유는 아직 전쟁 중이기 때문이었다. 전쟁은 휴전으로 끝났고, 끝났으나 끝나지 않은 전쟁은 휴전 이후에도 전쟁의 기억과 상처를 일상으로 가져왔다.

남북관계를 그린 영화는 이런저런 이유로 주목을 받았다. 심의 과정에 당국이 개입하기도 하고, 때론 분명한 목적을 가진 단체가 영향력을 발휘하기도 하였다. 반공을 국시로 한 근대사에서 '간첩'은 전쟁이 끝나지 않았다는 것을 알려주었고, 반공이 국시가 되어야 한다는 것을 각인시켜주었다.

'내 노라'하는 영화감독들이 반공영화를 만들었다. 전쟁의 비극을 그리면서도 반공이라는 이념의 끈을 놓지 않았다. 멋진 국인들이 인

속초시립박물관에 재연한 문화촌(아바이마을) 포스터

민군을 무찌르는 것만큼 통쾌한 것은 없었다. 그래서 북한이 얼마나 나쁜지를 밝히고 인식시키는 영화를 만들었다.

### 2) 대중문화의 쾌감과 낭만으로 버무린 간첩 영화

#### (1) 선물하라 승리의 쾌감을

대중문화는 당대 대중의 심리를 반영한다. '흥미', '재미'는 현실과 관련이 충실하고, 긴장도 있어야 한다. 분단은 남북의 현실이었고, 북한은 실체적이고 구체적인 '적'이었다. 분단국에서 전쟁은 피하고 싶어도 피할 수 없는 현실이었다. 막막한 분단 현실에서 희망을 찾을 수 있는 것은 승리였다. 승리를 위한 활약, 희생이 필요했다. 이왕이면 멋진 활약으로 판을 뒤집고 이길 수 있다면 더욱 좋았다.

한반도가 남북으로 나뉜 이후 북한 주민은 구원해야 할 대상이었

풍요와 번영속에 자유와 행복이 넘치는
살기좋은 민주복지사회
대한민국!

행복한 가정

활기찬 거리    편리한 여가시설    살기편한 농촌

북으로 보낸 삐라(고성DMZ박물관)

다. 북한 동포는 우리의 구원을 기다리는 불쌍한 동포였다. 멋있는
군인이 나와서 괴뢰군을 멋지게 물리치고 구해오는 〈전우〉라는 드
라마가 있었다. 〈전우〉의 주인공 라시찬은 시대의 영웅이었다. 어떤
히어로보다 멋있고, 든든했다. 〈전우〉가 나오는 시간이면 동네가 조
용했다. 텔레비전이 있는 집으로 동네 사람들이 모였다. 군인은 항
상 승리했다. 아이들의 골목 놀이도 드라마를 흉내 냈다. 편은 국군
과 인민군으로 갈렸고, 이기는 쪽은 언제나 국군이었다.

　우리 영화만 그런 것은 아니다. 세계 영화를 지배하는 할리우드
영화 역시 기본 구도는 선악이다. 미국에서 만들어진 할리우드 영화
는 세계를 파괴하려는 악인과 지구를 지키는 선인으로 구분된다. 힘
들고 어렵지만 착한 세력이 악한 세력을 이겨냄으로써 세계 평화를
지켜낸다. 이때 누가 적이 되는지를 통해 적대감을 확인할 수 있다.

냉전체제에서 제작된 할리우드 영화에서 '적'은 소련이었다. 미국을 대표하는 인간적인 주인공은 소련을 대표하는 비인간적인 괴물과 맞섰다. 아메리칸 드림을 꿈꾸었던 영화 〈록키〉가 있다. 엄청난 성공을 그리면서 영화는 속편으로 제작되었다.

〈록키Ⅵ〉에 이르면서 미국인의 애국심에 호소한다. 〈록키Ⅵ〉에서는 세계 챔피언에서 물러났던 록키가 재기하는 영화이다. 세계 챔피언으로 승승장구하던 록키도 '세월에 장사 없다'고 아폴로와의 시합에서 패배한다. 세계 챔피언 타이틀을 빼앗긴 록키는 복싱에 회의를 느끼면서 은퇴한다.

록키를 누르고 세계 챔피언이 된 아폴로는 드라고와의 시합에서 패배한다. 단순히 패배하는 것이 아니라 드라고와의 시합에서 목숨을 잃는다. '드라고'는 소련이 정책적으로 키운 복서이다. 드라고는 사람이었지만 최대한 사람 아닌 기계에 가까웠다. 첨단의 인체공학을 응용한 초현대식 훈련 장비를 사용하여 강력한 파워와 테크닉을 갖춘 복서였다. 인간이기보다는 약물에 중독된 현대화된 프랑켄슈타인 박사가 만든 괴물을 연상케 하였다. 그렇게 세계 챔피언이 된 드라고에게 적수는 없어 보였다.

물론 영화는 이렇게 끝나지 않는다. 드라고의 승리로 끝나는 것은 소련의 승리를 선언하는 것이었다. 미국 영화에서 이렇게 끝날 수 있을까? 불가능하다. 관객들이 가만있지도 않을 것이다. 당연하게 은퇴를 선언했던 록키가 의연히 권투 글로브를 다시 잡는다. 아폴로의 명예와 미국의 자존심을 지키기 위해 분연히 일어선다.

록키와 맞서는 대상이 다른 나라 사람이어도 그랬을까? 그럴 리가 없다. 상대는 영국인도 아니고 프랑스인도 아니고 중국인도 아니고 일본인도 아니다. 세계에서 오직 한 나라, 소련이어야 했다. 그래야만 승리의 쾌감이 커지기 때문이다. 록키는 승리했다. 이길 수 있는 동력의 바탕은 휴머니즘이었다. 자칫 생명마저 위태로울 수 있는 상황에서 용감하게 맞서는 용기의 근원은 휴머니즘이었다. 강하지만 인간성이라고는 눈곱만큼도 찾아볼 수 없는 살인 기계, 괴물에 맞서는 용기에 관객은 환호했다. 록키가 돌아와 친구와 조국을 위해 이긴다는 설정은 미국인들의 애국심을 불러일으켰다. 할리우드 영화가 그랬듯이 대한민국의 영화에서도 국군은 우리를 지키는 영웅이었고, 민주주의와 자유는 늘 지켜져야 했다.

### (2) 스파이 영화의 매력

냉전 시대를 풍미했던 영화 장르로 간첩 영화가 있다. 간첩 영화를 특정한 장르로 구분하기는 어렵지만 간첩은 우리 영화의 중요한 소재로 액션, 에로, 스릴러와 결합하면서 다양하게 분화하였다. 1965년 007시리즈의 대대적인 흥행여파 속에서 남파간첩이나 귀순간첩 소재의 간첩 영화는 동남아를 배경으로 하는 국제첩보영화로 전환되기도 하였다.[2]

치열한 냉전을 반영한 스파이 영화는 시대적인 인기 장르였다. 우리의 기억 속에서도 잊지 못한 스파이 007이 있다. 007시리즈는 냉전 시대가 낳은 대중문화의 총화이었다. 살인면허를 가진 잘 생긴 스파이 제임스 본드는 만화 속에서나 가능한 최첨단 설비로 무장하고, 운전은 물론 사격, 수영, 스키, 스카이다이빙, 스킨스쿠버까지 육해공을 넘나드는 활극을 선보인다. 냉전 시대의 히어로였다.

여성 편력도 대단하다. 잘 생긴 외모에 능란한 춤솜씨와 말솜씨로 피아를 가리지 않고 여성들의 마음을 사로잡았다. 007시리즈가 새로 나올 때마다 본드걸도 덩달아 화제가 되었다. 흥행에 필요한 요소를 고루 갖추었으니, 까칠한 대중의 입맛을 맞추기에는 007같은 스파이 영화가 최적이었다.

영화는 영국과 미국에서 촬영되었다. 어디에서 촬영했는지를 알 수 있는 가장 간단한 방법이 있다. 미사일이나 폭탄이 어디를 향하고 있는지를 알면 된다. 미사일이 런던을 겨냥하고 있으면, 영국에서 만든 영화이고, 뉴욕이나 워싱턴을 위협하면 미국에서 만든 것이다. 적국의 미사일은 아프리카의 사막이나 중동을 겨냥하지 않는다. 런던이나 뉴욕, 워싱턴을 향한다. 일본에서 만든 영화는 어떨까. 재난의 중심은 당연히 도쿄가 된다.

한국 영화사에서 흥행 기록을 갈아치우며 한 획을 그었던 영화 〈쉬리〉를 보자. 영화 〈쉬리〉에서 폭탄은 어디에 설치되어 있었던가. 잠실운동장이었다. 남북정상회담이 예정된 장소였다. 운동장을 가득 메운 사람들이 있었다. 평범한 사람들이 모여 있는 곳, 많은 일반인이 모여 있는 곳, 이곳에서 재앙이 일어난다는 것을 가정하는 것만으로 긴장감이 생긴다. '중심이 파괴된다면'이라는 가정이 영화적 긴장감을 배가한다.

팽팽했던 긴장의 추가 무너지면 긴장의 끈도 느슨해진다. 냉전체제를 형성했던 미국과 소련의 관계가 미국의 우월로 끝났다. 소련 연방이 해체되면서, 미국은 세계 유일의 초강대국이 되었다. 거대한 미국과 맞서 싸울 국가는 소련 붕괴 이후 사실상 없어졌다. 어떤 나라도 미국에 맞설 수 없게 되었다. 미국과 싸우는 국가적 대상이 없어졌다. 지구상에 어떤 나라도 미국과 싸울 수가 없다면 어떻게 할까? 대상이 바뀌었다. 냉전체제 해체 이후 할리우드 영화는 달라진 대중의 심리를 그대로 보여준다.

그렇게 인기를 끌었던 007시리즈도 더는 인기를 누리기 어려워졌다. 사람들이 첩보물에 관심이 없어진 것도 현실적 상황과 무관하지 않다. 첩보물의 묘미는 팽팽한 긴장감 때문이다. 양쪽의 세력 팽팽한 상태에서 스파이의 활동으로 균형이 깨어지기 때문에 손에 땀을 쥐고 지켜보는 것이다. 하지만 양쪽이 이미 상당한 차이가 있을 때는 어떨까? 흥미가 없어진다. 스파이 한두 명으로 세력이 바뀌지 않기 때문이다.

대중영화는 시대를 반영한다. 그렇게 인기가 높았던 007시리즈도 변화하는 시대 앞에서는 어쩔 수 없다. 소련이 해체되면서 스파이 영화의 약발도 떨어졌다. 팽팽한 세력의 균형을 무너뜨리는 스파이의 활약을 더 이상 기대하기 어려운 세상이 되었다.

정보를 얻기 위해서 모진 훈련을 받고 잠입하는 것보다. 컴퓨터를 해킹하는 것이 훨씬 더 편한 방식이 되었다. 치열한 동서갈등도 현실과는 거리가 멀어졌다. 소련 연방이 해체된 이후 소련은 더 이상 미국의 적수가 되지 못하였다. 아무리 긴장감을 불어 넣는다고 해도 현실이 받아들이지 못하였다.

할리우드 영화는 영화의 긴장을 위해서 새로운 적을 그려야 했다. 미국과 맞서는 것은 세계의 어떤 국가도 아니었다. 미국의 적은 국제적 질서를 파괴하려는 테러 집단(〈트루라이즈〉)이거나 인류가 직면하게 될 거대한 자연재앙(〈토네이도〉, 〈투모로우〉), 지구 밖의 외계인(〈에어리언〉 시리즈)으로 바뀌었다. 미국과 맞서는 대상을 지구에서 찾을 수 없으니 지구 대표와 우주 대표의 대결 정도는 되어야 긴장감이 살아나기 때문이었다.

한반도에서 이데올로기는 생과 사를 넘나드는 선택의 문제였다.
(고성 통일전망대 6·25전쟁 체험전시관의 디오라마)

### 3) 우리 영화 속 간첩

우리 대중문화사에 가장 많은 소재가 된 것 중에 하나는 '간첩'이
었다. 간첩은 첩보물의 스릴러에 다양한 액션을 더할 수 있고, 때로
는 에로를 첨가하기에도 딱 좋은 소재이다. 팽팽했던 양쪽의 무게가
간첩의 활약으로 한 순간에 균형이 무너지면서 결정적인 승기를 잡
게 된다. 그 과정까지 펼쳐지는 아슬아슬한 긴장과 스릴은 손에 땀
을 쥐게 한다. 때로는 생각지도 못했던 반전의 묘미도 있다.

한국 영화에서는 스파이보다 '간첩' 또는 '첩자'라는 말이 더 친숙
하다. 휴전선을 사이에 두고 대치하고 있었다. '스파이'라는 낭만적
인 말을 붙이기에는 현실이 척박했다. 간첩은 실제 하고, 체험하는

현실이었다. 동족상잔의 전쟁 속에서 숱한 사연이 생겨났고, 전쟁의 기막힌 사연은 마을과 골짜기와 사람의 가슴에 지워지지 않은 상흔으로 남았다. 이념 대립과 분단의 날카로운 상처가 새겨졌다. 전쟁의 아픔을 비껴간 곳은 하나도 없었다. 어느 누구의 가족사를 들춰보아도 분단의 그림자는 남아 있었다.

분단을 활용하는 정치적 상황도 연출되었다. 반공이 국시(國是)였다. 싸우면서 건설해야 했다. 도로를 넓혀도 터널을 뚫어도 전쟁은 준비되어야 했다. 휴전은 끝나지 않은 전쟁이었다. 휴전 상황이었으니 간첩이 나타나고, 무장공비가 나타나는 것이 어색하지 않았다. 산으로 간 사람들 혹은 마을을 떠난 사람들은 간첩이 되었다.

간첩 영화는 분단체제에서 문화기획자들이 선택할 수 있는 가장 좋은 혹은 가장 유용한 소재였다. 간첩 영화는 대중의 기호(嗜好)에 맞는 장르였으며, 정부의 시책에 맞추어 지원도 받을 수 있었다. 적군에 침투하여 위험을 무릅쓰고 적의 진지를 부시고 돌아오는 〈전우〉 시리즈나 자유 대한에 몰래 숨어들은 간첩을 일망타진하는 첩보대의 활약을 그린 수사물이 만들어졌다.

세계적인 여성 간첩 '마타하리'를 차용한 간첩물도 만들어졌다. 간첩으로 지령을 받고 임무를 수행하려다가 '자유'의 가치를 알고, 사랑에 빠지는 미모의 간첩물은 빼놓을 수 없는 인기 드라마였다.

이념이 다른 남녀가 만나 자유대한의 품에 안기면서 사랑하는 사람을 찾게 되는 멜로물, 일본을 배경으로 조총련의 음모를 박살내는 멋진 액션도 있었고, 간첩 때문에 벌어지는 좌충우돌 코미디물도 있었다. 남북관계, 통일문제를 다룬 영화가 다양한 장르로 만들어진 것은 이 시대의 대중적인 정서가 분단 문제에서 벗어날 수 없었기 때문이었다. 광복 이후 1960년대까지 영화의 주요 소재는 일제시대

한국영화에서 분단과 전쟁은 빠지지 않는 주제의 하나였다.
(속초시립박물관에 재연한 문화촌(아바이마을) 포스터)

의 항일독립투사 영화였거나 반공영화, 월남전 파병 병사들의 활약
상을 다룬 군사물이었다.[3]

　전쟁 영화가 많아진 것은 전쟁 자체가 현실이었기 때문이었다. 한
반도 분단부터 시작된 이데올로기 갈등은 마침내 전쟁으로 확대되
었다. 치열한 전투는 어느 한 편의 승리 없는 휴전으로 끝났다. 전

장에서의 전투는 끝났지만 일상은 여전히 전쟁 중이었다. 남북의 전쟁은 일상의 공간으로 이어졌다.

전쟁이 '휴전'으로 마무리된 상황에서 이념 대립은 전쟁보다 치열했다. 전쟁 이후 우리 사회가 맞이한 것은 전쟁에서 '이겨야 한다'는 것이었다. 자유대한이 이겨야 하는 이유가 무엇인지, 이길 수밖에 없는 이유가 무엇인지를 보여주어야 했다. 치유하기 어려운 상처를 남기고 끝난 전쟁을 '승리'로 기억해야 했다. 승리로 기억하고 싶은 욕망은 전쟁에 대한 기억을 재구성하도록 하였다. 전쟁이 주는 피해와 고통 속 평화의 가치를 논하는 것은 사치에 가까웠다. 늘 싸워야 하는 상황이고, 다시 전쟁이 일어나도 이상할 것이 없는 상황이었다. 적과 싸워서 이겼다는 '승리의 쾌감', 다시 싸워도 이길 것이라는 '징표', 우리가 도덕적으로 우월하다는 '확신'이 필요하였다.

보이지 않은 전투에서도 이겨야 했다. 보이지 않는 전쟁은 이념전쟁이었다. 남북이 자유 진영과 공산 진영을 대변했다. 치열했던 이념 대결에서 승리를 보다 분명하게 보여주는 것은 '전향', '귀순'이었다. 공산당원이나 간첩은 공산주의의 실체를 몰랐기 때문에 공산주의자가 되었거나 속아서 공산당이 되었다. 순진하게 공산주의의 현실에 맞지 않는 이상에 속아 환상을 가졌다가 공산당의 실체를 알고 제자리로 돌아오는 것으로 설정되었다. 국민을 '건강한 안보', '반공'으로 교육했다. 국가를 위해서 헌신하는 국민, '민족 중흥'을 사명으로 하는 국민이 필요했다. 그 역할을 영화가 담당했다.

1960년대 들면서 정부의 정책을 적극적으로 홍보할 필요성이 높아졌고, 영화를 통한 정책홍보를 목적으로 1961년 6월에 공보부 산하에 국립영화제작소가 만들어졌다. 여기에 영화 상영에 앞서 문화영화를 동시에 상영하는 규정을 둔 영화법이 만들어졌다. 이어서

1962년에 '문화영화진흥위원회'가 발족되면서 문화영화에 대한 지원이 늘었다. 이러한 정책으로 문화영화 제작이 급격하게 늘어났다.[4]

이후로도 한반도 분단 문제는 영화의 주요 소재였다. 세계사적으로 냉전이 해체된 상황에서도 한반도의 분단은 여전했다. 남북의 대화가 시작된 이후로는 남북의 만남이나 통일의 상상력이 스크린으로 옮겨졌다. 그리고 북한 체제의 위기가 이어지면서 탈북민의 이야기가 영화로 만들어졌다.

21세기에도 분단 영화는 여전히 일상을 떠돌고 있다. 영화에서 남북이 만나 새로운 일을 만들기도 하고, 보이지 않은 은밀한 거래를 하기도 하고, 남북 정상이 잠수함 속에서 평화를 이야기하기도 한다. 그렇게 남북은 휴전선을 마주하면서 못다 한 이야기를 각자의 방식으로 풀어내고 있다. 한반도에서 분단의 서사가 통일의 서사로 완성된다고 해도 남북의 분단 이야기는 영화의 자양분이 될 것이다.

속초시립박물관에 재연한
문화촌(아바이마을) 포스터

대결의식을 보여준
김청기 감독의 만화영화 〈똘이장군〉

## 2. 간첩 영화 전성시대 : 1950~1970년

### 1) 분단 적대의 재현으로서 영화 : 1950년대 간첩 영화

#### (1) 승리를 그려야 한다

전쟁이 휴전으로 끝난 이후 남북은 정신적인 승리를 갈망했다. 승리해야 하는 필연적인 이유를 찾았다. 정의를 위한 전쟁이었다. 자유를 지키려는 군인과 국민은 용감했고, 정의로웠다. 반공이 시대적인 대세라는 것을 각인시켜야 했다. 영화는 더 없이 좋은 교양 수단이었다.

한국전쟁 체험담은 독특한 전승 방식을 가진다. 전쟁에서 서로에 씻을 수 없는 상처를 남긴 남과 북은 전쟁을 끝맺지 못하였다. 휴전은 여전히 분단 체제를 유지하는 토대가 되었다. 남북이 대치한 상황에서는 위협적인 사건들로 제2의 전쟁이 발발할 수 있다는 극도의 공포 분위기를 조성하기도 한다. 이러한 상황에서 전쟁 체험담은 전쟁을 겪은 세대들의 전유물로서, 전쟁을 겪지 못한 전후세대의 정치적 활동이나 이데올로기 경향, 가치관까지를 간섭하고 통제하는 장치로 기능하고 있다.5

'반공'영화가 시대를 풍미했지만 온전하게 연출가의 몫이라고 볼 수는 없다. 영화에서 남북관계를 다룬다는 것 자체가 개인의 영역을 넘어서는 문제이다. 영화는 상당한 비용이 들어가야 하는 산업이다. 정부의 검열도 받아야 한다. 비용과 검열은 영화의 내용을 결정지을 수 있는 요소이다. 대중문화 시장은 열악하였다. 영화를 만들어야 하는 영화인들에게 제작 지원은 가뭄에 내리는 단비였다. 어렵게 영화를 만들어도 '심의'라는 명분의 검열을 통과하지 않으면 상영을 할 수 없었다. 차라리 처음부터 지원을 받는 것이 유용했다.

당국이 요구하는 것은 분명했다. '반공'이었다. 반공교육은 전 국민이 대상이었다. 반공교육은 초등학교에서부터 자유대한민국 국민이면 지켜야 할 '바른생활'의 하나였다. '공산당'을 반대하는 것은 자유 대한민국의 숙명이었다. 북한은 상대하지 못할 '원쑤'였다. 북한 정권의 실체가 바로 '공산당'이었고, 북한을 도운 중국도 소련도 공산당 국가였다. 그런 공산군에 맞서 싸워서 이겨야 했다.

북도의 깊은 산골로 또다시 추방하게 되었읍니다.

박 목사 가족은 눈물을 흘리면서 이삿짐을 꾸려 떠날 준비를 하면서, 몰래 숨겨 두었던 태극기와 성경책을 봇짐 속에 감추었읍니다. 가족들이 이삿짐을 지고 막 떠나려고 할 때였읍니다. 공산당원들이 밀어닥치며 짐을 빼앗고, 짐 속을 샅샅이 뒤지기 시작했읍니다. 전송하러 나온 사람들이 지켜 보는 가운데

― 116 ―

태극기와 성경책을 찾아 낸 공산당원들은, 큰 증거라도 잡은 듯이 의기양양하여, 그 자리에서 가족들을 몽둥이로 두들기면서 '사회 안전부'로 끌고 갔읍니다.

전송 나온 사람들도 '사회 안전부'로 끌려가서 조사를 받게 되었읍니다.

박 목사와 그의 가족들은 모진 고문에서도 입을 열지 않았으나, 끌려 온 부락 사람들 중에 의지가 약한 사람이 있어, 협박에 못 이겨 비밀 종교 단체의 활동을 실토하고 말았읍니다.

그 결과, 박 목사가 15년 동안 비밀리에 조국 대한 민국을 그리워하면서 하느님의 복음을 부락 사람들에게 전달한 사실이 드러났읍니다.

이 사건 이전에도, 1959년에 평안 북도 박천군에서 일어난 소위 '찬송가 사건'과 1957년 용천군에서 발생한 소위 '이 만화 목사 사건' 등을 비롯하여, 크리스트교 신도들이 관련된

― 117 ―

국민학교 교과서 『바른생활(6학년 1학기)』, 국정교과서 주식회사, 1975.

영화에서 적과 아군의 도덕성을 극명하게 드러내는 방법의 하나는 사회적 약자에 대해 어떤 태도를 갖는지 보여주는 것이다. 사회적 약자, 노인이나 어린아이, 부녀자들을 대하는 태도에서 도덕적인 우월이 결정되었다. 좋은 사람은 사회적 약자를 배려한다. 때로는 목숨을 걸기도 한다. 군인들이 그랬다. 전우를 위해서 또는 사람들을 위해서 헌신하고, 희생적이었다.

반면 나쁜 사람들은 사회적 약자에 대해 폭력적이다. 약자에 대한 폭력은 그 자체로서 비극인 동시에 비인간성을 분명하게 드러낸다. 북한군들이 그렇게 그려졌다. 무자비했다. 비인간적인 면을 극단으로 보여주는 방식은 짐승으로 묘사하는 것이다. 〈똘이장군〉에서 붉은 돼지나 늑대는 곧 북한 인민을 착취하는 공산당 그대로였다. 영화에서 남북은 그렇게 서로를 뿔 달린 짐승으로 그렸다. 북한군은 싸워서 이겨야 하고, 어떤 논리나 이유를 벗어나서도 함께할 수 없는 짐승이었다.

냉전의 대립 속에서 어떤 식으로든 국민들에게 승리의 확신을 가시적으로 보여주어야 했다. 대중들에게 승리와 우월감을 가장 구체적으로 보여줄 수 있는 것은 전쟁물이었다. 멋진 국인들이 인민군을 무찌르는 것만큼 통쾌한 것은 없었다. 1970년대까지 영화는 국군과 인민군의 이야기를 그렸다. 영화 속에 그려진 북한군은 탈인격화 된 절대 악이었다.

어떻게 하든 무찔러 이겨야 한다는 의식이 있었다. 북한군은 싸워서 이겨야 하고, 어떤 논리나 이유를 벗어나서도 함께할 수 없는 짐승이었다. 냉전의 대립 속에서 어떤 식으로든 국민들에게 승리의 확신을 가시적으로 보여주어야 했다. 대중들에게 승리와 우월감을 가장 구체적으로 보여주어야 했다.

(2) 미모 여간첩의 전형 - 〈운명의 손〉(1954)

우리 영화에서 '간첩'은 전쟁 이후에 일상에서 만나는 전선(戰線)
이었다. 본격적인 간첩 영화가 등장한 것은 1954년이었다. 김영민
각본, 한형모 감독의 〈운명의 손〉은 미모의 여간첩으로 호스티스로
위장한 마라렛과 특무대 장교의 사랑과 죽음을 그린 멜로 형식의 첩
보물이다. 고학생으로 위장하여 임무를 수행하던 특무대 장교가 도
둑으로 몰려 위기에 처하는 것을 마라렛이 도와주었고, 두 사람은
사랑에 빠진다. 마가렛은 사랑과 임무 사이에서 갈등하다가 총격이
벌어지면서 총을 맞고 죽는다. 미모의 간첩과 특수부대원의 사랑,
비극적 결말이라는 설정과 구성은 한국 영화사에서 한 획을 그은
〈쉬리〉를 연상케 하는 영화이다.

승리의 쾌감을 선사하는 방식은 전향이었다. 사상적인 전향을 보
여주었다. 매력적인 여성이 잘못된 이데올로기에 빠졌다가 사랑과
자유를 알고 전향한다는 설정은 자유민주주의 승리를 보여주는 전
형적인 구성이었다. 미모의 여자 간첩과 로맨스를 엮은 반공영화가
완성되었다. 사랑에 빠진 미모의 여간첩이라는 설정은 남북의 이데
올로기와 남녀의 로맨스를 결합할 수 있는 더 없는 소재였다. 첩보
와 멜로의 주인공은 미모의 여간첩과 국군 정보장교였다.

북한으로부터 지령을 받은 여간첩들은 임무를 완수하지 못한다.
자신의 적이자, 가장 경계해야 할 국군 장교와 사랑에 빠졌기 때문
이다. 지령과 사랑 속에 고민하던 이들은 사랑을 선택한다. 멜로물
의 선택이었기보다는 공산주의 체제의 비인간성이 드러나고, 상대
적으로 국군의 인간미와 도덕성이 부각된다. 아무리 사상적으로 무장
을 해도 도덕성에서 앞서고, 인간성에서 앞선다는 것을 보여주었다.

한형모 감독의 〈운명의 손〉(1954)은 술집에서 바걸로 일하면서 스파이 활동을 하던 마가렛은 어느 날 우연히 도둑으로 몰린 고학생 신영철을 구해준다. 그리고 다시 만난 영철과 사랑에 빠지면서 혼란에 빠진다. 간첩이었던 마가렛과, 방첩대 대위인 영철은 이어질 수 없는 분단의 벽이 있었다. 속내도 모르고 자신을 만나주지 않는 마가렛 때문에 괴로워하던 영철은 어쩔 수 없이 자신을 유인하는 마가렛에게 속아 위기에 처한다.

영철은 마가렛에게 배신감을 느꼈다. 그러나 그녀는 마지막 순간 영철을 쏘라는 지시를 거부하고, 오히려 간첩단 대장에게 총을 겨눈다. 그리고 영철을 보호한다. 마가렛은 간첩단 두목의 총을 대신 받고 쓰러진다. 격투 끝에 간첩단 두목을 죽인 영철의 품에서 마가렛은 죽어간다. 영철은 눈물을 흘리면서 마가렛을 하늘로 보낸다.

### (3) 간첩의 성애화

〈운명의 손〉은 미모의 여간첩과 특수부대 장교의 사랑을 줄거리로 한 영화이다. 한국 영화에서 간첩 영화의 트렌드를 만든 여간첩 영화의 원조 영화라 할 수 있다. 이후로 한국 영화에서 간첩은 여간첩이 대명사처럼 그려졌다. 여간첩이라는 설정은 제2차 세계대전에서 이름을 날린 세계적인 유명 스파이이자 팜프파탈의 대명사인 '마타하리'와 여간첩의 대명사 '김수임'의 영향이 컸다.

김수임은 이화여전을 졸업한 미모의 인텔리여성으로 세브란스 병원에서 통역으로 근무하다 경성제대 출신의 독일 유학생인 이강국의 여인이었다. 이강국은 공산주의청년동맹에서 활동한 인물이었다. 광복이 되자 김수임은 대공수사 기관의 최고 고문이었던 미국인

미모의 여간첩과 첩보부대 장교의 사랑과 운명을 그린 영화 〈운명의 손〉

과 동거생활을 하면서 미국인 고문관 신분을 이용하여 공작활동을
벌인다. 공산당의 주요 인물이나 공작원을 숨겨주었고, 기밀문서와
정보를 북한에 보냈다. 1950년에 수사당국에 체포되어 사형을 언도
받고, '6·25전쟁' 며칠 전에 사형되었다. 김수임의 여인이자 공산당
원이었던 이강국은 '미제의 간첩'이라는 혐의로 총살되었다.

간첩의 성애화는 특히 1970년대 간첩 영화의 중심 소재였다. 간첩
영화가 전성기를 이루었던 1960년대 전후로 간첩 영화는 반공영화

라는 제도의 틀에서 상업적인 방향으로 장르적인 분화를 하였다.

하지만 1960년대 중반 6.3항쟁과 베트남파병을 거치며, 1970년대 유신체제 성립과 함께 반공영화의 한 축으로 간첩 소재 영화가 더욱 왕성하게 제작되었다. 1968년 이후 이 첩보 액션영화는 다시 남파간첩 등 사회적 핍진성을 내포하는 간첩 영화로 돌아서기 시작했다.6

박정희 정권은 강력한 반공드라이브와 함께 반공영화는 유신체제는 반공과 성장의 두 축으로 지탱되었다. '반공을 위한 성장과 성장을 위한 반공'이 톱니 맞물리듯 돌아간 시절이었다.7

반공영화는 간첩의 암약을 그린 본래의 목적으로 돌아갔다. 대표적인 사례가 특별수사본부 시리즈였다. 1973년까지 〈여대생 이난희 사건〉, 〈배태옥 사건〉, 〈김수임의 일생〉, 〈국회 프락치〉, 〈외팔이 김종원〉, 〈구삼육 사건〉 등 총 7편이 제작되었는데, 모두 간첩의 성애화를 추구했다.8 7편의 에피소드 중 5편이 여간첩을 다루고 있다. 여주인공은 당대의 육체파 배우들이었는데, 안인숙(〈여대생 이난희 사건〉), 윤소라(〈배태옥 사건〉, 〈김수임의 일생〉), 우연정(〈외팔이 김종원〉), 최민희(〈구삼육 사건〉) 등이었다. 이들은 하나같이 성을 매개로 간첩활동을 전개하며 노골적으로 남성을 유혹한다. 오제도는 이들의 유혹을 일관되게 거부하고 강직한 반공 검사로 재현되는데 일종의 탈성화된 존재로 등장하였다.9

### (4) 북한의 간첩 교육영화 〈분계선초소〉

북한 예술영화 〈분계선초소〉는 조선 2·8예술영화촬영소에서 제작한 첩보물이다. 북한 첩보영화의 전형적인 구성을 보여주는 영화로 북한에서 계급 교양을 어떤 방식으로 진행하는 것을 알 수 있는 영화이다.

〈분계선초소〉의 제작 연도는 영화가 언제인지 알려지지는 않았다. 영화의 내용이나 배경 등으로 보면 1950년대 영화로 추정된다. 영화에는 휴전선 접경 지역인 개성을 배경으로 한다. 영화 중간에 선죽교가 등장한다. 속초, 고성처럼 38선 이북 지역이었다가 남한 땅이 된 지역을 '수복지역'이라고 하는데, 북한에서 개성은 38선 이남 지역이었다가 전후에 북한 땅이 된 곳으로 '신해방지구'라고 부른다.

휴전선을 인접한 지역인 개성과 같은 분계선 지역의 경계를 게을리 해서는 안 된다는 주제이다. 여기서 간첩은 미군과 연결된 지주, 친일파 잔당이다. 대부분의 북한 영화에서 간첩은 지주 일당과 친일파이다.

안전원은 분계선 초소를 지키는 최영덕이라는 신입 병사의 누나로 위장하고 정보를 캐내던 첩자를 의심하고 추적한 끝에 간첩이라는 것을 밝혀내고, 일당까지 잡아낸다. 그리고 최영덕 병사의 진짜 누나도 찾아준다. '사회주의 분계선을 지키는 초소를 잘 지켜서 수령님께서 세워주신 사회주의 제도를 굳건히 지켜나가자는 주제'의 영화이다.

줄거리를 소개하면 이렇다. 분계선을 지키는 초소 부대의 분대장 최영덕은 아주 어릴 때 헤어진 누이를 애타게 찾고 있었다. 그렇게 찾던 누이가 나타났다는 소식이 들리고, 영덕의 누나 최복실이 영덕이 있는 부대로 찾아왔다. 영덕의 부대원 중에 태민이라는 병사가 있었는데, 태민 병사는 영덕의 누이 최복실을 보는 순간 부모를 죽인 최지주의 딸 '최미란'하고 너무도 닮았다고 한다. 최미란은 전쟁 때에 죽어서 신천에 무덤까지 있는데도, 마치 살아있는 것처럼 비슷하다는 것이다.

한편 분계선 초소의 안전원들도 최복실의 행동이 어딘가 이상하다고 생각하고는 뒷조사를 한다. 영덕의 고향으로 사람을 보내서 조사한 결과, 신천군에 있는 최미란의 무덤이 가짜라는 것이 밝혀진다. 태민이 의심했던 대로 최복실은 영덕의 가짜 누이였다. 그녀는 최미란으로 정보를 캐기 위해서 분계선 초소로 잠입한 것이었다.

최미란은 첩보 활동을 위해서 수매원 오길수와 결혼을 하고는 마을에 정착한다. 오길수는 15년 전 전쟁 중에 미군에게 끌려간 자식을 찾을 수 있게 도와달라는 말에 의심 없이 배를 태워 강을 건너주었는데, 알고 보니 그 인물이 '국군 첩보장교 백노산'이었음을 알고 괴로워하는 인물이다.

최미란은 수매원 길수의 약점을 이용하여 길수에게 지시하고, 길수는 최미란의 말에 따른다. 안전부에서는 오길수가 어쩔 수 없이 협조한다는 것을 알고 그를 설득하여 마음을 움직인다.

안전원들은 최미란을 이용하여 오랫동안 모습을 드러내지 않았던 간첩 '거북이'를 찾아내고자 공작을 꾸며 '거북이'와 최미란을 모두 체포한다. 한편 분대장 영덕이 찾던 누이와 어머니의 소식이 들려온다. 영덕의 가족은 재회한다.

개성을 공간으로 간첩을 경계하자는 북한 영화 〈분계선 초소〉

2) 영화로 대체한 승리의 쾌감
   : 1960~1970년대 반공영화 전성기

(1) 1960년대 반공영화

1960년대 들면서 1961년 김기덕 감독의 〈5인의 해병〉을 시작으로 반공영화는 붐을 일으키며, 한국 영화에서 단연 중심 소재로 떠오른다.

1961년에 나온 김기덕 감독의 〈5인의 해병〉은 신영균, 최무룡, 황해, 박노식, 후라이보이, 독고성이 출연한 영화로 북한군 탄약고를 폭파하고 기밀문서를 빼내오는 해병대의 활약상을 그린 영화였다. 1962년에 나온 이강천 간목의 〈두고온 산하〉는 국방부 정훈국에서 제작한 영화로 반공시나리오 당선작을 영화로 만들었다. 김진규, 김지미, 김승호, 이예춘, 허장강이 출연한 반공멜로물로 소련군 딸과 반공청년 사이의 사랑을 핵심 줄거리로 하면서, 자유를 갈망하는 북한 주민을 그린 영화이다.

1963년에 나온 이만희 감독의 〈돌아오지 않는 해병〉은 해병대원의 활약을 그린 영화이다. 같은 해 제작된 이만희 감독의 〈YMS 504의 수병〉 역시 6·25전쟁 당시 북한군을 물리친 해군의 활약상을 그린 첩보물이다. 1964년에 나온 신상옥 감독의 〈빨간 마후라〉는 최은희, 신영균, 최무룡, 한은진, 윤인자, 남궁원, 김희갑, 이대엽이 출연하여, 6·25전쟁 당시 공군조종사의 상징인 '빨간 마후라'가 어떻게 탄생하게 되었는지를 소개하는 영화이다. 강범구 감독의 〈동굴 속의 애욕〉은 6·25전쟁으로 남편을 잃게 된 여인의 비극적인 가정사를 줄거리로 한 영화이다.

1965년에는 8편의 영화가 탄생하였다. 김기덕 감독의 〈남과 북〉은 전쟁 중에 사랑하는 애인을 찾아 휴전선을 넘은 인민군 장일구 소좌와 국군 이대위의 아내가 된 고은아의 비극적 운명을 그린 멜로 영화이다.

조금하 감독의 〈인천상륙작전〉은 신영균, 김혜정, 윤일봉, 허장강, 황해 등이 출연한 영화이다. 유엔군의 기밀을 탐지하기 위해 잠입한 여간첩은 정보장교 신대위를 만나면서 진실한 사랑을 느낀 나머지

남북 분단의 비극적인 현대사를 보여주는 영화 〈남과 북〉 포스터

자신의 정체를 고백한다. 그리고는 북한군에서 거짓 정보를 흘려서
마침내 유엔군의 인천상륙작전이 성공할 수 있도록 도와주는 것으
로 끝난다.

　1960년대 반공 영화는 전쟁이나 남북의 대립을 배경으로 하면서
멜로를 버무렸다. 미녀 간첩과 반공청년의 이루어질 수 없는 운명의
사랑을 삽입하여 관객의 호기심을 자극하거나, 설정을 통해 공산주
의에 환멸을 느끼고 자유대한으로 귀순하는 여주인공을 내세우는
방식으로 관객에게 어필하고자 하였다.

　이만희 감독의 〈7인의 여포로〉는 국군 간호장교를 호송하다가 여군 포로를 겁탈하려는 중공군을 죽이고 귀순하게 된 북한군 장교 이 야기이다. 이만희 감독은 반공영화를 가장 많이 제작한 영화감독의 한 사람이었으나 〈7인의 여포로〉를 제작하고는 북한 군인을 멋있게 그렸다는 이유로 반공법 위한 혐의로 수사를 받기도 하였다.

이 외에도 박상호 감독의 〈비무장지대〉, 김기풍 감독의 〈돌아오라 내 딸 금단아〉, 최무룡 감독의 〈피어린 구월산〉, 김봉환 감독의 〈적진 삼백리〉, 임권택 감독의 〈여고사〉 등의 반공영화가 만들어졌다.

1960년대 후반은 반공영화 전성기였다. 한반도와 국제를 무대로 한 간첩 영화가 만들어졌다. 1960년대 후반에 나온 반공영화는 다음과 같다.

1966년에는 〈군번 없는 용사〉(이만희 감독), 〈8240 K.L.O〉(정진우 감독), 〈남북천리〉(이강천 감독), 〈망향〉(김수용 감독), 〈순간은 영원히〉(정창화 감독), 〈죽은 자와 산 자〉(이강천 감독), 〈8240 K.L.O〉(정진우 감독), 〈남북천리〉(이강천 감독), 〈망향〉(김수용 감독), 〈순간은 영원히〉(정창화 감독), 〈죽은 자와 산 자〉(이강천 감독)이 나왔다.

1967년에는 〈산불〉(김수용 감독), 〈돌무지〉(정창화 감독), 〈고발〉(김수용 감독), 〈싸리골의 신화〉(이만희 감독), 〈연합전선〉(이혁수 감독), 〈영호작전(제로작전)〉(설봉 감독)이 나왔다.

1968년에는 〈제삼지대〉(최무룡 감독), 〈카인의 후예〉(유현목 감독), 〈대좌의 아들〉(이강천 감독), 〈어떤 눈망울〉(이강천 감독), 〈금수강산〉(강찬우 감독), 〈악몽〉(유현목 감독), 〈몽녀(夢女)〉(임권택 감독), 〈심야의 비명〉(심우섭 감독), 〈내가 반역자냐〉(강범구 감독), 〈황혼의 부르스〉(장일호 감독), 〈동경특파원〉(김수용 감독), 〈똘똘이의 모험〉(김영식 감독)이 나왔다.

1969년에는 〈암살자〉(이만희 감독), 〈영시의 부르스(0시의 부르스)〉(전우열 감독), 〈요절복통 일망타진〉(심우섭 감독), 〈결사대작전〉(고영남 감독), 〈지하실의 7인〉(이성구 감독), 〈동경의 왼손잡이〉(최인현 감독)가 나왔다.

이들 영화는 분단 이후 진행된 분단의 상처와 시대상을 고스란히 반영하였다. 6·25전쟁을 배경으로 폭파작전을 비롯한 임무를 완수하는 국군의 활약을 중심으로, 구월산 부대의 활약을 그리거나 적진에 투입된 공수부대의 활약과 전우애, 인민군과 맞서 싸우는 반공유격대의 활약을 그리거나 북한 치하에서 고통 받는 인민들의 참상을 고발하는 영화였다.

적진 속에서 임무를 완성하는 것을 비롯하여 간첩을 일망타진하는 영화도 빠지지 않은 주제였다. 심우섭 감독의 〈심야의 비명〉은 정보원에 의해 일망타진되는 남파 간첩단의 이야기이며, 강범구 감독의 〈내가 반역자냐〉는 인민경제대학을 졸업한 엘리트 공산주의자였다가 인간의 존엄성과 자유의 고귀함을 깨닫고 귀순하는 간첩의 이야기이다.

반공 영화가 나오면서 관객의 호응을 위해 차별화된 구성이 나왔다. 심우섭 감독의 〈요절복통 일망타진〉은 애인을 만나러 왔던 김도달과 허풍길이 간첩을 신고하여 상금을 타고 금의환향하게 되었다는 줄거리로 코미디 형식으로 기획되었다.

### (2) 용맹의 상징 해병대 이야기 〈돌아오지 않는 해병〉

전쟁영화는 영웅을 필요로 한다. 국군의 활약은 교과서를 통해서도 소개되었다. 국민들은 용감한 국군의 활약을 직접 눈으로 보고 체험하고 싶었다.

국민학교 교과서 『바른생활(6학년 1학기)』, 국정교과서 주식회사, 1975.

　용감하게 싸우고, 신출귀몰한 작전으로 승리하는 군인상이 필요하였다. 이런 군인을 대표하는 것이 해병이었다. 1960년대 반공영화에서 해병은 감당하기 어려운 작전을 수행하는 특수부대를 상징하는 대명사가 되었다. 1960년대 반공영화의 서막을 알린 1961년 김기덕 감독의 〈5인의 해병〉을 비롯하여, 1963년 이만희 감독의 〈YMS 504의 수병〉과 〈돌아오지 않는 해병〉, 1967년 설봉 감독의 〈영호작전〉, 1969년 고영남 감독의 〈결사대작전〉 등이 있다.

　이들 영화중에서도 백미는 1963년에 나온 이만희 감독의 〈돌아오지 않는 해병〉이다. 장동휘, 최무룡, 구봉서, 이대엽, 전계현, 강미애, 전영선이 출연한 반공 영화로 6 · 25전쟁 당시 중공군과 맞서 싸운 해병대원의 활약을 줄거리로 그린 영화이다.

해군 첩보부대의 활약을 기리는 '해군첩보부대충혼탑' ⓒ전영선

　'6·25전쟁'을 배경으로 강대식 분대장이 이끄는 한 해병부대의 이 야기이다. 영화는 상륙함을 타고 쏟아지는 포탄을 뚫고 상륙하는 해 병대의 전투장면으로 시작한다. 치열한 전투 끝에 부대는 인천상륙 작전을 성공하고, 진격하여 서울을 수복한다. 이후 북진을 거듭한 다. 그러다 한 마을에 이르렀는데, 양민들이 인민군에 의해 학살당 하였다. 북한군과 교전을 벌이고 그 곳에서 고아가 된 소녀 영희를 구한다. 부대원들은 상관 몰래 영희를 보살피면서 함께 생활하였다.

부대원 중에는 공산군에 의해서 동생이 죽임을 당한 병사가 있었다. 동생을 죽인 사람이 다른 친구의 형이라는 것을 알았다. 친구는 형의 잘못을 사과하였다. 하지만 사과한다고 죽은 동생이 돌아오지 않는다면서 사과를 받지 못하고 괴로워한다.

두 사람은 생사를 건 전투를 거듭하면서 서로에 대한 오해와 갈등을 조금씩 풀어간다. 강대식 부대는 엄청난 숫자의 중공군과 만나게 된다. 작선을 위해 수적 열세를 무릅쓰고 피할 수 없는 전투를 벌이게 된다. 여러 가지가 열세인 조건 속에서도 분대원들은 사력을 다해 싸운다. 하지만 시간이 흐를수록 전투는 불리하게 돌아갔다. 실탄도 부족해지고, 부대원들도 한두 명씩 죽음을 맞이한다. 중공군이 잠시 물러간 사이 부대의 통신병이 나섰다. 통신이 두절되어 본대와 끊어진 연선을 잇고, 구원병을 구하기 위해서 포위망을 뚫겠다고 나선 것이었다.

부대원들의 활약으로 중공군 주력 부대의 전진 속도를 늦출 수 있었다. 부대원들은 위장 작전으로 적진을 돌파하기로 하고, 죽은 척 위장을 하고 있다가 적들의 후방을 치기로 하였다. 작전은 성공하는 듯하였지만 부득이 사격을 했고, 그 소리를 듣고 몰려온 중공군 주력부대와 전투가 벌어졌다. 전투가 벌어지면서 부대원들도 하나씩 목숨을 잃는다.

분대원들이 모두 죽고 두 사람만 남게 되자 분대장은 남은 병사에게 엄호를 부탁하면서, 최후를 각오하고 적진을 돌파하기로 하였다. 그렇게 최후를 준비하는데, 중공군이 퇴각하기 시작하였다. 부대원들이 시간을 벌어 준 사이에 국군이 반격 하였던 것이다. 살아남은 두 사람은 부대원들에게 경례를 하고 본대로 돌아간다.

맡겨진 임무를 수행하고 희생한 해병의 이야기를 다룬 영화 〈돌아오지 않는 해병〉

(3) 반공영화의 데칼코마니 북한 첩보영화 〈북두칠성〉

〈북두칠성〉은 조선4·25예술영화촬영소에서 2009년에 창작한 첩보영화이다. 무전병으로 특수부대의 임무를 맡게 된 간호병 초연이 주인공이다. 영화 제목인 북두칠성은 철민이 이끄는 특수부대의 작전 암호이다. 남한의 인기 방송물이었던 〈전우〉의 북한 버전이라고 할까. 국군과 인민군만 바꾸면 내용이나 구성이 비슷하다. 남북이 데칼코마니처럼 대응한다는 것을 확인할 수 있다.

사실 어떤 영화이든 영웅의 이야기는 비슷한 구성이다. 특히 전쟁에서 영웅의 이야기는 동일한 스토리 라인을 갖는다. 특별한 힘을 가진 인물 혹은 보통 이상의 훈련을 받은 주인공이 위험한 전투장에서 위험을 피할 수도 있지만 맡은 바 임무에 최선을 다하고자 기꺼이 자신을 희생한다. 그리고 이들의 헌신으로 국민의 안전과 국가의 안전이 지켜진다. 전쟁을 소재로 한 군인들의 영웅적인 희생, 헌신을 기본 모티브로 스토리 구성이나 내용은 공통적이다.

남북에서는 전쟁의 영웅이 필요했고, 이를 문화적인 방식으로 호명하면서, 승리의 결의를 다지게 하였다. 〈북두칠성〉의 구성과 스토리 전개는 1955년에 나온 김기덕 감독의 영화 〈5인의 해병〉은 북한군 탄약고를 폭파하고 기밀문서를 빼오는 해병대의 활약을 그린 영화를 떠올리게 한다.

영화의 주인공은 초연이라는 간호병이다. 영화는 간호병으로 전쟁에 참가한 초연이 철로에 떨어진 인형을 넋을 잃고 바라보고 있다가 달려오는 기차를 피하지 못하는 것을 신철민이 구해주는 것으로 시작한다. 초연이 인형을 보고 넋을 잃은 것은 두고 온 아들이 있었기 때문이었다. 젖먹이가 있으면 입대가 안 되었다. 하지만 초연은 아들이 없다고 속이고 간호병으로 입대하였다. 인형을 보면서 문득 아들이 생각났다.

초연을 구한 사람은 정찰조 장교 신철민이었다. 전투 중에서 다친 몸이 회복되지 않은 부상병이었다. 마지막 치료를 위해서 후방으로 이송될 대상이었다. 하지만 신철민은 부대로 돌아가겠다면서 초연에게 퇴원해도 된다는 퇴원증에 수표(싸인)해 달라고 요청하였다. 협박도 하였다. 철민은 퇴원증에 사인을 하지 않으면 초연이 입대 대상이 안 되는 젖먹이를 둔 엄마라는 사실을 알리겠다고 하였다. 초연이 어쩔 수 없이 내어준 퇴원증을 받고 철민은 정찰부대로 돌아간다.

초연도 새로운 부대로 차출되었다. 초연은 입대 전에 무전수를 하다가 군위소로 배치되었는데, 특수 임무조의 무전수로 뽑혀서 정찰 임무에 참가하게 되었다. 정찰조 대장은 신철민이었다. 이번에 맡은 임무는 대단히 어려운 작전이었다. 먼저 나갔던 3조가 실패한 작전이었다. 친철민도 각오를 단단히 하였다. 초연이 걱정이었다. 아직 훈련이 충분하지 못했고, 훈련 성적도 좋지 않았다. 철민은 초연을 작전에서 제외시키려고 하였다. 그러다 우연히 초연의 집을 들르게 되었다. 신철민은 초연의 부모로부터 초연의 아들이 친아들이 아니라는 것을 알았다.

초연은 작전에 넣어 달라고 하였다. 만약 자신을 제외시키려고 한다면 신철민이 아직 완쾌한 몸이 아니라는 것을 상부에 보고하겠다고 맞섰다. 나라가 있어야 아이도 지킬 수 있다면서, 훈련도 독하게 하였다.

철민의 조는 '북두칠성'이라는 암호명으로 작전에 나섰다. 정찰 임무를 수행하던 중에 특수기지를 발견한다. 특수기지는 대규모의 삐

라와 방송으로 선전전을 하기 위해 만든 지하 인쇄소와 지하 방송국
이었다. 철민은 초연에게 특수기지에 대한 보고를 올리라고 명령하
고는 특수기지를 폭파한다. 지하기지가 폭파되었고, 철민도 전사하
였다.

북한의 첩보 영화 〈북두칠성〉

정찰 임무에서 돌아온 초연은 전사한 철민이 마지막으로 남긴 말
을 특수부대 부대장에게 전한다. 정찰부장은 철민이 20년 전에 헤어
져 그토록 찾았던 철민의 친아버지였다. 초연은 조장 철민의 영웅적

행동을 보고, 수령을 결사옹위하는 전사가 어떤 전사인지를 알게 되었다면서, 철민과 같이 영웅적인 삶을 산 전사를 끝까지 기억하여야 한다고 다짐한다.

## 3) 대화와 대결 사이의 간첩 : 1970년대

### (1) 이국의 땅에서 벌어지는 냉전의 대결

국제적으로는 냉전이 끝나고 새로운 해빙무드로 접어들었다. 데탕트의 영향은 한반도에도 미쳤다. 세계적인 냉전 모드에 맞추어 1971년 남북도 적십자 회담을 위해 처음으로 마주하였다. 한반도에서 전쟁의 포성이 멎은 이후 처음으로 마주한 자리였다. 미국과 중국이 화해하면서 세계적으로 동서냉전 체제가 대화의 국면으로 전환되는 상황이었다. 세계적인 데탕트 흐름에 밀리다시피 마주 한 자리였다.

1971년 적십자 회담에 이어서 1972년 역사적인 '7·4남북공동성명'을 발표하였다. 갑작스럽게 찾아 온 남북대화였다. 남북 사이에 극적인 합의가 이루어졌다고는 하지만 회담을 계속할 동력은 부족했다. 한반도의 훈풍은 오래 가지 못하였다. 1973년 회의를 끝으로 짧았던 대화는 끝났다. 하지만 한반도에서는 정치적인 대결, 경제적인 대결은 계속되었다. 한반도에서 대화가 열리는 상황에서 한반도의 밖에서 대결을 찾았다.

남북의 치열한 대결은 한반도를 넘어 해외로 넘어 갔다. 이국적인 풍경은 새로운 볼거리를 제공하면서 유행처럼 번졌다. 해외 로케이션 영화는 1960년대 후반 일본으로 무대를 옮겨갔다. 1960년대 후반부터 일본을 배경으로 한 간첩 영화가 본격적으로 등장하기 시작하였다. 그러나 해외를 배경으로 한 영화에서도 일본 영화는 달랐다. 일본은 단지 동남아처럼눈요기가 아니라 재일교포와 북송선이라는 현실적인 문제가 있었다.[10]

1960년대에 나온 일본 배경 영화로는 〈제삼지대〉(1968), 〈동경특파원〉(1968), 〈황혼의 부르스〉(1968), 〈0시의 부르스〉〉(1969), 〈동경의 왼손잡이〉(1969) 등이 있다.

1968년에 나온 영화 〈제삼지대〉는 최무룡이 감독하고 직접 출연하여 화제가 되었던 영화인데, 갖은 비열한 방법으로 입당을 강요하는 조총련의 입당 공작에 맞서 싸우는 재일동포 청년 의석의 활동을 줄거리로 한다. 1968년에 반공영화 각본상을 받기도 하였다. 1969년에 나온 최인현 감독의 〈동경의 왼손잡이〉는 액션 활극 영화로 일본으로 건너간 한국 정보원이 북한의 살인 만행을 폭로하고 일당을 사로잡는 활약을 내용으로 한다. 일본을 배경으로 한 반공영화가 만들어진 것은 남북의 치열한 이념대립이 일본으로 옮겨갔기 때문이었다.

일본 배경 영화들은 가족의 이야기를 부차적으로 처리하거나 아예 생략해 버리는, 그럼으로써 캐릭터를 최소화하고 액션스펙터클로 오락성을 극대화하는 동남아 배경 영화들과는 달리 가족의 갈등이나 위기가 중심일 수밖에 없었다. 하지만 그 갈등은 남파간첩의 혈육의 정이나 남한 남성요원을 선택하는 여간첩의 갈등, 즉 적의 인간적인 갈등이 아니라 간악한 적(조총련)에 의해 생이별을 해야 하거나(〈황혼의 부르스〉), 형제 간의 의를 끊어야 하거나(〈제3지대〉), 북한에 두고 온 아들이 성장해 간첩으로 와 아버지에게 총을 겨누는(〈동경 특파원〉) 지극히 비인간적인 갈등으로 증폭되었다.[11]

1960년대 유행처럼 번졌던 해외로케이션 영화는 이후로 점차 시들해지면서, 〈오사까의 외로운 별〉(1980), 〈안녕 도오쿄〉(1985), 〈오사까 대부〉(1986) 등으로 줄었다. 이국적인 공간으로 일본이 주는 매력이 줄면서, 보다 먼 곳 낯선 땅을 찾았다.

이국적인 공간은 영화가 주는 피할 수 없는 매력의 하나이다. 일본을 무대로 간첩단과 첩보 요원의 대결은 이국적인 배경과 이념을 담아낼 수 있는 소재이기도 하였다. 일본이라는 이국적인 배경에도 남북 첩보원의 대결은 흥미로운 설정이었다. 여기에 주인공 남녀의 러브라인이 들어가면서 한국판 007이 만들어지기도 하였다. 일본을 배경으로 하였기에 전투를 통한 국군의 활약을 그릴수는 없었지만 간첩과 첩보부대 요원의 활약은 비슷했다. 일본을 배경으로 하였을 뿐 영화의 내용과 형식은 남북관계를 그린 여느 작품과 비슷했다.

### (2) 일본으로 건너간 간첩 영화

1970년대는 일본을 배경으로 한 간첩 영화가 유행처럼 제작되었다. 〈국경의 밤〉(1970), 〈굿바이 東京〉(1970), 〈엑스포(EXPO) 칠십 동경작전〉(1970), 〈분노의 세 얼굴〉(1972), 〈조총련〉(1974), 〈검은 띠의 후계자〉(1976), 〈악충〉(1976), 〈혈육애〉(1976), 〈고슴도치〉(1977), 〈표적〉(1977) 등이 제작되었다.

정진우 감독의 〈국경의 밤〉은 한국으로 마약을 밀매하는 조총련계 대남 마약밀매단을 소탕하기 위해 일본으로 들어간 이대엽의 활약을 줄거리로 한 액션물이다. 이대엽은 마약밀매단에 잠입하여 수사를 한다. 하지만 정체가 들통나고 마약밀매단과 치열한 총격전을

벌인다. 마지막 마약밀단의 두목인 동휘의 아들 오지명과 대결을 하
게 되었다. 치열한 격투 도중 이대엽이 어릴 때부터 지니고 있던 마
스코트를 떨어뜨린다. 두 사람이 친형제라는 것을 알게 되었다. 놀
라는 것도 잠깐 오지명은 잔당이 쏜 총을 맞고 숨을 거두고 이대엽
만 쓸쓸히 돌아온다.

최인현 감독의 〈굿바이 東京〉은 액션 활극으로 일본으로 들어가
조련계 간첩 일당을 일망타진하고 후 기밀문서를 탈취하는 데 성공
하고 돌아오는 한국 정보원 장상기의 활약을 줄거리로 한다.

최인현 감독의 〈엑스포(EXPO) 칠십 동경작전〉은 1970년 오사카
에서 열린 만국박람회에 참가한 한국인 관광객을 포섭하려는 조총
련의 공작을 쳐부수는 내용이다. 북한의 지령을 받고 한국인 관광
객을 상대로 포섭공작을 벌이지만 성공하지 못한다. 오히려 한국의
정보원 박동근이 조총련 근거지로 잠입하여 만행과 음모를 폭로한
다.

임원식 감독의 〈분노의 세 얼굴〉은 조총련에게 이용만 당하다 죽
은 애리를 위해 복수하는 대한태권도협회 동경지관 사범 무항의 이
야기이다. 대한태권도협회 동경지관 사범 무항이 어느 날 도장에서
집으로 가던 도중에 살해된 한 여인의 손에서 종이를 발견하였다.
재일동포가 대한민국에 헌납하려던 금고가 행방불명되었는데, 조총
련에서 노린다는 내용이 있었다. 금고를 되찾으려는 무항은 조총련
이 된 무룡과 애리를 만나는데, 세 사람은 그렇게 찾던 남매였다. 하
지만 애리가 금괴를 약탈하고 오빠 무룡까지 살해하고 도주하였다.
그러나 애리도 오래 가지 못하였다. 조총련 조직은 이용 가치가 없
어진 애리를 살해한다. 무항은 조총련 조직과 맞서 싸우고 금괴를
되찾는다.

이혁수 감독의 〈고슴도치〉는 고슴도치라는 이름으로 조총련의 음모를 파헤치는 공작원의 활약을 줄거리로 하는 영화이다. 〈표적〉은 조총련에게 속아 북송되었다가 남파간첩이 된 정일의 인생을 그린 영화이다.

### (3) 또 하나의 분단과 갈등, 조총련과 민단

1960년대 중반 이후 첩보영화가 한반도를 비껴 해외를 배경으로 한 이유는 무엇일까? 일본은 한반도 분단의 또 다른 공간이었다. 북한도 자신들의 의도를 관철하기 위해 끊임없이 재일한인 사회를 압박했다. 고용호, 신광수 사건에서 보이듯 직접 공작원을 파견했고, 나아가 '울릉도 간첩단' 사건에서 보이듯이 일본을 방문한 한국인들에게 북한 방문을 권함으로써, 남한 정부의 간첩 조작에 빌미를 제공했다.[12]

무엇보다 조총련과 민단으로 갈라진 재일동포 문제가 이슈가 되었다. 해외동포 사회도 한반도의 분단과 직접 연결되어 있었다. 한반도의 분단은 일본으로 옮겨 대리전 양상으로 나타났다. 1974년 8월 15일 문세광이 국립극장에서 열린 광복 29주년 기념식에서 박정희 대통령을 겨냥한 저격 사건이 있었다. 육영수여사가 피격되어 사망하였다.

1974년에 개봉한 박태원 감독의 〈조총련〉은 바로 대한민국 대통령 저격 사건을 줄거리로, 충격적인 사건을 추적하면서 사건 배후를 파내는 영화이다. 〈조총련〉은 1974년 요코하마항에 북한 선박 만경봉호가 들어오면서, 당시 조총련의 세력 갈등을 봉합하기 위해 일으킨 사건으로 구성하였다. 당시 조총련 조직은 의장 한덕수와 부의장 김병식은 조총련 조직을 사이에 두고 치열하게 세력 갈등을 벌이고 있었다. 두 사람의 갈등으로 조직이 어지러운 상황에 처하게, 이를 모면하고자 문세광을 파견하여 대한민국 대통령 암살을 시도하였다는 설정이다.

재일동포 사회에서 조총련과 민단이 충돌하게 된 계기의 하나는 1972년부터 은밀하게 시작한 조총련의 모국방문 사업이었다. 남북의 분단은 비단 한반도 안의 문제만은 아니었다. 광복 이전 해외로 흩어졌던 한민족의 분단과 맞닿아 있었다. 해방이 되었다고는 하지만 일본에는 65만 명의 '조선'적 동포들이 귀국하지 못하고 남아 있었다. 일제 강점기 일본으로 끌려가거나 건너간 재일동포 사회는 광복과 함께 조총련과 민단으로 나뉘어 있었다.

1955년 한덕수의 재일본조선인총연합회를 결성하면서, 북한의 지도를 받는 해외 조직이 만들어졌다. 조총련의 조직은 막강했고, 영향력도 컸다. 조총련의 영향력이 커지면서, 민단과의 갈등도 커졌다.

조총련과 민간의 갈등 속에 1972년부터 비공식적인 조총련계 재일동포 모국방문 사업이 시작되었다. 조총련 가입자들이 대한민국을 방문하여 고향을 다녀오고 싶다면 신변 안전을 보장해 주면서 모국방문이 시작되었다.

재일동포 고향방문 사업은 큰 반향을 일으켰고, 조총련 동포들이 대거 모국방문을 신청하였다. 1975년에 이르면서 공개적으로 진행되었다. 1975년 추석을 기해 720여 명의 모국방문 사업이 공식적으로 이루어졌다. 당시 텔레비전으로 생중계까지 되면서 국내외적으로 큰 반향이 있었다. 결정적으로 조총련의 위축을 가져오는 결정적인 계기가 되었다. 이 시기 조총련 동포의 귀국 방문을 막기 위한 공작도 치열했다.

1976년에 제작된 최영철 감독의 〈검은 띠의 후계자〉는 조총련 조직의 와해를 줄거리로 한 영화이다. 조총련 조직에서 이탈자들이 늘어나자 조총련은 전향자들을 막기 위한 파괴공작을 기획한다. 장장수는 대한민국으로 밀입국하여 흑성이라는 가라데 고수를 포섭하여 무덕관을 파괴하려고 한다. 무덕관은 세계 태권도 대회 우승자인 백상연 사범이 있었다. 장장수는 흑성과 백상연을 이간질 시킨다. 이간질에 넘어간 흑성은 백상연 사범의 애인인 신은정을 납치한다. 하지만 신은정의 설득으로 흑성은 진정한 사랑과 참다운 자유가 무엇인지를 깨닫고 대한민국의 품으로 귀순한다.

1976년에 제작된 김기영 감독의 〈혈육애〉 역시 조총련 모국방문 사업을 소재로 한 영화이다. 북한 특사 최영승이 대한민국 정부의 조총련 모국 방문사업을 저지하기 위해 일본으로 파견된다. 최영승은 모국방문을 다녀온 이후 전향한 여하근이 조총련의 골수 당원이자 김일성상 수상자인 조동일과 민단 사람인 한국진과 만나게 한다는 것을 알았다. 최영승은 조동일의 둘째 딸 선자를 이용하여 조동일의 모국방문을 방해하기 위해 치열한 공작이 벌인다. 하지만 조동일은 모국방문단에 오른다. 조총련은 한국진의 아들과 조동일의 큰딸을 납치하여 처형한다. 선자는 서울에 와서 어머니를 만나고는 원자병에 시달리는 모습을 보면서, 스스로 팔뚝에 독침을 놓고는 자살을 선택한다. 하지만 그녀의 독침은 한국진이 바꾸어 놓은 가짜였다. 그렇게 살아난 모든 사실을 알게 되었고, 가족을 빼앗은 북한의 소행에 치를 떤다.

## 3. 데탕트 혹은 변형된 대립 : 1980~2000년

### 1) 세계화 시대의 한반도

#### (1) 올림픽이 바꾼 분단 시선

1988년 서울에서 열린 올림픽은 대한민국의 많은 것을 바꾸었다. 전쟁이 있었던 폐허의 땅에서 한강의 기적을 이루었고, 그 한강의 기적을 바탕으로 단군 이래 최대의 민족행사인 올림픽을 치렀다. 기적이었다. 세계 최빈국에서 메가 스포츠를 진행한 주목받는 국가가 되었다. 국제적인 행사를 치르면서 세계 속에 한국의 위상을 알렸다. 자신감도 생겼다.

자신감은 남북관계에 대한 인식도 크게 변화시켰다. 88년 서울 올림픽을 계기로 자신 있게 대한민국의 문호를 열고 세계를 보기 시작하였다. 세계적인 행사를 하였다는 자신감과 세계인 속에 우리를 객관적으로 보기 시작하였다. 한반도의 울타리를 벗어날 수 있게 해주었다. 세계를 향해서 문도 열었다. 이제는 당당하게 세계로 나갈 수 있게 되었다

한반도를 넘어 세계와 마주했다. 세계적인 탈냉전의 분위기 속에 사회주의 국가와 외교 관계를 맺었다. 해외여행 자유화가 시작되었다. 사회주의 국가인 중국과 수교도 하였다. 중국도 가고 소련도 갈 수 있게 되었다. 남북의 체제 경쟁에서 남한이 이겼음을 세계로부터 확실하게 확인받는 행사였다.

서울 올림픽 이후 북한은 우리의 경계 대상이기도 하지만 통일을 위해 함께 협력해야 할 대상으로 보이기 시작했다. 남북 분단과 함

께 북한에 대한 금기도 일정 부분 해제되었다. 월북 작가와 예술인들에 대한 해금조치가 내려졌다. 북한과의 대화도 이루어지고, 남북 단일팀도 만들어졌다. 급기야 만화책에서나 상상할 수 있었던 남북 정상의 만남도 실현되었다.

한반도의 상황이 달라지면서 분단은 새로운 시선으로 다가왔다. '분단'이라는 거대 담론이 개개인의 삶에 미치는 영향에 대해 고민하기 시작하였다. 분단의 비극을 넘어 조심스럽게 만남을 준비했다. 하지만 새롭게 마주한 남북의 시선은 아직 불확실했다. '개와 늑대의 시간'이었다.

어스름 저녁노을이 붉게 물들면서 저 멀리 지평선 위로 검은 짐승의 그림자가 다가온다. 저 멀리서 다가오는 짐승이 어떤 짐승인지 알 수 없다. 충실하게 나를 지켜줄 개인지, 나를 공격하기 위해 오는 늑대인지 알 수 없다. '개와 늑대의 시간'이라는 말은 선과 악을 구분할 수 없는 상태, 적군인지 아군인지 구분이 모호해지는 순간을 의미한다. 언제나 그렇듯이, 늘 그래왔듯이 '6·25전쟁' 이후 북한은 '적'으로 규정되었다.

남북의 치열한 경쟁은 올림픽으로 남한의 우위가 확실하게 드러났다. 온전한 적이었던 북한은 이제 통일을 이루어야 할 대상이 되었다. 경제 발전의 자신감을 바탕으로 남북관계에서도 주도권을 잡았다. 자신 있게 남북관계 개선을 위한 제안을 했다. 상대적으로 북한의 위상은 점점 낮아졌다.

동구 사회주의의 체제 전환은 이제 확실하게 다음 차례로 북한을 바라보게 만들었다. 북한은 통일을 이루어야 할 대상, 곧 체제개혁을 이루어야 할 대상으로서 존재임이 다시 한 번 확인되었다. 그렇게 북한의 정체가 모호해졌다. 우리 사회에서 북한은 적일 수도 있

# 지리산 공비토벌 루트 안내도

## Guide Map of Liquidated Red Guerrillas Routes on Mt. Chiri

지리산은 우리 민족의 기상과 혼, 애환이 담긴 명산이다.
해방이후 현대사의 아픔을 간직한 빨치산 사건의 의미를 되새기
며, 분단의 아픈 현실과 이데올로기를 벗어나 빨치산과 토벌대의
투쟁현장을 함께 찾아가 보자.

Mt. Chiri is a noted mountain which has been laid aside for the
Koreans' national spirit, soul, joys and sorrow.
Mt. Chiri will invite you to the trabic battle fields along the routes,
resulted from the conflicting ideology, between the Partisan and
Korean suppression division in Mt. Chiri during the end of the
Korean war.

■ 제 1 코스 (이현상 아지트 루트)

■ 빨치산 유적
  ▷ 이현상 최후격전지, 이현상 아지트
■ 주변 명승지
  ▷ 칠불사, 쌍계사, 불일폭포, 대성계곡

하동군

2010년대에 새로 세워진 지리산 공비토벌 루트 안내도

고, 동지일 수도 있는 '개와 늑대'의 양면적인 존재로 다가왔다.

우리에게 북한은 어떤 존재인가? 친구인가? 적인가? 내가 만일 북
한에서 태어났다면 어떤 운명이었을까? 운명은 바뀔 수 있는 것인
가?

영화의 상상력으로는 가능하다. 남녀의 신체가 바뀌거나 신분이
바뀌는 이야기는 첨단 과학의 시대에도 여전히 매력적인 소재의 하
나로 사용되었다. 운명이 바뀌는 상상력은 역설적으로 바뀔 수 없는
현실의 답답함을 벗어나게 해주는 통쾌함이 있다. 남과 북의 상황이
바뀌었다면 어떻게 되었을까? 어느 날 아침에 잠에서 깨어났는데,
깨어난 곳이 북한이었다면… 이런 상상력이 분단을 보는 시선을 바
꾸었고, 간첩을 보는 시선도 변화시켰다. 같은 민족, 어쩌면 내가 태
어난 곳이 북한일 수도 있다는 이해의 공간이 열렸다.

(2) 이국의 땅에서 펼쳐지는 로맨스

일본을 배경으로 남북 요원의 치열한 대결을 벌인 남북 영화의 계보는 사하라(〈인샬라〉, 1996), 베를린(〈이중간첩〉, 2003; 〈베를린〉, 2012)으로 무대를 옮겼다.

〈인샬라〉(1996)는 미국 유학중이었던 주인공 이향이 유학생 친구들과 사하라 사막으로 여행을 갔다가 밀수업자로 오해를 받으면서 출국금지를 받아 억류되면서 벌어지는 운명적인 사랑 이야기이다.

미수교국인 알제리에서 출국금지를 받고 억류되어있던 이향은 북한 출신으로 혁명전사의 훈련을 담당하고 있던 한승엽이라는 인물을 만난다. 두 사람은 처음 만나면서 운명적인 사랑에 빠져든다. 체제와 이념을 넘어 두 사람은 서로에 대한 숨길 수 없는 감정에 이끌렸다. 하지만 두 사람이 할 수 있는 일은 없었다. 두 사람은 목숨을 걸고 사하라 사막을 건너는 모험을 시작한다. 모험의 끝은 행복하지 않았다. 맨 몸으로 건널 수 있을 만큼 사하라는 녹녹하지 않았다. 두 사람은 도중에서 도적의 습격을 받고, 사막 한 가운데 버려진다. 이미 예견되어 있었던 것이었을까? 두 사람은 죽음으로 사랑을 마무리 한다.

〈이중간첩〉(2003)은 1980년 동베를린을 통해 게이트를 넘어 남한으로 귀순한 대남공작원 림병호의 간첩 활약과 비극적인 사랑의 이야기이다. 베를린을 통해 위장 귀순한 림병호는 당의 명령에 따라 라디오 프로그램 DJ 윤수미와 접선하라는 지령을 받고 연인으로 위장하여 접근한다.

고정간첩으로 살아가야 하는 두 사람은 위장연인 관계를 넘어 연인으로서 연민을 느끼게 되었다. 림병호는 북파 간첩단에 대한 정보를 북에 전달함으로써 임무를 완성한다. 다시 북한으로 들어간 림병호는 신변의 위험을 느낀다. 남한에서는 작전 실패의 책임을 림병호에게 돌렸고, 북한에서는 림병호를 제거하여 사건을 묻으려고 하였다. 어디에도 갈 수 없는 림병호는 연인 수미와 함께 자살로 인생을 마무리한다.

이들 영화는 사하라 사막, 베를린의 이국적인 풍경을 보여준다. 이국적인 공간은 관객들에게 늘 새로운 볼거리를 보여준다. 하지만 한반도를 떠난 이국땅에서도 남북의 분단은 여전히 계속되고 있었다. 달라진 것이 있다면 남북의 이데올로기에서 남녀의 사랑이 어느 한 편의 승리로 끝나지 않는다는 것. 남북의 이념대결에서 남녀의 사랑이 개입될 여지는 없다는 비극적인 현실의 반영이었다. 운명처럼 이끌리는 남녀의 사랑은 그 끝이 정해져 있었다. 남북 분단의 현실이라는 벽을 넘을 수 없는 운명적인 사랑은 죽음 이외의 별다른 선택지는 없었다.

2) 한국형 블랙버스터의 탄생 : 〈쉬리〉(1999년)

한국 영화사에서 〈쉬리〉(1999)는 기록 그 자체이다. 남북 분단을 소재로 한 영화로서 흥행에 가장 성공한 영화이다. 〈쉬리〉는 한국영화사상 최초로 200만 명 이상의 관객을 동원하였다. 당시 세계적으로 엄청난 인기를 모았던 영화 〈타이타닉〉보다 많은 관객을 기록하였다. 전 세계 국가 중에서 자국에서 〈타이타닉〉보다 많은 관객을 기록한 유일한 영화였으니 당시의 인기가 어느 정도였는지 실감할 수 있다. 분단은 그렇게 우리 일상 깊이 들어와 있었다는 것을 확인해 주기도 하였다. 〈쉬리〉는 소설로 다시 출판되었으며, 비디오로도 높은 판매를 기록하였다.

〈쉬리〉는 일급비밀정보기관 OP의 유중원과 유중원의 약혼녀이자 북한 특수부대 요원 이방희의 운명적 사랑을 그린 영화이다. OP요원 유중원과 이장길은 북의 특수 8군단 소속 남파 간첩 이방희 사건을 추격하다 미로에 빠진다. OP의 기밀이 번번이 누출되는 일을 두고 중원과 장길은 내부에 첩자가 있다고 확신하고 서로를 의심한다.

영화 〈쉬리〉의 포스터

이방희의 뒤를 밟은 중원은 결혼을 약속한 연인 명현과 이방희가 동일 인물이라는 것을 알게 된다.

한편 남북이 대표가 모여 화해를 이야기는 자리에서 주요 인사를 저격하기 위해 총을 빼든 명현과 이를 만나 막기 위한 중원은 서로에 총을 겨눈다. 명현은 차마 중원을 쏘지 못하고 숨을 거두고, 중원은 뒤늦게 명현이 남긴 음성메지시를 듣게 된다. 명현은 중원을 위해 CTX 위치를 알려주고 중원의 손에 죽음을 택한 것이었다. 남북의 갈등과 남녀의 사랑을 그린 구성 방식은 남북 비극을 보여주는 전형적인 구성 방식이었다.

두 사람의 만남은 지금, 그리고 당장에 해결할 수 있는 문제가 아니었다. 현재에서 이루어질 수 없는 사랑은 기약할 수 없는 다음 세대의 사랑을 기약하는 것으로 막을 내려야 했다. 하지만 영화에 설정된 남북관계는 이전과 달랐다.

〈쉬리〉는 남북 관계가 좋아지기 시작하는 시점을 배경으로 한다. 남북의 정치인들이 갈등을 끝내고, 한반도 통일을 위해 노력할 것을 합의한다. 그리고 북의 정치인들이 남한을 방문하고, 남북의 정치인들이 참여한 가운데 남북 축구 경기가 예정되어 있었다. 남북의 화해 협력을 반대하는 북한의 강경세력이 특수 8군단을 파견하면서 정치인들을 테러하려고 한다. 남북관계를 개선하려는 북한의 온건파를 반대하는 강경파에서 테러를 계획한 것이었다.

〈쉬리〉에서는 북한을 단일한 집단, 단일한 호전적 세력으로 보지 않았다. 북한 내부에서도 한반도 평화와 통일을 위하는 세력이 있고, 이를 반대하는 세력이 있다는 것으로 나누어 보았다. 북한 정칙의 내부 권력을 나누어 보고, 갈등이 있다는 설정은 이후 〈베를린〉이나 〈은밀하게 위대하게〉 등으로 이어졌다.

영화 〈쉬리〉의 한 장면

## 3) '이념도 시간이 지나면 바래진다' : 〈간첩 리철진〉(1999년)

〈간첩 리철진〉은 한국 영화사의 한 획을 그은 〈쉬리〉와 같은 1999년에 나온 영화이다. 〈간첩 리철진〉은 남한의 슈퍼돼지 유전자 샘플을 훔쳐가기 위해 남파된 간첩이 엉뚱한 사건에 휘말리게 되면서 겪게 되는 사건을 그린 블랙코미디이다.

영화 〈간첩 리철진〉은 일상에서 느끼는 남북관계를 담담하면서도 가슴 시린 코믹으로 그려낸 영화이다. 남북이 치열하게 대립하였던 1970년대를 지나 남북대화가 모색되기 시작한 1990년에 이르면서 남북은 치열한 냉전의 틀에서 벗어나기 시작한다. 남북의 국력이 확인되었고, 남북대화도 시작하였다. 이념보다 먹고사는 문제가 더 중요해졌다.

1998년 12월에 있었던 대간첩작전 승전을 기념하는 승전비

## (1) 간첩의 목표 슈퍼돼지

리철진은 '북한의 식량난 해결'이라는 막중한 임무를 띠고 슈퍼돼지 종자를 구해오기 위해 남파된 대남 공작요원이었다. 특수훈련을 받은 간첩이었지만 임무는 달랐다. 요인을 암살하고 기밀을 훔쳐오는 것과는 거리가 멀었다. 그의 목적은 돼지 종자를 구해가는 것. 북한이 '식량문제 해결'을 위해 남한에서 개발한 슈퍼돼지 종자를 구하고자 리철진을 파견한 것이다.

서해안으로 침투한 리철진은 먼저 30년 동안 고정간첩으로 활동해 온 고정간첩 오선생을 만나기 위해 서울로 향한다. 리철진은 서울로 가기 위해 택시를 타는데, 하필이면 4인조 택시강도단이었다. 북한에서 받았던 특수훈련도 자동차 멀미 때문에 소용이 없었다. 처음 타본 택시에서 멀미를 심하게 하면서 택시강도단에게 공작금이 든 가방을 통째로 털리면서 빈털터리가 되었다. 코미디 같은 설정이지만 당시 고속버스나 시외버스에 멀미하는 승객을 위한 멀미봉투가 있었다는 것을 생각해보면 리얼한 현실이었다.

택시강도단에게 가방을 통째로 털리면서 빈털터리가 된 리철진은 우여곡절 끝에 오선생을 만나고, 오선생 집에 머물게 된다. 남한에 침투한 첫날부터 겪었던 공작금 강탈사건으로 주눅이 들었던 리철진은 오선생의 딸 화이의 배려로 마음의 문을 연다. 그 밤중에 깨어 화장실로 가던 리철진과 마주한 화이는 조용히 자신의 방으로 철진을 데려간다. 그리고는 조용히 철진의 손금을 보아주었다.

그리고 철진의 손바닥에 자신을 손바닥을 맞추어 보면서 말한다. "내가 북한에서 태어났으면 어떻게 되었을까"를 물어본다. 화이는 고정간첩의 딸이었다. 화이의 아버지는 북에서 태어나 남으로 파견된 고정간첩이었다. 아버지가 남파간첩이어서 서울에서 태어난 것이지 아버지가 북한에 있었다면 화이도 북한에서 태어났을 것이다. 아버지의 운명에 따라 자신의 운명도 결정된 것이다. 어쩌면 화이와 철진은 같은 운명을 갖고 태어났었을 것이다. 그런 철진과 화이가 남한 땅에서 마주한 것이다.

철진이 오직 명령만을 수행하는 맹목적인 인간이 된 것은 자신의 선택이 아니었다. 태어날 때 손바닥에 손금이 생기는 것처럼 북한에서 태어나면서 운명이 달라진 것이었다. 화이와 철진은 손바닥을 마주하면서 태어난 곳이 바뀌었다면 두 사람의 운명도 달라졌을 것이다.

그렇게 화이를 통해 마음을 열어가던 리철진에게 명령이 떨어진다. 리철진은 치밀한 계획을 세우고 임무를 수행한다. 임무를 마치고 북으로 돌아가려던 리철진에게 뜻밖의 소식이 전해진다. 남한에서 북한의 식량문제 해결을 위해 대승적 차원에서 슈퍼돼지 종자를 제공하겠다고 발표하였다. 슈퍼돼지를 훔치기 위해 파견된 리철진은 부담스러운 존재가 되었다. 사실을 알게 된 리철진은 조용히 목숨을 내려놓는다.

(2) '가공할 내공을 지닌 순진한 간첩'의 시대

〈간첩 리철진〉의 리철진 캐릭터는 엄청난 실력을 갖춘 인간 병기였지만 남한 사회에 적응하지 못하는 어리숙한 간첩이 등장하면서 '가공할 내공을 지닌 순진한 간첩'이라는 새로운 캐릭터로 기억되었다. 유오성이 주연한 '리철진'은 특별한 훈련을 받은 인간 병기였지만 남한에서는 적응하지 못한 낯선 이방인에 불과하였다.

리철진은 '가공할 내공을 지닌 순진한 간첩'이라는 새로운 캐릭터를 만들었다. 북에서 배웠던 특수훈련은 오선생의 말썽꾸러기 아들이 학교에서 '짱'으로 등극하는 일진 싸움에서나 유용하였다. 간첩에게는 가공할 전투력보다 남한 사회의 생활에 적응하는 것이 더 중요해지기 시작하였다.

〈간첩 리철진〉은 북한에 대한 이중적 인식의 단면을 보여준다. 기아와 난민, 핵·미사일이라는 어휘가 먼저 떠오르는 북한을 보면서 이중적인 인식, 이중적인 단면을 생각하게 되었다. 적과 동지의 경계의식을 보여준다. 〈간첩 리철진〉에서 리철진은 지하철을 타고 가다가 '간첩신고 포상금 1억'이라고 쓰인 포스터를 본다. 포스터의 내용을 모르는 리철진은 '1억'의 기차를 물어본다. 돌아오는 답변은 '서울 주변의 작은 아파트를 살 수 있을 정도'라는 답변이었다. 우리 사회에서 '반공'이나 '간첩'에 대한 인식이 어느 정도인지를 비유한다.

서울에서 고정 간첩으로 30년을 살아 온 고정간첩 오선생에게 이제 중요한 것은 이념이 아니었다. 먹고 사는 문제였다. 오선생이 리철진에게 뱉었던 '사상도 시간이 지나면 바래진다'는 표현은 먹고 살기에 바쁜 서민의 말 그 자체라고 할 수 있다. 30년 넘게 서울에서 서민으로 살면서, 이제 북한 사람도 아닌 남한 사람도 아닌 그저 하루하루 먹고 살기 바쁜 현실인이었다. 서울에서 30년을 고정간첩으로 살아온 오선생은 달라진 남북관계를 대변한다. '서울에서 30년을 고정간첩으로 살다보니. 내가 어디 사람인지도 잘 모르겠다. 사상도 시간이 지나면 바래지더라'는 오선생의 말은 이념보다 생활이 더 중요해진 평범한 시민의 남북관 그 자체였다.

## 4. 은밀하지도 위대하지도 않은 간첩 : 2000년 이후

2000년 이후에도 간첩은 중요한 영화 소재였다. 황장엽 노동당 비서는 망명 기자회견에서 고정간첩이 5만 명이라고 하였다. '간첩'이라는 표현이 무엇을 의미하는지, 우리 사회에서 언제부터 이렇게 간첩이 많아졌는지는 알 수 없다. 하지만 간첩은 남북관계를 그린 영화의 가장 일반적인 소재로 등장한다.

간첩이지만 특별한 임무를 수행하기보다는 임무를 기다리면서 하루하루 살아가는 것이 더욱 힘들어 보인다. 간첩이라고 해서 긴장감도 없다. 총격전이며, 기밀문서를 파내는 설정도 없다. 인터넷과 정보통신의 발전은 간첩에 대한 개념을 바꾸고 있다.

간첩보다는 해킹이 더 위협적으로 보인다. 총을 몰래 가슴에 품고, 민첩하게 정부 기관에 들어가 문서를 찾아오는 간첩의 모습이 오히려 낯설어 보인다. 간첩이라고 보기에는 하루하루를 살아가는 우리의 일상과 너무나 닮아있다. 아무리 뛰어난 능력을 가진 간첩이라고 해도 자본주의 체제에서 살아가기 어렵고, 막막한 서민일 뿐이다. 반공의식이 약해진 것일까? 그렇지는 않다. 삶이 전쟁이고, 전쟁보다 치열한 삶을 살아야 한다. 그런 사회는 어떤 사회가 될 것인가를 보여준다. 그렇게 간첩은 이데올로기에서 함께 하고 살아가는 문제로 전환되었다.

## 1) 간첩인가? 파트너인가?

남북이 만나면 어떤 일을 할까? 어두운 일이든, 밝은 일이든 남북 사이에 이루어지는 은밀한 만남과 협상이 벌어지고 있는 것은 아닐까. 우리가 자고 있는 사이에도 열심히 지구는 돌아가듯 … 지금도 알 수는 없지만 뭔가 오고 가고 있지 않았을까? 이런 상상을 해 보곤 한다. 2000년 이후 변화된 남북 관계는 새로운 상상력을 만들었다. 어색하고 불편하지만 사업파트너로서 한 발씩 다가섰다. 그렇게 남북의 만남은 은밀한 거래로 이어졌고, 협력으로 만나고, 사업으로 손을 잡았다.

남북관계를 그린 영화가 비극적인 결말로 이어졌던 것과는 달리 〈의형제〉(2009)는 해피엔딩과 새로운 가능성을 보여주었다. 남과 북에서 소외된 전직 남파간첩과 전직 국정원 요원이 뜻하지 않게 협력하는 해피엔딩과 코믹으로 버무린 액션 드라마이다.

## (1) '우리 한번 잘 해 봅시다' : 〈의형제〉(2009)

6년 전이었다. 국정원에서 간첩 정보를 수집하던 이한규는 남파 공작원 '그림자'와 함께 김정일의 6촌을 살해하라는 명령을 수행하던 송지원을 추적한다. 임무를 마치고 돌아가던 송지원을 습격한 이

한규는 총격전까지 벌이지만 실패한다. 서울 한복판에서 벌어진 총격전으로 시민까지 다친다. 이한규는 작전 실패의 책임을 지고 국정원에서 해고되었다.

국정원에서 나온 한규는 생계를 위해 흥신소를 차리고 살아간다. 흥신소 직원으로서 한규가 하는 일은 전직의 특기(?)를 살려 사람을 찾아주는 일이었다. 집 나간 사람을 찾아주는 일을 보내던 한규. 어느 날 한규는 베트남 며느리를 찾아 나섰다가 베트남 조직원과 결투를 벌이게 되었다. 많은 수를 당하지 못하고 잡혔을 때, 뜻밖에 지원이 나서서 도와준다. 사실 지원도 갈 곳이 없었다. 조직으로부터 배신자라는 낙인이 찍혀 있었다. 한규는 총격전 현장에 있었던 지원임을 한 눈에 알아보고 협력을 제안한다. 지원과 함께 그림자를 잡아서 현상금을 나누자는 것이었다. 이렇게 북한 특수 공작원과 전직 국정원 요원 사이의 기묘한 협력 사업이 시작되었다.

출신이 다른 두 사람이 돈 때문에 시작한 협력 사업이었기에 협력 사업은 지뢰밭이었다. 둘은 수시로 서로를 의심하면서, 각자 목적을 위해 하루하루를 보내고 있었다. 어색했던 두 사람은 시간이 지나면서 서로를 알아가게 된다. 출신을 떠나 남자로서 친구로서 서로를 이해하게 된 것이다. 그러던 어느 날 지원에게 지령이 떨어진다. 두 사람은 다시없을 마지막 기회를 위해 협력한다.

〈의형제〉는 남북 사이의 교류와 협력 사업이 활발했던 시기의 대중적 심리를 반영한다. 2000년 이후 남북관계가 호전되면서 남북 사이에는 다양한 형태의 교류와 협력 사업이 진행되었다. 남북 관계의 발전은 통일에 대한 기대감을 높여주었다. 동시에 남북관계에 대한 새로운 가능성에 주목하였다. '의형제'라는 영화 속에서 두 사람의 관계를 고려한 제목이다. 동시에 당시의 남북관계를 고려한 제목이

영화 〈의형제〉의 한 장면

기도 하다. 남북 분단의 시간이 흐르면서 이제 남북 사이에는 '한 뿌리'나 '한 가족'이라는 의미보다는 새롭게 만들어지는 '의형제'라는 설정이 보다 현실적이었던 것이다. 그렇게 남북 관계는 과거의 동질성이나 뿌리의 공통성보다는 새롭게 형성되는 관계에 주목하는 사이가 된 것이다.

### (2) 실화 사건을 소재로 한 영화 : 〈공작〉(2018)

영화 〈공작〉(2018)은 실제 있었던 흑금성 사건을 소재로 한 영화이다. 북한이 핵개발을 추진하기 시작한 1990년대 초반. 북한의 핵개발을 둘러싸고 한반도에는 새로운 위기감이 높아졌다. 핵 개발 정보를 캐내기 위해서는 북한 최고위층으로의 접근이 필요하였다.

전직 정보사 소령 출신인 박석영(황정민)에게 비밀 임무가 맡겨졌다. 정보사에서 불명예로 퇴직하고 사업가로 위장한 박석영의 암호명은 '흑금성'. 안기부의 해외실장 최학성(조진웅)과 대통령만이 알고 있는 특수 극비 임무를 맡고 베이징으로 날아간 흑금성은 마침내 리명운(이성민)에게 접근하는데 성공한다. 리명운은 김일성종합대학을 수석으로 졸업한 수재로 최고지도자의 절대적 신임을 받고, 북한의 대외사업을 총괄하는 핵심 인물이었다.

리명운은 북한의 테스트를 통과하고, 신뢰를 쌓는데 성공한다. 하지만 작전 수행 중에 뜻하지 않은 정

흑금성 사건을 소재로 한 영화 〈공작〉

보를 접하면서 혼란에 빠진다. 1997년 대통령 선거를 앞두고 접경지에서 도발을 해주면 대가를 주겠다는 최고 권력층의 거래를 알게 되었다. 목숨을 걸고 충성을 맹세한 조국의 어두운 권력욕을 목격한 것이다. 대북사업으로 광고를 제안하면서 최고위층까지 만나는 석영은 도발이 아닌 새로운 남북관계를 제안한다. 선거가 끝나고 정권이 바뀌면서 안기부는 흑금성을 정체를 고의로 노출한다. 흑금성이 공작원이라는 것을 알게 된 리명운은 박석영이 국경을 넘도록 도와준다.

그리고 5년이 지났다. 남북이 대화를 시작하면서 박석영이 제안한 광고가 마침내 성사되었다. 광고 촬영 현장에서 리명운과 박석영은 살아 있음을 확인하면서 끝을 맺는다.


## 2) 이것은 간첩인가 택배인가 : 〈풍산개〉(2011)

남북 사이에 비공식적인 접촉이 이루어지면서 한반도를 가로지른 휴전선의 존재에 대해 다시 생각하게 되었다. 휴전선을 넘나들 수 있다면, 최소한의 소식이라도 전할 수 있다면. 이런 생각은 영화의 새로운 상상력이 되었다. 간첩은 아니지만 국경을 넘나드는 이야기는 일상에서 낯선 소재가 아니었다. 영화에서도 이런 시대적인 상황이 반영되었다.

김기덕 감독의 〈풍산개〉(2011)는 남북 사이를 오가며 소식을 전해주는 '풍산개'라는 별명이 붙은 청년의 이야기이다. '풍산개'는 할 수 없는 일이 없었다. 남과 북에서 필요로 하는 일이면 택배처럼 배달했다. 휴전선은 남북 분단을 의미하는 단절의 선이다. 짧은 거리지만 오고 갈 수 없는 금단의 선이다. 남과 북 사이를 마음대로 가고 오는 유령 같은 인물 '산'. 철조망을 뚫고 이산가족의 편지와 소식을 전해주면서 먹고 살던 '산'에게 새로운 주문이 도착한다.

놀랍게도 일을 시킨 곳은 국정원이었다. 국정원이 민간인 '산'에게 주문한 것은 사람을 데려오는 것이었다. 남한으로 망명한 북한 고위 간부의 애인인 '인옥'을 평양에서 데려오는 일이었다. 풍산은 휴전선을 넘어 평양으로 들어가 '인옥'을 데리고 온다. 휴전선을 넘으면서 죽을 고비를 맞기도 한다. 하지만 무사히 일을 끝내고 돌아온다. 짧은 시간이었지만 죽음의 위기를 함께 건넌 두 사람 사이에는 애틋한 감정이 생겨난다.

한편 막대기 하나로 휴전선을 넘나드는 산의 존재를 의심한 국정원에서는 산을 잡아들인다. 이때 북한에서는 망명한 남자를 죽이러 암살단을 보내고, 북한에서 내려온 암살단에 잡힌 산과 인옥은 절망적인 상황 속에서도 서로에 대한 사랑을 확인한다.

'산'은 무엇이든지 서울에서 평양까지 3시간 만에 배달한다. '산'은 당연하게도 가상의 인물이다. 남북한 분단의 벽인 철책선을 새처럼 자유로이 넘나들며 사람을 비롯하여 물건까지 의뢰인이 원하는 것이라면 무엇이든지 전달한다. 비무장지대(DMZ)로부터 평양까지 왕복 3시간에 해낸다는 것은 물리적으로 불가능하다.

장대 하나로 비무장지대(DMZ)를 뛰어서 가로 지르고, 철책선을 넘는 것이나 국정원으로 호송되는 정보부 요원을 빼낸다는 것도 비현실적인 설정이다. 영화는 영화일 뿐이다. 현실에서 불가능한 일이었기에 영화적 상상력으로 그려낸 것이다. 남과 북의 비공식적인 접촉을 이어준 브러커일 수도 있고, 남북을 오가는 정보원일 수도 있다. 남북 사이에 보이지 않지만 브러커이든, 정보원이든, 밀사이든

간에 남북을 오고가는 존재를 영화적으로 그려낸 것이다. 영화는 상상이지만 이렇게 현실을 반영한다.

국경을 넘나드는 상상력으로 무장한 영화가 있었다. 〈량강도 아이들〉이라는 영화였다. '량강도'는 압록강과 두만강이 있는 곳이라는 의미로 붙여진 북한의 지명이다. 백두산 아래 산동네, 북한에서는 최고 혁명사적지로 불리는 곳이다. 혁명사적지 보천보가 있는 곳이다.

〈량강도 아이들〉은 크리스마스를 앞두고 광화문에서 북녘으로 띄운 선물 보따리가 량강도 삼지연군 보천보리에 도착하면서 벌어지는 소동을 그린 영화이다. 탈북민 출신인 정성산 감독이 참여한 영화이다.

남에서 보낸 선물 보따리에는 로봇이 들어 있었다. 로봇을 발견한 친구는 보천보 인민학교 4학년 학생인 종수였다. 로봇을 발견한 종수는 친구들과 함께 로봇 삼매경에 빠진다. 동네 아이들도 로봇을 신기하였고, 종수의 환심을 사고자 온갖 뇌물을 갖다 바쳤다. 소문이 나면서 보위부에서는 종수의 로봇을 '자본주의 황색바람'으로 재판에 부쳤다. 하지만 당비서는 보위부원들에게 장난감 로봇이 남한 제품이 아니라 '메이드 인 차이나'라면서 종결한다.

3) 극한직업이 된 고정간첩 : 〈간첩〉(2012)

한국으로 망명한 황장엽 노동당 비서가 대한민국에 고정간첩이 3만 명이 있다고 발언하면서 사회적으로 큰 파장이 일었다. 고정간첩인 그보다 많은 5만 명이라는 주장도 있었다. 놀랍기도 하고, 황당하기도 하지만 '간첩'이라는 말 대신 '스파이'라는 말을 써 보면 수긍이 가기도 한다.

군사정보는 하늘에 떠있는 위성으로 관찰하거나 컴퓨터를 해킹하는 것이 더 편할 것이다. 경제로 전쟁하는 시대이다 보니 이런 정보, 저런 정보를 수집하고자 할 것이다. 정보를 얻으려는 스파이가 어디한두 명일까 싶다. 이런 것도 정보이고, 저런 것도 정보가 될 수 있는 세상이나 스파이의 국적도 다양할 것이다.

북한도 있을 것이고, 미국도 있을 것이다. 분명 일본이나 중국, 러시아 스파이도 있을 것이다. 한국 주재 유럽연합(EU) 대표부 대사가 중국에 EU 기밀을 넘긴 간첩 혐의로 수사 대상에 오르기도 했고, 주한 중국대사가 스파이 혐의로 수사를 받기도 했다. 국가마다 자국의 이익을 위해 정보를 얻으려 혈안이 되어 있으니, 스파이인들 오죽이나 많을까 싶다.

간첩의 주요 임무는 무엇일까? 정보를 캐내려는 것이다. 정보를 캐려면 어떻게 해야 할까. 주요 기관에 들어가서 비밀금고를 열고, 서류를 꺼내서 사진을 찍어야 할까? 군부대 주변에 들어가 숨어서 망원경으로 내부를 살펴야 할까? 이보다 편한 방법이 있다. 인터넷이다.

정보통신이 발전하였다. 간첩도 시대에 따라 수행해야 할 능력이 달라졌다. 인터넷으로 정보를 캐내는 것이 훨씬 유용하다. 해킹으로 필요한 정보를 캐내고, 구글 지도로 움직임을 파악하는 것이 훨씬 정확하다. 많은 일을 컴퓨터가 하듯이 스파이가 하는 일도 육체노동에서 지식노동으로 바뀌었다. 고정간첩은 이제 뭘 해야 할까?

(1) 간첩질보다 힘든 생존하기 : 〈간첩〉(2012)

영화 〈간첩〉(2012)은 고정간첩으로 암약(?)하는 간첩들 이야기이다. 〈간철 리철진〉에서 살짝 선보였던 고정 간첩의 힘겨운 생존투쟁을 소재로 한 코믹 액션물이다.

'간첩질 10년이면 작전도 생활이 된다!', '생활 밀착형 리얼 첩보극'이라는 홍보 문구대로 남한 생활 속에 신분도 정체성도 모호한 상태에서 어려운 경제사정으로 공작금을 마련하면서 살아가야 하는 '간첩질'이란 결코 쉬운 직업은 아니었다. 고정간첩 10년 만에 내려온 지령을 받고 벌어지는 소동을 그린 영화이다.

간첩이라기에는 현실이 너무도 퍽퍽하다. 공작금을 받아가며 스파이로서 최소한의 품위를 지키기에는 살아가는 현실이 힘겹다. 간첩 조직의 우두머리이자 22년차 고정간첩인 '김과장'은 3년 전부터 공작금이 끊어지자 중국에서 가짜 비아그라를 밀수해 판매하면서 생활한다. 남한에서 먹고 살기도 어려운데, 북한에 있는 가족들 생활까지 책임져야 한다. 암호명이 '강대리'인 여간첩은 복덕방을 운영하면서 어린 딸을 키우기 위해 복비 10만 원 때문에 머리끄댕이를 잡고 몸싸움도 마다하지 않는 억척스러운 동네 아줌마가 되었다. 공무원으로 명예퇴직하고 탑골 공원에서 시간을 보내는 신분 세탁을 전문으로 하는 고정간첩 '윤고문'. 해킹전문가로 농촌에 정착한 고정간첩 우대리는 FTA협정으로 소 값 폭락에 못 살겠다면서 촛불시위를 주도한다. 지령보다 어려운 물가인상에 맞서 싸우든 이들이 한자리에 모인 것은 10년 만에 내려온 지령이었다.

이들에게 주어진 임무는 남한으로 망명한 외무상 리용성을 암살하라는 것이었다. 신념도 있었고 자부심도 있었다. 호시절을 뒤로,

영화 〈간첩〉의 한 장면

호구지책을 걱정해야 하는 간첩에게 주어진 임무는 6자회담을 지휘하다 망명한 외무상 리용성을 암살하라는 것이었다.

하지만 생활고에 찌들인 이들에게는 리용성 암살보다 관심 가는 것은 망명대가로 받은 보상금이었다. 당의 명령을 수행하고 남은 보상금을 나누기로 의기투합한다. 영화는 그렇게 이념이 퇴색하고, 일상에 찌들어 버린 어쩌면 현대인의 한 사람일 수 있는 서민의 일상이 반추되어 있다. 남북관계를 견인하고 있는 것은 이념보다 경제라는 것을 보여준다.

하지만 암살 작전은 실패. 김과장은 신분도 국정원에 노출되었다는 것을 알게 된다. 김과장은 북한에 남은 가족도 중요 하지만 현재 살고 있는 가족도 중요하였다. 가족의 안전을 협상 조건으로 국정원과 손을 잡은 김과장은 북한에서 파견된 최고의 암살자 최부장 체포에 협조한다. 최부장이 죽고 난 다음 김과장은 국정원의 감시를 받으며, 남북의 가족을 걱정해야 하는 일상으로 돌아간다.

(2) 은밀하지 않으면 위대하지도 않다 : 〈은밀하게 위대하게〉(2013)

〈은밀하게 위대하게〉(2013)는 인터넷 인기 웹툰을 배경으로 한 영화이다. 〈은밀하게 위대하게〉는 웹툰 만화에서 조회수가 3억 뷰에 달하였고, 2,000만의 고정 독자를 가질 만큼 인기 만화였다. 장철수 감독이 영화로 옮기면서 만화적 상상력을 살렸다.

북한의 남파특수공작 부대인 5446부대 출신의 최고 공작요원 원류환, 리해랑, 리해진이 남한 사회에서 펼치는 힘겨운 투쟁기이다. 주인공 원류환은 북한의 남파 공작원을 양성하는 5446부대에서도 최고의 경쟁을 통과한 최우수 요원이었다. 20,000:1의 경쟁을 통과한 전설의 요원으로 부대원들에게는 전설로 회자되는 존재였다.

조국통일이라는 원대한 사명을 안고 남파되었지만 지금 하는 일은 신분을 위장하여 주위의 의심을 피하는 일이었다. 원류환은 '봉구'라는 이름으로 슈퍼에서 잡일을 거들면서 어리버리한 동네 바보로 살아간다. 주위의 의심을 피하려고 매일같이 우스꽝스러운 바보역할을 한다.

봉구가 하는 바보연기였다. 계단에서 굴러 떨어지기, 동네 꼬맹이한테 맞기, 심지어 거리에서 똥도 싸야 한다. 만화이기에 가능한 설정이다. 원작은 인터넷 웹툰 만화였던 만큼 상황은 다소 황당하다. 그런 원류환에게 친구이자 같은 부대 출신의 공작원 리해랑이라는 또 다른 공작원이 있었다. 원류환 못지않은 실력을 갖춘 리해랑은 북한 최고위층 간부의 사생아였다. 리해랑은 가수 지망생으로 신분을 위장하고 살아간다. 리해랑의 임무는 오디션에 합격해서 락커가 되는 것이었다. 혹독한 군사훈련을 통과한 리해랑이었지만 번번이 오디션에서 낙방한다.

그렇게 살아가던 어느 날 리해진이라는 또 다른 남파공작원이 찾아온다. 리해진은 원류환을 진심으로 존경하고 따르는 최연소 남파공작원이었다. 동네 바보, 가수 지망생, 고등학생으로 신분을 위장하고 살던 이들에게 자살 명령이 내려진다.

남파공작 부대인 5446부대의 존재가 알려지면서 부대의 해체를 명령한 것이다. 임무를 받은 원류한은 마지막으로 '어머니의 안부'를 물어본다. 하지만 돌아오는 대답은 임무를 수행하라는 것뿐이었다. 원류환은 죽을 때 죽더라도 어머니의 존재는 확인하고 싶었다. 하지만 돌아오는 대답은 냉철했다. 명령에 따르라는 것뿐이었다. 명령을 거부한 원류환을 제거하기 위해 교관이자 대장인 김태원이 내려온다. 자신들을 제거하려는 특수부대 대장과의 최후의 결투를 끝내고 원류환은 지난 2년의 시간을 그리워하면서, 스스로 뛰어 내린다.

한편 동구가 살던 수퍼집 아주머니는 동구를 진짜 아들로 생각하면서 모아둔 월급통장을 보면서 동구가 살아있기를 간절하게 바라는 것으로 끝난다.

<은밀하게 위대하게>는 남파 공작원이 주인공인 영화이다. 하지만 남북관계는 없

만화 <은밀하게 위대하게>

다. '은밀하게 위대하게'라는 제목이 역설적이다. 남북관계에서 남파 공작원의 존재는 은밀하지도 않고, 위대하지도 않다. 그저 소박하게 엄마를 그리워하고, 자식으로서 엄마의 사랑을 받고 싶어 한다. 원류환을 둘째 아들로 생각하는 수퍼집 아주머니의 사랑도 눈물겹다. 먹고 싸고, 살아가는 하루하루가 행복이기를 바라는 가족들의 찐한 정이 느껴진다.

영화에서 화제가 된 것은 영화의 주인공이었다. 순정만화 주인공 같은 김수현, 이현우, 박기웅이라는 꽃미남이 캐스팅되었다. 영화의 줄거리보다 출연진에 더 많은 관심을 모았다. 극장에서는 김수현이 등장할 때마다 여성관객의 탄성과 환호가 터졌다고 한다. 심지어 인터넷에서는 "북한 공작원들은 하나같이 훈남인가요?"라는 댓글이 넘

인터넷 웹툰을 소재로 한 영화 〈은밀하게 위대하게〉

쳐났다. 남북 대립의 상징인 간첩의 이미지가 흉악범이나 범죄자의 모습에서 평범한 시민으로의 모습을 지나 꽃미남으로 다양해지고 있다. 영화는 남북관계도 진정성이나 사실성보다는 만화적 허구로서 더 가깝게 느껴지고 있음을 보여준다. 남북을 그린 영화에서 스토리의 리얼리티보다 상상력의 비중이 높아지고 있다는 것을 확인할 수 있다. 2000년대 이후 등장한 '잘 생긴 간첩'이라는 흐름을 보여준 영화이다. 영화로 상영되었을 때는 잘 생긴 배우들의 출연에 흐뭇했다는 관객의 평도 잇달았다.

## 5. 북한 영화와 간첩

북한 영화에서도 간첩은 흥미로운 소재의 하나이다. 특수한 임무를 띠고 남파하여 공작을 벌이거나 북한 사회로 들어온 간첩을 잡는 이야기는 시대를 초월한 주제였다. 북한에서는 간첩을 소재로 한 영화는 정탐물과 반탐물, 두 형식을 결합한 정반탐물 영화로 나누어진다.

남한에서 간첩을 소재로 한 영화는 시간에 따라서, 남북관계에 따라서 내용과 형식이 달라진다. 하지만 북한에서 간첩 영화는 일상적 영화의 소재이다. 시대가 어려워지고 상황이 나빠지면 외부의 위험을 강조한다.

2019년 하노이 회담이 무산되고, 코로나 팬데믹 등으로 인해 경제가 어려워진 2020년 이후 북한은 '천리마'를 다시 불러냈다. 김정은 초기에 보여주었던 만리마시대는 사라지고, 천리마 시대가 다시 등장하였다. 그리고 사회주의 진주 수호를 결의하였다.

북한 체제가 어려워졌고, 어려운 상황에서도 사회주의를 지켰다고 자부하는 승리의 기억을 불러낸 것이다. 김일성 시대에는 일제 강점기의 항일혁명 투쟁의 간고한 시기를 추억하였듯이 전쟁이 다시 불려졌다. 2021년 국무위원회연주단 공연에서는 전시가요와 군가를 연주하였다. 외부의 위기를 강조하면서 내부의 결속을 다지는 데 전쟁의 기억을 활용한다. 반제국주의교양 주제의 영화에서는 영화의 주제에 맞게 미국과 일본은 제국주의적인 속성을 숨기지 않는 악마와 같은 존재로 그려진다.

### 1) 정탐물

정탐물은 정보를 탐지하여 임무를 수행하는 영화이다. 공작원들이 남한에 침투하여, 위기를 당하기도 하지만 마침내 모든 계략을 물리치고, 당에서 부여한 임무를 해결한다는 내용의 영화이다. 정탐물에서는 이름 없이 사라져 간 영웅을 잊지 말자는 주제로 회고 형식으로 진행된다.

#### (1) 공작원 '동백꽃'을 기억하자 : 〈세월이 흘러간 뒤〉(1982)

〈세월이 흘러간 뒤〉는 조선2·8예술영화촬영소에서 1982년에 제작한 첩보물이다. '6·25전쟁' 시기를 배경으로 북한의 첩보영화이다. 비밀공작원 '동백꽃'처럼 자신의 소중한 가족까지 희생하면서 묵묵히 임무를 수행했던 이름 없는 영웅들을 잊지 말자는 것이 주제이다.

전쟁기에 낙동강 전투에서 적의 병기창고를 폭파한 전쟁영웅 동철을 만나러 작가가 찾아온다. 작가는 동철의 이야기를 책으로 쓰고 싶다고 하였다. 하지만 동철은 자신의 이야기보다 더 잊을 수 없는 '동백꽃'의 이야기를 쓰라고 권한다. 그러면서 동철은 자신이 처음으로 습격조 임무에 투입되었을 때의 이야기를 들려준다.

특수부대 훈련을 마친 동철이 첫 임무에 참가하게 되었다. 하지만 동철 부대는 국군에게 발각되었다. 전투 끝에 조장과 부대원이 죽고, 동철 혼자만 침투하게 되었다. 지령대로 동철은 세관장 오춘덕을 찾아간다. 오춘덕은 동철을 위해 세관 운전수로 취업시켜 주었다. 그리고 이름도 '하민'이라고 속였다. 그런데 믿었던 오춘덕은 이미 전향하고 국군 특무대에 정보를 제공하고 있었다. 동철이 운전수로 위장한 지 얼마 되지 않았을 때였다. 오춘덕이 특무대로 정보를 제공하려다가 전화부스에서 암살당하는 사건이 발생하였다. 국군 특무대에서는 오춘덕 암살 사건을 조사하면서, 오춘덕이 소개한 하민(동철)을 의심하였다. 하민은 특무대에서 자신을 주목하고 있는지를 눈치채지 못하였다. 또한 검찰에서도 하민을 감시하였다. 하민은 이런 줄도 모르고 탄약창고 주변을 오가면서 동태를 살피면서 폭약창고를 폭파할 기회를 엿보았다.

검찰에서는 세관장 오춘덕의 죽음이 밀수조직의 이권 다툼 때문에 일어난 것으로 보고 수사를 하고 있었다. 본격적인 수사를 위해서 대검찰청에서는 냉철하기로 소문난 검사 '홍수란'을 세관으로 파견하였다. 그렇게 동철은 특무대와 검찰을 주목을 받게 되었다. '홍수란'은 앞으로 자동차 운전은 자신의 결제가 있을 때마다 하라고 하였다. 그때, 세관에 '서윤정'이라는 여성이 경리로 새로 들어왔다. 서윤정은 하민에게 접근하여 '적들이 동태를 살피고 있으니 행동을 조심하라'면서, 하민에게 당분간 탄약창고 주변을 어슬렁거리지 말라고 알려주었다. 동철을 주목한 기관이 또 있었다. 미군 첩보대였다. 국군첩보대에서는 미군 첩보대에서도 동철을 주목하고 있었고, 탈라스라는 공작원을 파견하였다는 것을 알고 있었다. 하지만 그녀가 누구인지는 알 수 없었다.

동철도 그렇게 생각했다. 하지만 아니었다. 하루는 홍수란의 지시를 받고 부산시 동래로 운전을 나가게 되었다. 운전을 하던 하민은 도중에서 같은 방향으로 가는 '류진옥'이라는 처녀를 태워주었다. 그녀는 보통 여성이 아니었다. '동백꽃'의 지령을 전하는 공작원이었다. 류진옥은 폭발물 창고를 찾고 있는 하민에게 밀수꾼들이 탄약창고로 갈 때 사용하는 땅굴을 찾으라고 귀띔해 주었다.

류진옥의 말을 듣고 하민은 밀수꾼들을 찾았다. 세관원 중에서 밀수업자들과 연결 되어 있는 직원이 있었다. 하민은 밀수로 한탕하려고 하는데, 도와달라면서 돈으로 유인하여 통로를 알려고 하였다. 하지만 그 세관원도 국군 특무대와 연결되어 있었다. 특무대에서는 하민을 점점 더 의심하였다. 하지만 하민이 첩보원인지 밀수업자인지는 분명하지 않았다. 그래서 하민을 만났던 류진옥을 이용해서 떠보기로 하였다.

이 사실을 모르는 하민은 진옥이 깡패들에게 봉변을 당하는 것을 보고는 달려들어 깡패들을 물리치고 진옥을 도와준다. 하지만 이 일로 동철은 '동백꽃'으로부터 크게 질책을 받았다. '동백꽃'은 '당의 임무를 수행하려면 의지가 약해서는 안 된다'면서 하민에게 땅굴의 위치를 알고 있는 번개를 찾으라고 지시하였다. 그때 하민의 정체를 알아챈 국군 특무대장이 하민을 체포하려고 하였다. 그러나 특무대장도 알 수 없는 그림자에 의해 암살당한다.

상황이 급박해진 가운데, 탄약창고에 화학무기 반입을 끝냈다는 정보를 받은 하민은 진옥과 함께 시내의 지하통로를 찾기 시작하였다. 하지만 뒤를 추격하던 특무대에게 꼬리를 밟히고, 위기의 순간 진옥의 도움으로 위기를 모면한다. 이 과정에서 진옥은 특무대원을 유인하고 자결한다.

위기를 모면한 하민은 홍수란 검사에게 체포되고, 감옥에 갇힌다. 감옥에서 우연히 번개를 만나게 된 하민은 탄약창고로 가는 길을 알아내는 데 성공한다. 감옥에 갇혔던 하민을 특무대에서 데려가려고 하였다. 그렇게 검찰에서 특무대로 이송하는 도중에 탈출에 성공한 하민이 서윤정과 함께 탄약창고를 찾아낸다.

이제 폭약창고만 폭파하면 되었다. 하지만 그 순간, 총을 집어 든 서윤정. 그녀는 미군 첩보부대에서 파견한 텔라스라는 스파이였다. 하민 일당을 체포하고자 하민을 돕는 척 하였던 것이었는데, 하민이 혼자라는 것을 알고는 총을 꺼내든 것이었다. 모든 것이 끝났다고 생각한 순간 총알이 날아와 서윤정을 쓰러뜨린다. 하민은 탄약 창고에 폭약을 설치하여 폭파시킨다.

공작을 마치고 돌아오는 기차역에서 하민은 자신을 도와준 해당화가 바로 검사 홍수란이라는 것을 알게 되었다. 그리고 자신을 구하려다 죽은 류진옥이 홍수란의 딸이었다는 것도 알게 된다. 다시 현재의 동철은 작가에게 자신의 모든 것을 깡그리 바치면서도 이름 없이 묵묵히 일하는 숨은 영웅들을 잊지 말아야 한다고 말한다.


2) 반탐물


반탐물이란 북한이 건설하려는 사회주의를 방해하는 적들을 내부에서 잡아내는 과정을 그린 영화이다. 반탐물에서 간첩은 주로 지주

정탐물의 전형을 보여주는 북한 영화 〈세월이 흘러간 뒤〉

나 친일자로 등장한다. 이들은 일제 강점기에 갖은 방법으로 재산을 모았다가 일제의 패망과 함께 쫓겨난다. 이후로 지주나 친일 세력들이 북한에 사회주의 정권을 부스는 계략을 막아낸다는 주제물의 영화이다.

북한 체제는 내부적으로 자신을 순결하고, 결백하고, 순수한 사회로 규정하고, 외부로부터 들어오는 사상이나 문화에 대해서는 배척한다. 외부의 사상이나 문화는 사회주의를 붕괴하려는 전략이라는 것을 강조한다. 간첩은 사회주의를 건설하려는 반제교양으로 활용하고 있다.

노획물을 이용하여 간첩교양을 하는 장면, 예술영화 〈분계선 초소〉

(1) 학생 군견 부대 이야기 : 〈학생민견대 앞으로!〉(1997)

〈학생민견대 앞으로!〉는 간첩신고를 주제로 한 영화이다. 평양연극대학 청소년영화창작단에서 1997년에 창작하였다. 청소년영화 창작단에서 제작한 영화로 청소년들이 주인공이다. 작은 징후라도 소홀히 하지 말고 주의 깊게 살펴서 간첩을 잡자는 영화이다.

민견단은 민간 군견부대이다. 민간이라고 하지만 주인공은 학생들이다. 청소년들로 구성된 민간이 군견감시단의 활동을 주로 한다. 국가와 공동체를 지키는 마음이라는 것을 알게 된 학생민견단 분대장 정남이 학생민견단이 열성적으로 훈련하여서 마을로 침투한 간첩을 체포하는 데에 결정적인 역할을 한다는 영화이다.

정남이 분대장으로 있는 학생민견단 3분대가 마을 근처 바닷가에서 수상한 발자국을 발견하고 이를 신고하였다. 민견단의 신고로 간첩이 붙잡히고, 이 지역으로 침투한 이유도 밝혀졌다. 간첩은 민견단 2분대가 정찰하는 지역에서 학생민견대 활동이 너무 활발하여서, 3분대의 영역으로 침투하였던 것이었다. 3분대의 민견단원들은 훈련을 강화하기로 하였다.

생길이는 민견으로 키우던 검둥이가 민견에 적절하지 않다고 생각하고는 팔기로 하였다. 그 사실을 알게 된 정남은 생길이에게 자기가 키우던 우수한 민견인 육발과 바꾸자고 하였다.

정남은 종자와 상관없이 훈련으로 검둥이를 좋은 민견으로 키울 수 있을 것이라고 믿었다. 정남은 검둥이와 밤낮없이 훈련하였다. 겁이 많은 검둥이 때문에 군견 훈련소에까지 찾아갔다. 겁이 많던 검둥이도 정남의 노력에 힘입어 육발이와 같이 훈련을 잘 마치고 민견이 되었다.

하지만 검둥이는 정남이네 가족을 제외한 다른 사람들에게 쉽게 공격성을 드러냈다. 정남은 자신의 훈련이 잘못된 것은 아니었는지 자책한다. 정남의 지도교원은 학생민견대 활동에서 중요한 것은 좋은 민견을 기르는 것이 아니라, 학생들 각자가 무기가 되는 일이라고 알려주었다.

정남은 민견대원들과 함께 의지를 다지고 합심하여 훈련을 이어 간다. 검둥이와 육발이를 비롯한 민견들과 민견대원들이 서로 합심하여 훈련을 성공적으로 마쳤다. 간첩으로 가장한 경비대의 시험도 통과하면서 자신감을 가지게 되었다. 정남이는 전국 민견대 활동의 평가에 대표로 참가하게 되었다. 그리고 그들의 이야기가 신문에 실리게 되었다.

그러던 어느 날 바닷가를 돌아보던 정남과 검둥이는 수상한 사람들을 발견하고 비상 신호를 보낸 뒤 이들을 추격하였다. 신호를 받고 달려온 민견대원들과 경비대의 추적이 시작되었다. 정남과 검둥이는 바위 아래를 수색하였다. 마침 바위 아래 숨어 있었던 간첩이 정남을 노리고 칼을 던졌다. 그러나 검둥이 그 칼을 쳐내어 정남을 지킨다. 민견단원들은 간첩을 체포하고, 국가를 향한 충성심을 다진다.

학생들의 정찰 활동을 소재로 한 북한 영화 〈학생 민견대 앞으로!〉

## (2) 간첩을 잡는 초병의 눈 : 〈초병의 눈〉(1974)

〈초병의 눈〉은 조선2·8예술영화촬영소에서 1974년에 제작한 영화이다. 후방의 초소에서 근무하는 군인들이 간첩을 잡아내는 줄거리이다. 군인들은 갈매기가 날아오르는 모습을 유심히 살펴보고, 곰포 양식장에서 끊어진 곰포를 발견하여 의문을 품었다가, 간첩의 흔적을 찾아내어 체포한다는 내용의 영화이다.

알섬에서 갈매기 무리가 날아오르자, 남길은 성호와 함께 알섬을 살피러 나간다. 섬에서 그들은 뱀을 발견하고 성호는 갈매기 무리가 날아오른 이유를 뱀 때문이라고 생각하고 돌아온다.

그러나 10년 동안의 기록을 찾아보아도 해가 뜨기 전에 갈매기 무리가 날았다는 기록이 없다. 전쟁기 초소를 지키다 전사한 초소장의 집에 찾아가 평생을 그 지역에서 산 그의 아내에게 묻자, 구렁이는 새벽이슬을 싫어하는 데다 소금기가 많아서 나올 리가 없다고 대답한다. 게다가 곰포 양식장에는 곰포가 군데군데 끊어진 것이 발견된다. 이에 이상을 감지한 부대는 경계를 강화한다.

알섬 수색에서 놓친 것이 있다고 생각한 초소장이 다시 섬을 수색한 끝에 알섬에서 수상한 발자국을 발견한다. 분계선 초소에서는 얼마든지 간첩을 잡을 수 있을 것이라고 장담하던 성호는 이 일로 초소장의 비난을 받는다.

한편 간첩은 알섬에서의 접선 신호를 남기고, 알섬에서 병사들은 침투했던 간첩을 붙잡는다. 해가 뜨기 전에 갈매기 무리가 날아오른 것 또한 접선을 위한 신호였다는 것이 밝혀지고, 성호는 작은 일이라도 경각심을 가질 것을 다시금 다짐한다.

해안 경비를 소재로 한 북한 영화 〈초병의 눈〉

(3) 북한판 액션 첩보물 : 〈조난〉(2009)

〈조난〉은 조선4·25예술영화촬영소에서 2009년에 창작한 영화이다. 중편소설 〈불변의 성좌〉를 원작으로 한 첩보영화로 북한을 불량국가로 만들려는 미국의 음모를 막는다는 줄거리이다.

국제인도주의 물자를 싣고 가던 배 〈마린호〉가 프로그램 사고로 좌초되어 북한의 어느 항구로 긴급 정박하면서 일어나는 사건을 그린 영화이다. 북한판 스파이 영화로 반전을 거듭하는 스토리 전개와 북한 영화에서는 보기 드물게 자동차 추격 장면도 나온다.

국제인도주의 물자를 싣고 가던 배 〈마린호〉가 좌초되었다. 사고 원인은 조정체계에 바이러스가 침투하여 착오가 생긴 것이었다. 인도주의 원칙에 따라서 배를 고쳐주기로 하고, 김책공업종합대학 자동공학부 졸업생인 진화가 진성호 조종 프로그램 개발을 위해 선박수리소로 내려간다.

마린호의 고장은 무라야마가 음모를 꾸미고, 인도주의 물자의 운송을 방해하려는 태풍 작전에 의한 계략이었다. 적들은 카멜레온이라는 첩자를 통해 석태를 협박한다. 아버지가 간첩 행위를 하다가 죽은 줄 알고 있던 석태는 마음이 크게 흔들려 메시지대로 계산을 일부러 실수하며, 진화가 개발하던 프로그램을 삭제하기도 한다. 석태 아버지의 사건 이후 석태를 예의주시하던 보위성에서는 적의 간첩들이 석태에게 접근하였다는 것을 파악한다. 보위부에서는 석태의 정체가 쉽게 드러날 수 있는 일을 시키고 또 만나자고 하는 것을 의심한다.

역사박물관에서 카멜레온과 만나기로 한 석태는 만나지 못하고 돌아온다. 보위부장은 석태를 만나 아버지가 간첩이 아니라 오히려

《카멜레온》 앞.
오늘밤 도래굽이에서 《푸른상어》
의 지령과 물건을 접수하라.

《야자수》

국제첩보물 〈조난〉

정보를 빼려는 적을 잡는 데 공을 세운 '화성'이라는 이름을 가진 정보원이었음을 알려준다.

카멜레온을 추격하던 보위부는 카멜레온이 가공부 직장장 김덕규라는 것을 알아낸다. 석태는 덕규에게 접근하여, 세계 적십자의 날까지 마린호를 잡아두는 것이 임무라는 것을 알아낸다. 미국과 일본은 북한을 테러국가로 몰아가기 위해서 마린호를 폭파하려는 것이다.

진화의 노력으로 마린호는 배의 조정프로그램을 새로 세팅하고 출항 준비를 마친다. 마린호의 출항을 앞두고 선원들은 바닷가로 놀러 나간다. 바닷가에서 세꾸트리라는 선원이 통조림으로 위장한 원격 폭탄을 몰래 버린다. 진화가 떠나기 직전 보위부장은 석태가 보안원이라는 것을 알린다. 진화와 석태가 만나는 순간 갑자기 트럭이 이들을 덮친다. 석태는 진화를 구하고 큰 부상을 입는다. 기술과장 박상철이 두 사람을 죽이려 한 것이었다.

간첩 카멜레온과 푸른상어에 대한 수색이 벌어진다. 푸른상어는 도망치다가 절벽 아래로 차를 몰고는 몸을 피한다. 보위성은 마린호에 폭탄을 숨기던 카멜레온을 체포하지만 폭탄은 가짜였다. 기만 작전이라는 것을 알고는 곧 배에 대한 수색을 시작하지만 배에서는 폭탄을 찾지 못한다.

한편 부상을 입은 석태는 부기사장이 낚시질 하던 위치를 떠올려 제보한다. 보위부원들은 바위에서 낚시를 하는 척하면서 마린호를 폭파시키려던 푸른상어를 체포한다. 재판이 열리고, 증인이 된 마린호 선원 세꾸트리는 돈에 눈이 멀어서 스파이가 되었으며 테러 세력은 미국과 일본이라고 증언한다. 건강을 회복한 석태는 진화에게 과업을 해도 계급의 눈만 흐리지 않으면 그것이 곧 우리의 계급진지를 지키는 것이라는 것을 간직하며 살자고 다짐한다.

## (4) 〈미결건은 없다〉(2011)

〈미결건은 없다〉(2011)는 조선예술영화촬영소에서 2011년에 창작한 첩보물이다. 1953년 8월 김창세라는 한 순회원이 살해당하는 사건이 발생한 이후 해결되지 못하고 있던 미결건 사건을 해결하는 과정을 그린 첩보물이다.

비밀요원 미경이라는 인물이 해결되지 못한 사건을 해결하는 줄거리의 영화이다. 20년 전 평양에서 열리는 전승절 행사에 참여하는 군인들이 탄 열차를 폭파하려다가 실패한 사건이 있었다. 가까스로 폭파 사건을 막았다. 하지만 사건의 주동자를 밝히지 못하고, 미결로 남아 있었던 사건이었다. 비밀첩보원 미경은 철도원 위장하여 다시 철도를 테러하려는 첩보를 입수하고는 뛰어난 계략으로 적들의 정체를 밝혀낸다.

1953년 8월 김창세라는 한 순회원이 살해당하는 사건이 발생하였다. 살해 사건은 전승절 기념행사가 열리는 평양으로 향하던 군인들이 탄 열차를 폭발하려던 음모였다. 다행히 숨겨진 폭탄을 찾아내면서, 폭파 사건은 막을 수 있었다. 하지만 진짜 범인이 누구인지는 찾아내지 못하였다. 사건은 해결하지 못한 미결 사건으로 남았다.

그리고 시간이 흐른 후 '판문점 사건'이 일어났다. '판문점 사건'을 계기로 안전부에서는 20연 전에 있었던 열차 사건의 용의자인 '백장미'와 '하밀톤'을 추적하기로 하였다. '백장미'는 고봉만을 포섭하고는 빚으로 고민하는 미경에게 접근하도록 하였다.

'백장미'의 정체를 뒤쫓던 안전부에서는 합숙관리위원 주옥녀가 백장미라고 짐작하고 주시하고 있었다. 얼마 후 주옥녀는 사망한 채 발견되었다. 안전부에는 주옥녀의 본명은 '성명월'이고, 얼마 전에 하밀톤의 지령을 받고 거사를 준비하다가 사망하였다는 것을 알아냈다.

미국 대통령도 주옥희가 사망했다는 정보를 들었다. 하지만 주옥희는 가짜였다. 조직망 책임자는 진짜 백장미는 주옥희가 아니라면서, 북한이 세계적으로 문제 국가라는 손가락질을 받도록 공작할 것을 지시하였다.

한편, 백장미에게 매수된 고봉만은 백장미의 사망 소식을 듣고는 충격에 빠졌다. 앞으로 어떻게 될 것인가 걱정하던 중에서 '왼손잡이'라는 조직원에게서 원격 조정기를 지정한 장소에 가져다 놓으라는 지령을 받는다.

안전부에서도 '성명월'을 죽인 범인을 찾아 나섰다. 별다른 근거가 없었다. 고봉만은 미경을 찾아와 원격 조정기를 주면 톡톡히 값을 쳐 줄 것이라면서, 가지고 오라고 하였다. 미경도 평범한 사람은 아니었다. 미경은 '20번 동무'라는 이름의 비밀요원이었다.

그렇지만 미경의 주변 사람들은 이런 사실을 알지 못하고, 미경이 돈만 밝히는 나쁜 여자로 생각했다. 미경의 전 약혼자의 어머니는 '하루빨리 깨끗이 정리하라'고 충고하였고, 동생 윤철 또한 미경에게 '돈과 물건에 환장한 여자가 되지 말고 마음 착한 누나로 돌아오라'며 다그치기까지 하였다.

그 사이에 안전부에서는 적들의 계략을 알아냈다. 적들은 작전이 끝나고 나면 작전과 연결된 미경을 제거하려고 한다는 것도 알게 되었다. 미경이 '왼손잡이'라는 스파이를 만나는 동안에 간첩 조직의 책임자가 '표덕호'라는 것을 알았다.

표덕호는 평양에서 열리는 국제회의에 참가하는 사람들이 탄 열차선로에 폭탄을 설치하려고 했었다. 미경도 국제회의로 향하는 열차를 쫓았다. 미경은 철도승무원으로 위장하고는 폭탄을 찾아냈다.

하지만 표덕호의 총을 맞고 쓰러진다. 미경은 쓰러지면서도 폭탄을 철길 아래로 던진다. 기차가 무사한 것을 확인한 미경은 다시 의식을 잃고 얼마 후 병원에서 눈을 뜬다. 동생 윤철과 약혼자의 어머니도 미경의 진실을 알게 되었다. 부장은 평양에서는 국제대회가 성공적으로 열리고 있다고 전한다.

노인이 된 미경은 군인들 앞에서 혁명의 수뇌부를 보위하는 일에서는 '단 한 건의 미해결 건도 남겨서는 안 된다'고 하면서 강의를 마무리한다.

내부 첩자를 소탕하는 줄거리의 영화 〈미결건은 없다〉

## 3) 정반탐물

반탐물과 정탐물을 결합한 영화이다. 숨어들어 온 첩자를 잡아가기 위해서 적의 조직으로 위장하여 임무를 수행하는 형식이다. 스파이가 되어서 위장하는 과정에서 벌어지는 속고 속이는 치밀한 두뇌 싸움이 벌어진다. 때로는 같은 편을 속이기도 한다. 관객들에게는 긴장감을 높이면서, 반전을 통해 영화의 흥미를 높이는 치밀한 구성이 숨어 있다.

### (1) 반제 음모를 고발한 스파이 노을 : 〈포성없는 전구〉(2014)

〈포성없는 전구〉는 허문길의 장편소설 ≪포성없는 전구≫를 토대로 조선예술영화촬영소 눈보라창작단에서 2014년에 창작한 5부작 예술영화이다. 전형적인 첩보 영화로 일제 강점기에 독립운동을 하다 일본 감옥에서 목숨을 잃은 아버지를 기억하며 자란 주인공 스미코(남희)가 주인공이다. 스미코로 위장한 남희는 북한 정권을 없애려는 미군의 공작에 맞서 공작원으로 임무를 수행한다는 내용이다. 〈포성없는 전구〉는 제국주의 미국이 사회주의 정권을 막기 위해 '6·25전쟁'을 준비하였다는 것을 줄거리로 북한이 주장하는 내용을 그대로 보여주는 전형적인 선전영화이다. 5부작으로 기획된 영화로 스미코로 위장한 남희 첩보원이 미군 부대 통역으로 잠입하여 활약하는 숨막히는 과정을 보여준다.

영화의 배경이 된 시기는 광복 직후인 1945년 8월 20일이다. 1945년 8월 15일 광복이 된 직후인 8월 20일 마닐라의 한 장소에서 미국, 일본의 정보원들이 모였다. 미국 극동군사령부 월로우비 부국장과 패

전한 일본군 참모본부 차장 가와베와 일본 관동군 참모장 가사하라. 이들이 모인 목적은 극비리에 북한을 없애는 '반북 정복 작전'의 문건을 다시 찾는 것이었다.

한국전쟁이 끝나고, 가사하라는 '마닐라 회담의 비밀문건을 유출했다'는 혐의로 군사재판에서 사형을 받았다. 미군의 전범 재판을 기다리는 전범자 중에는 스미코라는 일본군 첩보원도 있었다. 그녀의 정체는 남희라는 조선인이었다. 남희는 원래 '노을'이라는 이름의 북한 첩보원으로 일본 정보조직에 잠입해 활동하고 있었다.

하지만 일제 강점기에 조직된 일본의 특무기관인 '흑룡'의 내부 자료에는 그녀의 이름은 '마쯔오카 스미코'로 기록되어 있었다. 흑룡은 막강한 위세를 가진 일본의 거대 정치조직이자 정보기관이었다. 흑룡의 기록에 의하면 스미코는 일본 외국어학원 졸업하고, 스물두 살에 흑룡의 정보원이 되어, 일본 관동군 사령부 고등부정보관으로 근무하였다.

미국은 조선에 대해서 잘 알고 있는 흑룡 조직을 이용하기로 하였다. 월로우비는 '유라시아에서 공산주의 제도를 청산'하기 위해 '흑룡'의 정보가 필요하였다. 흑룡을 역으로 이용하기로 하였다. 흑룡 조직원 중에서도 조선말을 잘하는 남희가 필요했다. 그렇게 해서 스미코는 미국 극동사령부 통역원이 되었다.

미국 극동사령부에서는 스미코를 이용하기로 하기로 하고 통역으로 채용한 것이지만 온전히 믿은 것은 아니었다. 의심을 거두지는 않았다. 남희는 의심을 받으면서도 위기를 넘기면서, 조금씩 신임을 얻어나갔다. 요시다, 월로우비, 이승만, 미극동군사령관 맥아더가 한자리에 모이는 회담의 통역을 맡게 되었다. 회담의 내용은 북한을 붕괴하기 위한 전략을 짜는 회의였다. 스미코는 통역하면서 미국과

국제 첩보전을 그린 영화 〈포성없는 전구〉

일본, 한국이 북한을 없애기 위한 북침을 준비한다는 정보를 알아냈
다. 맥아더가 기획한 '맥아더 11개조 훈령' 정보를 몰래 빼내어 북으
로 보내는 데 성공하였다. 스미코가 보낸 정보는 세계에 알려졌다.
미국은 전쟁을 모의했다는 이유로 여러 국가들의 항의를 받았지만
계획을 멈추지 않았고, 1950년 6월 25일에 발발한다.

(2) 〈두 번째 결투〉(미상, 1960년대?)

〈두 번째 결투〉는 제작기관과 제작 연도가 알려지지 않은 영화이
다. 1960년대로 추정된다. 첩보 대원 이세철이 X7호를 평양까지 잘
모시고 오라는 명령을 받고 노인으로 위장하여 자연스럽게 접근한

다음 X7호를 잡아내는 줄거리의 영화이다.

부대의 호출을 받고 바삐 달려간 첩보부대원 이세철에게 X7호를 평양까지 잘 모시고 오라는 명령이 떨어졌다. 평양으로 가는 기차에 할아버지로 위장한 첩보원 이세철이 침대칸에 오른다. 할아버지를 배웅한 젊은 사위는 평양으로 가는 기자에게 평양까지 가는 할아버지를 좀 돌보아 달라고 부탁하였다.

평양에 도착한 할아버지를 아들이 차를 가지고 마중 나온다. 공장 지배인이 어르신을 태우고 오라고 특별히 허가를 받아온 자동차였다. 할아버지는 함께 온 기자에게 데려다 주겠다고 하고는 길을 에돌아 그를 첩보부대로 잡아온다. 발뺌하는 첩자에게 이세철은 정체를 밝히라면서 '변태호'라는 이름과 15년 전에 만났던 일을 기억하지 못하겠느냐고 묻는다.

15년 전 변태호는 후방으로 침투한 특수공작 조장이었다. 특수 공작을 위해서 침투조원들을 이끌고 낙하산으로 침투하여 작전을 준비하고 있었다. 반면 이세철은 변태호와 변태호를 지휘하는 미군 장교 해리슨을 쫓는 북한 첩보부대원이었다.

이세철은 북한에 먼저 침투한 특수부대원으로 위장을 하고 변태호 부대와 접수하여 파괴 공작을 하고 있었다. 이세철은 공작원 중에서 이창수라는 부대원에게 접근하여 포섭하였다. 이창수의 고향은 황해도였는데, 아버지가 일본군에게 죽임을 당하였고, 곧 원자폭탄이 떨어진다는 소리를 듣고는 어머니의 강권으로 서울로 피난 왔다가 잡혀서 군인이 되었다. 이창수는 군대에서 무전병 교육을 받고 이번 작전에 투입되어 연락을 담당하고 있었다.

특수부대 조장 변태호는 이세철이 가짜라는 것을 눈치챘다. 그리고 이세철도 변태호가 자신의 정체를 눈치챘다는 것을 알게 되었다.

현재적인 시점에서는 간첩을 잡는 이야기를 15년 전에는 간첩으로 위장한 이야기로 만들어진 영화 〈두 번째 결투〉

하지만 두 사람은 서로의 목적을 위해서 치열한 눈치 작전을 벌이고 있었다.

이세철은 변태호를 지휘하는 해리슨을 잡아야 했다. 역으로 이용하기 위해 정체를 드러내고 잡혔다. 인민군 특수부대원인 이세철을 잡았다는 정보를 받은 해리슨이 작전을 위해 직접 침투하기로 하였다. 이세철과 첩보부대원들은 이들을 기습하여 해리슨을 체포하였다. 하지만 변태호는 총격 중에 탈출한 것이었다.

15년 전의 이야기를 들은 변태호는 자신의 정체가 드러났다고 판단하고는 독약을 깨물었다. 하지만 독약은 기차에 올랐던 이세철이 설탕물로 바꾸어 놓았다. 첩보부대장은 15년 동안 쫓았던 변태호는 잡았지만 제2의 변태호, 제3의 변태호가 언제 나타날지 모른다면서, 경계를 소홀히 해서는 안 된다고 말한다.

# 밀사의 시대

김지형

密使의 時代

# 3장

# 이후락의 평양 방문
## : '대화 있는 대결'의 시대

## 동아시아 데탕트와 남북대화

1972년 7월 4일 오전 10시, 가랑비가 내리는 거리의 TV와 라디오 가게들 앞에는 숱한 시민들이 몰려들기 시작했다. TV 속에는 중앙정보부장 이후락이 깜짝 놀랄만한 소식을 전하고 있었다. '남북공동성명'의 발표였다. 그는 "최근 평양과 서울에서 남북관계를 개선하며 갈라진 조국을 통일하는 문제를 협의하기 위한 회담"이 있었다고 하면서 5월 초 자신의 평양 방문과 뒤이은 박성철 북한 제2부수상의 서울 잠행 사실을 공개했다. 시민들은 발표 소식을 듣다가 와~하는 함성을 지르고 "이게 정말이냐"고 서로 되묻기도 하는 등 믿을 수 없다는 반응이었다. 실향민들은 감격에 사로잡혔고 이북 출신 해외동포들의 기대감도 대단했다. 반면 의구심 어린 시선 또한 공존했다. "정말 긍정적으로 받아들여야 하는지"하면서 불안한 모습도 보였다.

어제까지 안보 불안과 반공을 내세우던 박정희 정권이 느닷없이 남북 공동성명을 발표했으니 충격과 동요는 당연한 일이었다. 이후락은 발표 후, 별도의 기자회견에서 남침 전쟁을 막고 평화를 지키기 위해 남북대화라는 방식을 택했다고 말했다. 그리고 향후 남북관계에 대하여 "우리는 대화 없는 남북대결에서 대화 있는 남북대결의 시대로 옮겨가고 있다"고 언급하였다.

7.4공동성명의 탄생을 가져온 남북 사이의 비밀 대화는 전년도인 1971년 9월부터 판문점에서 진행되고 있던 남북적십자 예비회담 과정에서 비롯되었다. 양측은 거의 비슷한 시기에 적십자회담과는 별도의 정치회담 창구를 모색하고 있었다. 박정희 정권의 의도는 북한의 평화공세를 차단하고 남북대화의 주도권을 쥐고자 하는 데 있었다. 이미 1970년 8.15 평화통일구상 선언을 계기로 남북 간 평화공존 관계의 정립과 '선의의 체제 경쟁'을 모색하기 시작한 상황이었다. 이에 따라 남북 간 정치적 대화의 통로를 마련함으로써 한반도 긴장완화의 계기를 포착하려고 했다. 이런 점에서 박정권의 남북대화 의지는 대화 그 자체보다 북한의 공세를 잠재우기 위한 측면이 더 강하였다. 미국 측의 지속적인 남북대화 종용과 압력 또한 남북대화의 강력한 동기로 작용했다. 1969년 닉슨독트린을 전후한 시점부터 미국의 대한정책 관계자들로부터 한반도 긴장완화와 남북대화를 요구받던 박정권은 1971년 10월 키신저 미 국무장관이 두 번째 중국 방문을 마치고 11월 1일 김일성 또한 베이징을 방문하여 주언라이 수상과 미중관계의 변화 모색을 상의했다는 사실을 확인하면서 남북 간 비밀접촉을 시도하였다.

## 1. 이후락의 방북과 박정희의 친필 훈령

남북 간 비밀 접촉의 양측 실무자는 정홍진(남측)과 김덕현(북측)이었다. 정홍진은 당시 남한적십자사 회담사무국 회담운영실장으로서 중앙정보부 간부였으며, 김덕현 역시 북한적십자사 중앙위원회 보도부장의 신분이었으나 북한의 대남총책 김중린(노동당 중앙위 비서)의 동생이라는 증언이 있을 정도의 실세로 추정되었다. 이들은 판문점에서 8차례의 비밀 접촉(1971.11 ~ 1972.3)을 통해 각각 남북을 대표하는 이후락 - 김영주 회담 라인을 구축하기에 이르렀다. 중앙정보부는 북측 대화 상대자로 당시 노동당 조직부장이었던 김영주를 지목했다. 그가 김일성의 친동생이라는 점 때문에 북한의 실력자로 간주되었다. 김영주는 이후락의 평양 방문 시 회담에 나왔지만 이후 실질적인 북한의 대화 책임자는 박성철 제2부수상이었다. 김영주가 전면에 나서지 못한 이유는 신병 때문으로 알려졌다. 정홍진과 김덕현은 각각 차례로 평양과 서울을 비밀리에 단독 방문하여 이후락-김영주(박성철) 상호 방문을 위한 사전 준비를 마쳤다. 특히 4월 19~20일 김덕현의 방남 시 이후락은 그를 만나 전쟁 방지와 전쟁의 해독성에 대해 수십 차례 언급하는 등 전쟁에 대한 두려움을 강하게 피력한 점이 눈길을 끈다. 남이나 북이나 모두 전쟁 방식의 통일을 추구하는 극렬분자가 있다는 지적과 함께 군부를 경계해 달라는 주문도 했다. 북한에 의한 남침 위협의 실제와 심각성에 대한 사실 여부는 차치하더라도 당시 박정권의 남북대화의 명분은 전쟁 방지와 남침위협의 해소였다.

이와 같은 준비과정을 거쳐 이후락은 1972년 5월 2일 판문점을 경유, 극비리에 평양 방문길에 올랐다. 당시 이후락의 방북 목적은 그가 대통령 앞으로 제출한 '특수출장인허원'이라는 특수지역(북한) 출장에 관한 허가 요청서에 잘 나타나 있다. 이 문서에서 밝힌 출장의 이유는 "(박정희) 각하의 통일 이념을 그들에게 설득, 관철케 해보는 것"과 "그들의 의중을 탐색해 보는 것" 등이다. 문서에서는 여행 목적을 〈가〉, 〈나〉, 〈다〉 안으로 제시해 놓았다. 〈가〉안은 "남한 국세(國勢)가 절대 우위라는 자신으로 모든 대화에 임함으로서 북 우위의 환상적 기를 꺾고 평화통일을 위한 모든 의견을 교환해 봄에 그친다(비밀여행)"로 돼있다. 남북 대결적 관점에 입각한 소극적 접촉 수준을 의미한다. 〈나〉안은 평양 현지에서 이후락-김영주 공동 코뮤니케를 발표하는 것이었으며, 〈다〉안은 귀경 후 합의된 일시에 공동 코뮤니케를 발표하는 것이었다. 이후락이 희망한 코스는 〈나〉안이었으나 실제로 현실화된 안은 〈다〉안이었다. 이후락의 요청서를 검토한 박정희는 "평양에서는 훈령을 받고 모든 것을 결정하도록"이라는 글을 남겼다. 이미 이후락 방북 시 평양-서울 간 임시전화 가설이 약속된 상태였기 때문에 기술상의 문제는 없었다. 박정희는 '특수지역 출장에 관한 훈령'을 친필로 작성해 기본적인 지침을 전달하였다. 훈령을 통해 드러나는 박정희의 남북관계 인식은 체제 대결과 우열론적 사고에 입각해 있었음을 알 수 있다. 또한 통일문제의 단계적 해결을 지향하고 있었다. 1단계로 적십자회담을 통한 남북 이산가족 찾기운동, 2단계로 경제·문화 등 비정치적 회담, 3단계이자 최종 단계로 남북 간 정치회담을 추진한다는 것이었다.

## 2. 남과 북의 전략적 온도차

방북 당일, 이후락은 청와대 예방 후 판문점을 통해 월북하였다. 청와대 예방 시, 박정희는 떠나는 이후락에게 두 마디를 건넸다. 미 CIA 책임자에게 잘 알려 주었는지와 잘 다녀오라는 말이었다. 이후락은 윗저고리 주머니를 가리키며 만일의 사태를 대비해 청산가리를 준비했다는 손짓을 보였다. 박정권 핵심인사였던 만큼 비장한 각오가 있었을 것이다. 박정희의 말대로 이후락은 방북에 대해 미국 측과 긴밀히 협의한 것으로 확인된다. 이미 남북 실무자들의 방북, 방남 과정에서 이후락은 미 CIA 한국 책임자 리차드슨과 모든 정보를 공유하였을 뿐만 아니라 후쿠다 일본 외상에게도 사전 통보하였다.

1972년 5월 2~5일, 3박 4일간 평양을 방문한 이후락은 김일성, 김영주와 각각 두 차례씩 회담하였다. 이 과정에서 이후락은 남북교류를 제안하고 이러한 단계를 거쳐 통일문제를 다루어야 한다는 주장을 폈으며 통일을 위한 협상기구를 제안하였다. 박정희 훈령에 따라 인도적 회담 즉, 적십자 회담을 촉진시켜 인적·물적, 통신 교류 등을 제안했으며 이러한 단계를 거쳐 김영주와 자신이 임명하는 몇 사람의 그룹이 서로 평양과 서울을 오가며 교류하고 통일을 위한 회담을 하자는 안이었다. 반면 북한은 전격적으로 박정희 - 김일성 회담을 의미하는 '수뇌(首腦) 회담'을 제의했다. 북한은 남한의 단계적 접근법이 '지연 전술'이며 문제를 해결하려는 태도가 아니라고 봤다. 정치협상을 하면 이산가족 찾기와 각종 교류문제는 저절로 풀린다는 생각이었다. 남한의 평화적 공존론, 통일의 시기상조론, 실력양성 승공통일론 역시 비판의 대상이 되었다. 북한의 전격적인 수뇌자 회담 제안은 김일성과의 회담에서 재확인되었다. 그러나 이후락은 정상회담에 대해 방법론과 시기문제가 다르다며 유보적 태도를 보였다. 원칙적으로 동의하지만 '통일이 궁극적으로 이루어질 때' 박정희-김일성 회담이 필요하다는 입장이었다. 이러한 판단에는 박정희 훈령에서 드러난 단계적 접근론이라는 원칙이 작용한 것으로 보인다. 즉 북한은 남북대화를 좀 더 공세적, 적극적으로 이끌기 원한 반면 남한은 소극적, 안정적 입장에서 상황을 관리하고자 한 것으로 이해된다. 같은 해 11월, 이후락이 하비브 미 대사에게 정상회담에 대해 언급한 적이 있다. 이때 그는 가까운 장래에는 없을 것이라고 하면서 5년이나 10년 후 국제적 상황이 호전되거나 한국경제가 충분히 좋아졌을 때, 또는 북한이 국제사회에서 외교적으로 승인받는 것을 한국 정부가 막지 못할 경우에 정상회담이 가능할 것이라고 했다. 이런 점에서 남한의 전략은 속도 조절에 입각한 위기관리에 치중한 것으로 볼 수 있다. 회담에서 김일성은 자주·평화·민족대단결의 통일 3원칙과 남북조절위원회 구성을 제안했다. 김일성은 이후락-김영주 회담을 '조절위원회'라고 불렀으며 남북 간에 제기되는 여러 문제를 조절해나가자고 제안하였다. 북측은 매우 적극적인 자세로 구체적인 대안 제시를 통해 회담 분위기를 이끌어나간 것으로 이해되며 이후락도 이에 호응하면서 대화 분위기가 상승효과를 거두게 된 것으로 볼 수 있다.

5월말에는 3박 4일 일정으로 북한의 박성철 제2부수상이 서울을 비밀리에 방문하였다. 박성철은 이때 이후락과 두 차례, 박정희와 한 차례 회담하였는데 대외적으로는 '재일교포'로 위장하였다. 청와대 방문 명목도 '재일교포의 내방'이었다. 박성철은 이후락 등 중앙정보부 임원들과의 회담에서 '정치 협상'과 '남북 교류'를 동시에 할 수 있다는 신축적인 입장을 나타냈다. 평양회담에서 보였던 정치 협상 우선주의적 태도를 바꾼 것이다. 조절위원회 상설화와 경제문화교류협의위원회 조직을 제안했다. 또한 이후락 - 박성철의 상호 방문과 남북 접촉에 대해서도 공개를 주장했다. 박정희는 박성철과의 회담에서 통일의 3대 원칙, 조절위원회 설치 등을 직접 확인하고 동의했으나 북측의 일관된 요구였던 정상회담에 대해서는 때가 아니라는 이유로 보류함으로써 최종적으로 거부 의사를 표명하였다. 그 역시 남한의 경제력 우위가 보장될 때 정상회담이 가능하다는 인식 때문이었다. 실력배양을 전제로 한 선(先)건설 후(後)통일적인 사고의 반영이었다.

## 3. 7.4공동성명에 대한 반응의 간극

분단 정부 수립 사반세기 만에 합의한 남북공동성명 발표로 인해 국내외의 반응은 뜨거웠다. 국내에서는 대체로 적극적인 환영과 기대 분위기가 압도적이었다. 그러나 일부 냉전적 시각에 의한 반응도 있었다. 이에 대해 이후락은 통일 방침에 아무런 변동이 없으며 공동성명 3대 원칙 중 '외세 간섭 없는 자주적 해결'이라고 할 때 기존 남쪽의 통일 원칙인 'UN 감시하 토착인구비례에 따른 총선거 방침'에 위배되지 않는다고 하였다. UN은 세계 권능기구이기 때문에 '외세'에 해당하지 않는다는 논리였다. 주한미군이라도 UN군으로서 주둔하기 때문에 외세에 해당되지 않는다는 해석이다. 그러나 이러한 논리대로라면 UN사령부 체제에서 벗어나 한미연합군사령부 체제로 공식 전환한 1978년 10월 이후에는 미군도 '외세'가 될 수밖에 없다. 결국 '자주'에 대한 남북의 해석 차이는 주로 주한미군과 UN을 둘러싼 것이었지만, 약소국이었던 남북한에 자주의 원칙은 사실상 통일문제에 대한 외세의 간섭 배제를 의미한다는 점에서 공통된 것이었다고 해야 할 것이다. 반공이 국시인 나라에서 남북 상호방문은 키신저의 중국 방문과 성격이 다르기 때문에 국내법으로 볼 때 위법이라는 지적도 불거졌다. 이에 대해 이후락은 곧바로 '대통령의 통치권 행사'로 맞받아치며 정당화하였다. 국회에서도 남북문제에 대한 질문이 쏟아졌는데 북한을 사실상 통치체제로 인정한 것인지, 베일에 감추어진 비밀 약정들은 없는지, 왜 국회나 야당 간부들과 사전 협의 없이 진행했는지 등과 같은 의문과 지적이었다. 한편 김종필 총리는 "북한 공산주의 집단을 인정하지 않기 때문에 7.4성명이 조약의 성격을 띨 수는 없고 하나의 약속에 불과한 것"이라는 공동성명 폄하 발언을 하였다. 그러나 공동성명 6항에서 합의한 남북조절위원회의 구성 주체가 양측의 핵심인사들인 중앙정보부장과 노동당 조직지도부장을 공동위원장으로 하고 있다는 점, 또 별도의 합의서에서 그 위원들을 남과 북의 장관 또는 차관(북한의 경우, 상 또는 부상)급으로 임명하기로 합의한 사실 등은 이 성명이 남북 당국 간의 공식 합의라는 것을 잘 보여준다.

당시 신민당의 김대중 의원은 "공동성명은 원칙적으로 환영하나 비상사태의 철회, 국가보위법의 폐기, 반공법과 국가보안법의 개폐, 부정부패 일소 등 내정개혁, 야당 및 재야인사와 대화 등이 이루어져야 한다"고 밝힘으로써 정권에 의한 남북대화 독주 현상을 경계하였다. 김영삼 의원은 통일문제 논의를 위해 김일성과 회담할 용의가 있다고 밝히는 등 적극적인 자세를 보여 주목받기도 했다. 재야 민주화세력의 구심점이었던 민주수호국민협의회는 긴장 완화를 위한 남북 교류와 평화통일은 지지하지만 "비상사태 선언과 그에 따른 과잉단속으로 선량한 시민들의 눈과 입과 귀가 가리워진" 상태에서 "돌연히" 발표된 선언에 당혹감을 드러냈다. "정권 간의 이해득실에 얽히어 방편적인 통일 논의로 도리어 민족 분열을 영구화하는 결과를 초래하지 않도록 엄중히 경계해야 한다"고 지적하였다. 재야인사들의 인식은 남북 간 교류와 회담을 앞두고 민중의 자유의사 표현을 억압하는 비상사태에 관한 특별조치법, 국가보안법, 반공법 및 기타 관계법령을 폐기 또는 수정하고 비상사태 선언을 철회하라는 것이었다. 또한 일반 국민들의 논의와 참여가 보장되지 않는 당국 간의 대화에 대한 비판의식도 드러냈다. 남북 공동성명은 학계, 언론계, 재야 등에서 일정한 통일논의 형성을 야기하였다. 일례로 같은 해 7월 20일 민주수호국민협의회 주최 남북공동성명에 관한 공청회에서 천관우는 '복합국가론'을 제기했다. 복합국가란 두 개 이상의 정권이 있는 그대로 결합해서 한 국가를 형성하는 것을 말하는데 남과 북이 현 체제를 유지하고 하나의 국가형태를 추구하는 개념이라고 할 수 있다. 이후 남측의 연합제 안과 북측의 연방제 개념을 포용할 수 있는 진보적 안이었던 것으로 이해된다.

## 4. 안보 위기를 이용한 분단독재

7.4공동성명 발표 후 박정희 정권은 국내 반응뿐만 아니라 미국 정부와 여론의 동향에 민감하게 반응하였다. 미국은 이미 공동성명 발표 일주일 전에 사전 통보를 받은 상태였으며 남북대화의 처음부

터 모든 정보를 완벽하게 알고 있었다. 공식적으로 미국은 자신들의 '권고'를 강조하지 않았다. 그러나 남북대화는 당시 닉슨의 중국 및 소련 방문에 따른 국제정세의 개선 즉, 데탕트(Detente)에 직접적인 영향을 받은 것이라는 게 미국 내의 일반적 여론이었다. 미국이 남북대화를 적극 권장한 사실은 당시 한국 측 외무부의 문서 기록을 통해서도 확인된다. "1972년 들어 미 행정부가 발표한 여러 가지 대외문서 및 미 행정부 고위관리들의 발언에서도 볼 수 있는 바와 같이 미국은 닉슨의 평화전략의 일환으로 남북한의 대화를 적극 권장하여 이러한 대화를 통한 한반도에 있어서의 긴장완화를 도모함으로써" 등과 같은 내용을 통해 볼 때, 한국 정부는 미국의 의도가 남북대화에 있었음을 분명히 인식하고 있었다. 일본 또한 9월 1일 열린 닉슨-다나카 미일 정상회담에서 남북대화에 대해 환영한다고 하였으며 동아시아 데탕트에 긴밀히 부합하는 현상이라는 점을 명백히 하였다. 반면 이미 미중 관계개선 과정에서 북한과 긴밀한 공조관계를 형성해온 중국은 주한미군의 철수와 일본 군국주의자들의 한국 침투를 중지해야한다고 역설하는 등 7.4공동성명을 계기로 동아시아에서 미국과 일본의 영향력을 후퇴시키려는 전략을 드러냈다. 결국 남북공동성명의 발표는 표면적으로 국내외의 찬사와 환영을 불러일으켰지만, 이 성명에 대한 의미 부여는 다양했다. 공동성명의 통일 3원칙에 대하여 남과 북은 해석의 차이를 보였으며, 박정권 내부에서조차 부정적 인식이 존재하였을 뿐만 아니라 야당과 재야의 비판에 직면했다. 주변국들 역시 제각각 자국의 이해관계와 영향력 확대를 고려한 반응을 보였다.

7.4공동성명은 남북 양 정권의 통치체제 변화에도 커다란 작용을 하였다. 같은 해 10월 17일, 박정희는 '유신으로의 일대 개혁'을 선언

하고, 국회 해산과 계엄 포고를 전격 단행하였다. 유신체제 선포는 남북대화와 뗄 수 없는 관계에 있다. 유신체제 형성의 원인에 대한 쟁점들 가운데 주요인이 박정희의 권력 강화 의지인지, 안보위기 해결을 위한 체제결속인가 하는 논란이 있다. 좀 더 복합적인 관점으로 보면, 박정희는 자신의 권력 강화를 위해 안보위기를 활용하는 데 능했다고 해야 할 것이다. 이러한 측면은 실상 북한에서도 비슷하게 나타났다. 북한 역시 유신체제 선포 직후, 최고인민회의에서 국가주석제 신설을 포함한 사회주의 신헌법을 통과시킴으로써 주석을 무소불위의 최고국가기관으로 자리매김하였다. 분단의 쌍생아, 남북의 거울(mirror) 효과라 할만하다.

46년 전의 7.4남북공동성명은 세계사적 냉전(Cold War)이 일시적으로 이완된 상태에서 시도된 남북관계의 빛나는 이정표였다. 그러나 이듬해 박정권의 6.23선언에 대해 북한은 이를 한미공조에 의한 '두 개 한국정책'의 추구로 받아들였고 결국 대미 직접협상 노선으로 급선회함에 따라 남북대화 중단 선언으로 이어지고 말았다. 탈냉전 이후 세 번째 남북정상회담까지 일구어낸 오늘의 상황에서 볼 때 이해하기 어려운 방식과 논리로 전개된 사건이었지만 그 논의와 쟁점은 아직도 완전히 해결하지 못한 채로 남아있다.

# 특사의 시대

정진아 · 김지니 · 이태준

特使의 時代

# 4장

# "20세기 최후의 전위예술",
# 소떼 방북

## 1. 소떼를 몰고 분단을 넘은 민간특사

1998년 6월과 10월 2차례에 걸쳐 정주영 현대그룹 명예회장이 소떼 1,001마리를 이끌고 판문점을 넘어 북한을 방문했다. 1998년 6월 16일 정주영은 임진각에서 "이번 방문이 남북 간의 화해와 평화를 이루는 초석이 되기를 진심으로 기대한다"고 소회를 밝혔다. 정주영은 강원도 통천군 아산리를 고향으로 하는 실향민으로서 당시 한국 제1의 자산을 가진 기업가였다. 소떼 방북은 외환위기로 어려운 당시 한국의 상황에서 남북관계가 풀리고 민간차원의 경제협력과 교류가 증가할 것이라는 희망을 심어주었다. 세계적인 미래학자이자 문명비평가인 기소르망(Guy Sorman)은 이를 "20세기 최후의 전위예술"이라고 극찬했다.

## 1) 소떼 방북이라는 기상천외한 기획

### (1) 뜬금없는 소떼 방북 선언

1998년 초의 어느 날 정주영은 현대 간부들을 불러 모았다. 핵심 간부들만 모이는 간담회 석상이었다. 몇 가지 가벼운 이야기들이 오간 후 정주영은 주위를 둘러보면서 말을 꺼냈다. "올해 내로 소 5백 마리를 끌고 북한에 다녀올 생각이야." 순간 좌중은 물을 끼얹은 듯 조용해졌다. 명예회장의 뜬금없는 선언에 다수의 간부가 당황한 눈치였다. 몇몇 간부는 나중에 이렇게 술회하기도 했다. "회장님의 얘기를 듣곤 그때 그런 생각을 했다. '아뿔싸, 우리 회장님에게 치매가 오셨구나'"[1] 어처구니가 없는 제안이라고 생각하는 것도 무리가 아니었다. 당시는 정부 관계자가 아닌 민간인이 직접 북한을 방문한 선례조차 없을 때였다. 그런데 소 5백 마리를 끌고 북한에 다녀오겠다니…. 뜬금없고 황당한 선언이었다.

이 선언이 현실이 되기 위해서는 난관이 한두 가지가 아니었다. 일단 정부의 승인이 필요했다. 김영삼 정권 시절 남북관계는 파국을 맞으면서 중단된 상태였다. 김영삼 정권 출범 직후 남북관계는 새로운 국면으로 진입하는 듯했다. 오랜 군사정부의 시대가 막을 내리고 민간정부가 들어서면서 남북관계에 분명한 신기류가 감지되었다. 김영삼 대통령은 북한의 김일성 주석과 남북정상회담을 한 남한의 첫 대통령으로 역사에 남길 원했다. 김영삼 대통령은 민주자유당 대통령 후보 시절 한민족연합체 통일방안을 통해 남북연합단계 - 남북연방단계 - 남북통일단계를 거쳐 통일을 달성한다는 통일의 로드맵을 구체적으로 제시한 바 있었다.[2]

그는 이러한 통일방안과 함께 말로써가 아닌 행동으로 "남북관계의 실질적 변화 시대를 기필코 열어갈 것"이라는 적극적인 의지를 표명했다. 국민들은 눈치채지 못했지만 물밑으로 정상회담이 논의되는 등 김영삼 정권 초기에는 새로운 시대에 걸맞은 새로운 남북관계가 준비되고 있었다. 그러나 남북정상회담이 논의되는 과정에서 발생한 갑작스러운 김일성 주석의 죽음, 남한의 조문 파동, 북한붕괴론을 전제론 한 흡수통일론의 대두, 미국의 북한 경수로 제공에 대한 김영삼 정부의 반대, 북한의 극심한 식량난과 핵 개발 등 일련의 상황 속에서 남북관계는 악화일로를 걸었다. 과연 김대중 정권은 김영삼 정권과는 달리 전향적인 대북정책을 취할 것인가. 또한 북한의 핵개발을 예의주시하고 있는 미국은 이를 승인할 것인가.

북한의 대응도 관건이었다. 북한은 김일성 사후 남한에서 발생한 조문파동과 흡수통일론에 매우 예민하게 반응했다. 상대 지도자의 죽음에 애도를 표하기보다 이것을 기회로 흡수통일 운운하는 남한의 태도에 날을 세웠다. 곧이어 닥친 극심한 식량난으로 아사자가 속출하자 체제 위기의식이 고조되었고, 북한정권은 체제 사수에 몰두했다. 북한은 당시의 상황을 일제시기 일본의 토벌작전에 맞서 조선인부대와 유격근거지를 사수했던 경험에 대입시켰다. 일명 "고난의 행군"이었다. 고난의 행군을 통해 식량난을 극복하고 미제국주의자들과 남한 반동정권의 공격에 맞서 우리식 사회주의를 지켜내겠다는 것이었다. 식량난에도 불구하고 잇따른 핵개발과 미사일 발사는 탈냉전을 맞아 소련과 동유럽이라는 방패막이 없어진 상황에서 북한이 우리식 사회주의를 지켜내기 위한 최후의 수단이었다. 이런 상황에서 북한이 소떼 방북이라는 제안을 받을 것인가.

설혹 남한 정부가 방북을 승인하고, 북한이 소떼 방북을 수용한다고 하더라도 어디로 어떻게 5백 마리나 되는 소떼를 북으로 보낼지도 문제다. 우선 수송 방법이 문제였다. 남북을 오갈 수 있는 항로가 없고, 항공편으로 국경을 넘어 살아있는 소를 보내려면 까다로운 검역 과정을 통과해야 했다. 비행기로는 수송이 거의 불가능했다. 비행기, 배, 트럭 중 가능성이 높은 건 배와 트럭이었다. 그렇다면 배를 이용할 것인가, 트럭을 이용할 것인가. 배를 이용한다면 한꺼번에 소떼를 이동시킬 수 있다는 있다는 장점이 있지만 방북한 소떼를 협동농장 현장으로 운반하기 위해서는 별도의 트럭이 또 필요했다. 트럭을 이용한다면 방북과 협동농장 운반까지 일괄적으로 해결할 수 있다는 장점이 있었지만 수많은 소떼를 운반하기 위한 트럭을 누가 어떻게 조달할 것인가.

다음으로는 정치 군사적인 문제가 있었다. 소가 비무장지대를 건너 휴전선을 넘기 위해서는 비무장지대를 관리하는 중립국감시위원회와 유엔사의 동의를 얻어야 했고 북으로 들어가기 위해서는 판문점을 관리하는 북한군의 동의를 얻어야 했다. 판문점 도끼 사건에서도 알 수 있듯이 사소한 침범에도 살인이라는 무서운 사건이 발생한 전적이 있었다. 비무장지대와 판문점을 관리하는 휴전의 당사자들은 소떼 방북에 관용적인 태도를 보일 것인가.

문제만 있는 것은 아니었다. 1998년에는 이 황당한 선언이 현실이 될 수 있는 조건들도 성숙하고 있었다. 첫째, 1998년 2월 25일 남북 관계 개선에 전향적인 태도를 보이고 있는 김대중 정권이 출범했다. 김대중 정권은 일찍이 평화공존, 평화교류, 평화통일 등의 통일 3원칙을 세웠다. 이는 통일을 지금까지의 적대와 전쟁이 아닌 확고한 평화의 기반 위에서 추진하겠다는 의지의 표현이었다. 또한 북한의 고려연방제를 통일의 2단계인 연방 단계에서 수용할 수 있다고 밝힘으로써 남북연합과 고려연방제로 팽팽히 맞서던 남북의 통일방안의 접점을 마련해놓았다.3 끊어진 남북 간에 대화를 재개할 수 있다면 남북관계가 급물살을 탈 수 있는 조건이 마련되고 있는 셈이었다.

둘째, 식량난과 경제위기로 인해 북한은 외부의 지원이 절박했다. 북한의 절박한 상황에 정주영은 남북을 가로막고 있던 분단 장벽을 아랑곳하지 않고 아주 간명한 간명하고도 직접적인 논리로 화답했다. "나는 고향으로 가겠다, 먹을 것이 없어 굶는다는 내 고향 기아민들에게 곡식을 갖다 주겠다, 농사일에 쓸 소 500마리도 우선 갖다 주겠다, 내가 간척해서 70만 평 규모의 서산농장 목초지에서 길러낸 알토란같은 내 소를 갖다 주겠다."4 정치군사적인 셈법을 뒤로 물리고, 동포의 위기에 화답하고자 하는 정주영의 제안이야말로 북한이 수용할 수 있는 제안이었다.

셋째, 재계 1위의 현대그룹이 가진 인프라가 있었다. 현대그룹은 여타의 다른 기업들과 달리 자동차, 조선, 제철, 정유 등 중화학공업이 그룹의 핵심이었다. 뿐만 아니라 현대건설은 6.25전쟁기 미군이 발주하는 각종 토목공사를 발주하고 한강 인도교를 복구하면서 건설회사로서의 기틀을 다졌다.5 1965년부터는 해외시장에도 눈을 돌려 수많은 경쟁업체를 물리치고 태국 파타니 나라티왓 고속도로 건설공사를 수주했다. 이 경험을 살려 경부고속도로, 통일로 공사를 수행하면서 국내 사회간접자본 건설의 선두주자로 부상했다. 1970년대 초반 오일쇼크를 경험하면서부터는 중동 진출을 목표로 삼고 1975년 바레인의 아랍수리조선소 공사, 1976년 사우디아라비아의 주베일산업항 축항공사를 수주하면서 세계적인 건설사로 발돋움했다.

중동특수가 끝난 1980, 90년대에는 동남아시아의 공항과 발전소, 교량 공사에 주력했다. 1989년에는 중동건설에 사용했던 건설장비를 국내로 들여와 바다를 육지로 개척해서 서산간척지를 만들었다. 서산농장은 민간기업이 참여한 대규모 간척공사이자 대규모 기업영농의 시발점이었으며, 신기술인 유조선 공법으로 바다 물막이 작업을 수행하여 서해안의 지도를 바꾼 기술의 결정체였다.

이렇게 현대그룹이 국내외의 사회간접자본을 건설하는 데 두각을 나타낼 수 있었던 이유는 현대가 가진 중화학공업 기반 시설로 공사들을 뒷받침할 수 있었기 때문이었다. 이 모든 기반시설을 가진 현대가 남북교류 협력사업에 적극적으로 나서고 있었다. 소련과 중국의 지원이 대폭 감소한 상황에서 북한이 경제위기를 해결하는 데 있어 현대가 가진 중화학공업 기반 시설은 매력적인 요소였다. 현대를 파트너로 삼는다면 북한의 경제위기를 극복하고, 부족한 사회간접자본을 건설하는 데 조기에 가시적인 성과를 거둘 수 있었다. 그런 의미에서 정주영이 던진 소떼 방북이라는 기상천외한 기획은 뜬금없고 황당한 제안이 아니라 현실이 될 가능성을 가지고 있었던 셈이다.

### (2) 판문점을 통과해서 가겠다

현대는 곧 정주영 명예회장의 소떼 방북 의사를 정부에 전달하고, 북한과의 물밑협상에 나섰다. 김윤규 현대건설 부사장과 현대 측 관계자 2인이 소떼 방북과 금강산개발 문제를 협의하기 위해 1998년 4월 17일 베이징을 경유해서 4월 18일부터 21일까지 4일간 북한을 방문했다.6 1989년 정주영 회장이 금강산개발 문제를 논의하기 위해 북한을 방문한 지 9년 만의 일이었다. 현대 측 관계자들은 소떼 방북의 형식과 절차, 정주영 회장의 체류일정 등을 확정할 예정이었다.

정부 역시 남북관계 개선에 전향적이었다. 3월 25일부터 27일까지는 구호물자 전달 위한 적십자 실무접촉이 베이징에서 있었고, 역시 베이징에서 4월 11일부터 19일까지 남북차관급 회담이 열렸다.[7] 정부는 북한이 소를 농사용으로 사용한다면 소떼의 방북을 승인한다는 입장이었다. 김대중 정권은 출범 직후 교류와 협력, 무력 불사용이라는 대북정책 추진 3원칙을 천명하는 한편,[8] 남북관계를 풀어나가는 데 있어서 정경분리 원칙에 입각해서 경협을 활성화하고, 민간차원의 대북지원 활성화하는 것이 바람직하다는 입장을 내놓았다. 남북 당국이 대화의 물꼬를 트기 전이라고 할지라도 경제교류 협력과 민간 차원의 대북 지원여건을 확대함으로써 북한에 최대한 도움을 주겠다는 방침이었다.[9]

북한은 김대중 정권의 전향적인 대북정책 추진 3원칙에 화답하듯 1998년 4월 21일 대남정책 5대 방침을 발표했다. 김정일 당 총비서 명의로 발표된 "민족대단결 5대 방침"은 민족자주 원칙의 견지, 애국애족 단결, 북남관계 개선, 외세지배와 반통일세력 반대, 온 민족의 접촉·대화·연대·연합 강화였다.[10] 다른 조항들은 그전까지 북한이 밝혀온 기존 입장을 되풀이 한 것이었지만, 남북관계의 개선과 온 민족의 접촉·대화·연대·연합 강화는 기존과는 다른 적극적인 남북관계 개선 의지 표명이었다. 김정일이 대남정책 5대 방침을 밝힌 시기는 김윤규 현대건설 사장 일행이 아직 북한에 체류 중인 시점이었다. 현대 측의 제안과 북한의 전향적인 조치 사이에 모종의 함수관계가 있음을 암시하는 대목이다.

김대중 정권이 김영삼 정권과 달리 교류, 협력, 무력 불사용이라는 정책의 전환을 예고한 이상, 문제는 무엇을 계기로 북과의 관계를 개선해나갈 것인가 하는 것이 관건이었다. 이때 현대가 소떼 500마리를 북한에 제공하겠다고 나선 것이다. 북한이 식량난에 시달리고 있는 상황에서 민족의 어려움에 선뜻 손을 내밀겠다는 정주영의 제안이야말로 남북관계 개선에 물꼬를 틀 수 있는 제안이었다.

방북 중인 김윤규 현대건설 부사장은 소떼 500마리를 보내겠다는 정주영 명예회장의 제안을 북한에 전달했다. 북측에 보낼 소들은 서산농장에서 건강하게 자라고 있는 한우들이었다. 1989년 서산농장이 문을 연 이후 한우 3천 마리가 서산농장에서 자라고 있었다. 현대는 그중 500마리를 북으로 보낼 구상이었다. 현대가 500마리를 제안하자, 북은 줄 거면 아예 통 크게 1,000마리를 보내달라고 요구했다.[11] 현대는 1,000마리 역제안을 수용하는 대신 정주영 명예회장이 반드시 판문점을 통해 방북할 수 있도록 해달라는 전제조건을 달았다.

남북관계가 악화되면서 판문점은 평화의 공간이 아니라 "군사적 대결과 긴장의 공간"이 되었다. 판문점은 휴전협정이 조인된 곳이자, 도끼만행 사건 등 남북관계가 악화될 때마다 일촉즉발의 긴장상태에 빠진 공간이었다. 과연 판문점을 지키고 있는 북한 군부가 남측 민간인이 소떼 500마리를 몰고 판문점을 통과하는 것을 용인할 것인가. 정주영은 소떼를 몰고 반드시 육로로 판문점을 통과해서 북으로 가겠다는 강력한 의지를 피력했다. 그는 소떼방북을 일회적인 이벤트가 아니라 남북의 경제교류 협력의 물꼬를 트는 기초 작업으로 자리매김하고자 했다. 그러기 위해서는 현재의 정치군사적인 대결상태를 그대로 두고는 불가능했다.

정주영이 판문점 통과를 고집한 것은 이 기회에 남북관계를 획기적으로 개선할 수 있는 포석을 놓고자 했기 때문이다. 그는 일단 자

신과 소떼가 판문점을 통과함으로써 민간인의 힘으로 분단을 넘어
선다는 상징적인 의미를 보여주고자 했다. 소떼 방북을 사전 논의하
는 과정에서 정치 군사적으로 얽혀있는 실타래를 풀고자 하는 의도
도 있었다. 궁극적으로는 언론을 통해 소떼 방북을 국내외에 알리는
과정을 통해 남북의 교류협력을 불가역적인 상황으로 만듦으로써
실제적인 남북의 긴장 완화를 앞당기겠다는 것이 정주영의 포석이
었다.

소떼의 규모는 500마리에서 1,000마리로 손쉽게 합의되었지만, 현
대가 제안한 정주영과 소떼의 판문점을 통한 방북에 대해서 북한은
곧바로 응답하지 않았다. 북한은 장고에 들어갔다. 5월 9일 확답을
주겠다고 했지만 아무런 소식이 없었다. 민간인이 판문점을 넘어 북
을 방문한 것은 1990년 10월 서울전통음악단이 평양공연을 위해 방
북한 이래 처음의 일이었다. 정부 역시 1992년 10월 남포조사단 방
북을 위해 판문점을 넘은 것이 마지막이었다. 북한은 원래 소떼 방
북을 비공개로 하고 싶어 했던 것으로 알려졌다. 쉽게 판문점을 열
어주는 모양새를 피하고 싶었을 것이다. 이러한 북한의 입장 때문에
베이징을 통해 평양으로 갈 가능성이 많은 것으로 점쳐지기도 했다.
판문점이라면 세계의 이목을 피할 수 없다는 사실도 북한에게는 부
담스러운 일이었다.

그러나 결국 북한은 명분이냐, 실리냐 하는 갈림길에서 실리를 선
택했다. 남측에서 보내는 소떼 1,000마리를 경작용으로 사용할 수
있다면 북의 식량난 해결에 큰 도움이 될 것이었다. 북한이 답장을
주기로 한 기일을 넘기면서 장고를 거듭한 이유는 소를 받을 수 있
는 다른 묘수를 찾기 위해서였지만, 판문점 외에는 달리 선택의 여
지가 없었다. 정부 관계자들도 북한이 거절하기 어려운 제안을 한

정주영의 외통수 발상에 정말 "기발한 아이디어"라는 반응을 보였다.[12]

현대가 500마리에서 1,000마리를 제공하기로 한 대신 판문점 통과를 완강하게 고집하면서 근 3개월간 북한을 설득한 것도 결정에 영향을 주었다. 식량난 해결을 위한 소떼 1,000마리와 함께 현대 측이 들고 갈 금강산 개발 카드는 북한의 입장에서는 거절할 수 없는 선물이었다. 1998년 5월 27일, 정부는 6월 초 정주영 현대그룹 명예회장이 소떼를 트럭에 싣고 판문점을 거쳐 북한을 방문하기로 했다는 사실을 언론에 공개했다.[13] 남북관계에 드라마틱한 변화를 몰고 올 소떼 방북은 이렇게 첫 단추가 꿰어졌다.

## 2) 한미 공조체제의 확립

### (1) 한미 정상회담으로 큰 산을 넘다

김대중 정권의 햇볕정책과 더불어 당면한 소떼 방북이 현실화되기 위해서는 남북 간의 논의도 중요하지만, 대북제재를 주도해온 미국과의 조율이 필수적이었다. 김대중 대통령은 취임 후 미국 방문길에 올라 IMF 경제위기 극복을 위한 미국의 적극적인 투자를 요구하는 한편, 새 정부의 대북 화해 및 교류 확대에 대한 정책을 설명하고 미국의 협조를 구하고자 했다. 1998년 6월 10일 워싱턴에서 열린 한미 정상회담에서 클린턴 대통령은 우선 김대중 대통령에게 한국의 새 정부가 어떠한 대북 구상을 가지고 있는지 상세하게 설명해줄 것을 요구했다. 김대중 대통령은 "북한의 개방을 유도하는 것이 한반도는 물론 동북아시아 안정 및 평화정책에 기여할 것"이라는 점을 강조했다.14 김 대통령은 이어서 북한의 개방과 변화를 유인하는 대북포용정책, 즉 햇볕정책을 추진하겠다는 의사를 밝히는 한편, 미국이 남북 간 교류 협력의 증진에 발맞추어 북한에 대한 경제제재를 단계적으로 완화해줄 것을 요청했다. 한국정부의 정책 변화에 대한 미국의 협조를 구한 것이다.15

클린턴 대통령은 북한이 김대중 대통령의 조치에 호응하기를 희망하고, 북한의 지도자들이 김 대통령의 제안해 동의해주기를 바란다면서 김대중 대통령의 대북포용정책에 힘을 실어 주었다. 또한 북미관계의 개선이 남북관계의 개선과 조화와 균형을 이루어야 하며, 김 대통령의 협조 요청에 따라 남북관계가 진전됨에 따라 대북 경제제재를 단계적으로 해소하겠다고 말했다.16 미국의 북한 연착륙정책과 한국의 햇볕정책이 북한의 개혁과 개방이라는 공통의 목표를 지향하고 있다는 점에 의견일치를 보고17 한미 양국이 대북정책에 대한 조율을 성공적으로 마친 것이다.

미국 외교협회 초청 연설과 미 상하원 합동회의 연설에서 김대중 대통령은 미국이 제네바 핵협정 당시 북한에 제재 완화를 약속한 만큼 그 정신에 입각해야 한다는 점을 강조했다. 북한에게 핵을 개발할 구실을 주지 않고 남북관계 및 북미관계 개선에 적극적인 온건세력에게 힘을 실어줌으로써 북한을 변화시켜야 한다는 주장이었다. 클린턴 대통령은 김 대통령의 이런 대북 화해노력에 지지를 표명했으며, 북한이 김 대통령의 조처에 호응하기를 희망했다.

한국에 민간정부가 들어서면 남북관계에 획기적인 변화가 올 것으로 기대되었다. 그러나 김영삼 정권 시절에는 북한 핵개발 의혹에 대해 한국정부가 더욱 강경한 태도를 취함으로써 오히려 남북관계는 경색되었다. 김대중 정권은 취임 뒤 정경분리 원칙에 따라 대북

투자 규제를 크게 완화하는 한편, 민간차원의 교류협력을 증진시키는 조처를 적극적으로 추진함으로써 경색된 남북관계의 기류를 변화시키고자 했다.

1998년 4월부터 추진된 정주영 현대그룹 명예회장의 소떼 방북이 성사를 앞두고 있고, 5월에는 민족예술인총연합(민예총)과 북한 측이 평양에서 열리는 '민족통일예술축전'을 남북, 해외동포 문화예술인이 함께 개최하자는데 합의했다. 이러한 일련의 행보는 북한이 김대중 정부의 정책을 긍정적으로 평가하고 있음을 말해주는 것이었다. 박지원 청와대 공보수석은 북한문제에 대해 "(한미) 양국 정상의 의견이 완전히 일치했다"고 말했다. 양자의 입장 조율이 성공적이었음을 말해주는 것이었다.

한미 정상회담은 1993년 북한의 핵확산금지조약(NPT) 탈퇴 선언 후 북핵문제 해결을 둘러싸고 대북정책에 대해 이견을 보인 한미 양국의 이견과 갈등을 말끔히 해소했다. 한미 정상회담에서 클린턴 대통령은 김대중 대통령의 의견에 귀를 기울이고, 김대중 대통령이 요구한 경제제재의 단계적 완화, 남북관계 개선에 조응한 북미관계의 진전 등에 의견을 같이 했다. 클린턴 대통령은 대북경제제재 완화와 관련해서 국회의 동의가 필요한 부분이 있지만, 행정부의 권한 내에서 할 수 있는 일을 하겠다고 밝히는 한편, "향후 수개월 혹은 일 년 내에 남북관계가 진전을 보일 수 있을 것이라고 믿는다"고 언급했다.18

이는 대북정책에 관한 논의가 심도 있게 진행되었고, 양자 사이에 북한의 개혁개방을 추진하는 쪽으로 대북정책 방향에 대해 합의가 되었음을 보여주는 대목이다. 이렇듯 미국이 한국정부의 정책에 호응함으로써 정부 정책의 일회성과 파동성에 대한 북한의 우려가 해소되었다. 한미 정상회담은 한국 측의 입장과 정책 방향을 미국 측에 설명하고 승인을 구했다는 측면에서도 성과가 컸지만, 남북관계의 진전이 대북 경제제재 완화와 북미관계 개선으로 이어질 것이라는 희망을 북한에 심어줌으로써 북한이 소떼 방북을 비롯해서 앞으로의 남북관계 개선에 적극적으로 나설 수 있게끔 유도한 데 더욱 큰 성과가 있었다.

한미 정상회담 직전에 성사된 북한-유엔사의 장성급 회담 합의 역시 소떼 방북 성사에 중요한 영향을 미쳤다. 판문점을 관리하는 북한 군부의 동향이 소떼 방북을 결정하는데 관건이었기 때문이다. 정부 고위관계자들 역시 군부가 동의하지 않으면 판문점 통과가 어려울 것으로 예측하고 있었다. 그러나 1998년 6월 9일 군사정전위원회 비서장인 토머스 라일리 대령과 북한군의 판문점 대표부 박임수 대좌가 접촉하고 양측이 장성급 대화 재개에 합의함으로써 상황은 급물살을 타기 시작했다. 6월 11일에는 북측이 정주영 명예회장의 판문점 통과 날짜를 16일로 정해서 통보해왔다.[19] 남북은 판문점 연락관 접촉을 통해 정 명예회장과 소떼의 방북절차와 방식, 일정 등에 대해 합의하고, 소떼 방북을 준비하기 시작했다.

북한-유엔사 장성급 회담 합의와 한미 정상회담을 통해 남북관계 개선에 대한 관심이 무르익어 가는 가운데 소떼 방북에 대한 미국 언론의 관심도 차츰 높아지고 있었다. CNN이 북한 측과 소떼 방북에 대한 취재문제를 협상하는 등 미국 언론의 북한 접촉이 늘어났다. 이는 소떼 방북이 남북의 문제가 아니라 세계의 빅이벤트로써 등장할 가능성이 높다는 사실을 반증하는 것이었다. 한미 정상회담으로 큰 산을 넘은 소떼 방북이 세계인의 이목을 집중시키고 있었다.[20]

## 3) 현실이 된 소떼 방북

### (1) 방북 준비

현대는 5월부터 북한의 방북 승인을 기정사실화하면서 구체적인 준비를 시작했다. 가장 큰 문제는 소떼의 수송 방법이었다. 정주영 명예회장은 "소를 몰고 걸어서 가면 된다"고 말했지만 소 1,000마리를 사람이 직접 몰고 간다는 건 실제로는 불가능한 일이었다. 사람이 몰고 간다고 했을 때 한사람 당 2마리씩 끌면 500명, 5마리씩 끌고 간다고 해도 200명이라는 인원이 필요했다. 또한 이들을 지원할 식량과 사료, 물자가 함께 이동해야 하는 문제가 있었다. 판문점을 통과해서 각 지역의 협동농장으로 소를 배송해야 하므로 트럭 수송이 가장 유력한 방안이지만, 자유의 다리와 북한의 도로가 노후해서 5톤 트럭 이상은 무리하다는 게 현대 측의 판단이었다. 5톤 트럭에는 소를 3, 4마리밖에 실을 수 없어서 최소한 250대의 트럭이 필요하다는 것도 문제였다.[21]

현실적인 여러 가지 문제들을 북한과 협의하는 과정에서 우선 1차로 방북하는 소떼는 500마리, 트럭은 45대로 결정되었다. 북한에 보내질 소 500마리는 검역을 마친 후 서산농장에서 다른 소들과 격리되었다. 소들을 배송할 트럭은 현대자동차 전주공장에서 준비하기로 했다. 소떼 방북에 이용될 트럭은 소를 운반할 수 있도록 트럭 내부를 개조하기로 했다. 이 트럭은 소떼들과 함께 북한에 제공될 계획이었다. 1차와 2차에 걸쳐 북한에 제공될 트럭은 시가 20억 원 상당으로 소 1,000마리 값과 맞먹는 액수였다.[22] 5월 12일에는 트럭 1대에 소 4마리를 싣고 서산농장에서 임진각까지 운송과정의 문제

들을 체크해보는 등 예행연습도 마쳤다.[23]

5월 27일 베이징에서 북한 아태평화위원회와 현대 측이 접촉하는 과정에서 아태평화위원회 측이 정주영 명예회장과 소떼의 판문점 통과를 수락했다는 소식이 전해졌다.[24] 정 명예회장의 방북기간 동안 북한과 현대 측은 금강산 개발문제를 구체적으로 논의할 계획이었다. 사전 접촉 과정에서 외국인 관광객 유치를 위해 금강산 앞바다에 유람선을 띄우기로 이미 합의가 된 것으로 알려졌다. 북측은 판문점 통과를 카드로 현대 측과 금강산 개발에 박차를 가할 생각이었다.

김대중 대통령은 정주영 회장과 소떼가 판문점을 통과해서 북으로 가기로 결정되었다는 소식에 고무되면서도 햇볕정책에 대한 비판론을 의식한 듯 신중한 태도를 취했다. 김대중 대통령은 이북5도민 대표 208명을 청와대 영빈관에 초청해서 환담을 나누는 자리에서 "조만간 이루어질 정주영 명예회장의 방북은 정경분리 원칙에 따른 것으로서 남북관계가 변화하는 돌파구가 될 것으로 믿는다"고 말한 뒤, "성실하고 착실한 자세를 견지해나가면서 머지않아 북한의 태도를 변화시킬 것"이라는 의견을 피력했다. 한편으로는 햇볕정책에 의구심을 가질 수 있는 세력을 어루만지면서 다른 한편으로는 남북관계를 꾸준히 진전시킴으로써 북한의 실질적인 태도변화와 남북관계의 신기원을 열어가겠다는 의지였다.[25]

현대 측은 5월 30일 베이징에서 접촉을 갖고 방북과 관련한 실무절차를 논의하기 시작했다. 정주영과 소떼의 방북이 확정됨에 따라 정부 역시 남한 주민의 판문점 통과에 따른 절차와 실무 준비를 시작했다. 통일부의 남북회담사무국, 인도지원국, 교류협력국은 수차례의 회의를 통해 최종계획을 점검했고, 판문점 통과절차 문제를 협의하기 위해 남북적십자 연락관 접촉을 제안하는 전화통지문도 만

들어두었다.[26]

소를 싣고 갈 트럭 45대엔 모두 대한적십자사 마크를 부착하고, 서산을 출발할 트럭 행렬은 교통체증을 감안해 새벽시간을 이용해서 고속도로와 자유로를 거쳐 임진각에 도착할 예정이었다. 장기간의 이동에 대비해 트럭엔 약간의 사료도 실었다. 정주영 명예회장은 현대에서 만든 다이너스티 승용차를 몰고 고향에 가고 싶다는 의사를 전달했지만, 북한은 이를 수용하지 않았다. 정주영은 도보로 군사분계선을 넘은 후, 북측에서 마련한 승용차를 이용하게 될 것이었다.[27]

### (2) 방북

현대 측은 1998년 6월 15일 오후 3시 동네 주민과 직원 300여 명이 모인 가운데 소의 건강과 무사한 북송을 기원하는 고사를 지냈다. "소들아 너희들을 이제 북녘 동포에게 보내니 부디 건강하게 살며 열심히 일 하거라 그래서 통일의 씨앗이 되거라"라는 제주의 염원은 소떼 방북이 통일의 마중물이 되기를 원하는 남한 사람들의 마음을 대변했다.[28] 서산농장을 출발하는 트럭들은 농장 직원들의 환호성과 농악대의 소리로 뒤덮였다.

소떼 500마리를 실은 트럭은 6월 15일 밤 10시 55분 북을 향해 출발했다. 교통체증을 피해 밤 시간을 선택한 것이다. 하얀색 트럭의 양 측면에는 대한적십자사 마크와 함께 "정주영 명예회장 방북 소 운반차량"이라는 플랜카드가 부착되었다. 트럭 앞과 좌우측엔 각각 적십자 깃발과 현대 깃발을 달았다. 소들이 북한의 새로운 환경에 적응하는 기간 동안 먹을 사료 2천 포대도 트럭에 실었다.[29] 트럭

50대는 30m 간격으로 출발했다. 대열의 맨 끝에는 앰뷸런스가 따라 붙었다. 앰뷸런스에는 서산농장 전속 수의사, 사육관리자 등 농장관계자 10명이 타고 있었다.

충남지방 경찰청의 소송 호송차와 오토바이가 소떼 트럭을 호위했다. 경찰은 기동대 1개 중대 120명과 서산, 홍성, 예산, 아산, 천안 등 각 지역 교통경찰관 100명을 현장과 도로 곳곳에 배치해서 만일의 사태에 대비했다. 안전하게 임진각까지 소떼 트럭을 에스코트 하는 것이 그들의 임무였다. 순찰차와 사이드 차 93대가 수송행렬이 중간에 끊이지 않도록 소떼 차량을 가로막거나 갑자기 끼어드는 차량을 제지하고 교통신호를 개방하는 역할을 맡았다.[30]

소떼 트럭의 속도는 국도 시속 50km, 고속도로 시속 80km로 엄격하게 제한되었다. 속도를 내다가 돌발변수가 생겨서 트럭이 급정거하게 되면 소들이 부상을 입을 위험성이 있었다. 소떼 트럭은 홍성~온양을 거쳐 6월 16일 3시경 천안 인터체인지에서 경부고속도로로 접어들었다. 오전 4시 30분 서울 한남대교를 지난 차량행렬은 신행주대교와 자유로에 진입했다. 오전 6시쯤 소떼 트럭이 임진각에 도착하자 현대 측은 곧바로 주유차량을 이용해서 기름을 가득 채우고, 차량을 정비했으며, 소의 건강상태를 꼼꼼히 살펴 방북에 차질이 없도록 마지막 점검을 했다.[31]

한편 감색 양복과 베이지색 트렌치코트, 중절모 차림의 정주영 회장은 7시경 임직원 1천여 명의 환송을 받으며 현대사옥을 출발해서 삼청동 남북회담 사무국에서 방북 수속을 밟았다. 8시경 다이너스티 차량을 타고 임진각에 도착한 그는 충남 서산목장에서 도착해서 기다리고 있던 소떼와 합류했다. 임진각에는 3백여 명의 취재진과 5백여 명의 환송 인파가 모여 있었다. 특히 이산가족들은 '정회장님

1차 소떼 방북 환송식(현대아산 제공)

가시는 길, 통일의 길', '서산우공 발걸음, 민족통일 첫걸음' 등의 문
구가 적힌 플랜카드를 들고 나와 정주영과 소떼의 방북을 환송했다.
이산가족들은 그의 방북이 본격적인 남북교류와 이산가족 상봉의
마중물이 되기를 누구보다 간절하게 염원하고 있었다. 정주영은 환
송객들의 박수와 축하에 화답하고, 소의 목에 꽃다발을 걸어준 뒤
승용차에 올랐다.

8시 30분경 안내차량을 선두로 정회장을 태운 승용차와 일행(정
순영 성우 명예회장, 정세영 현대자동차 명예회장, 정상영 금강 회
장, 정몽구 현대정공 회장, 정몽헌 현대건설 회장, 김윤규 현대건설
부사장, 전현수 서울중앙병원 물리치료사) 7명이 탄 미니버스, 소떼

북으로 향하는 소떼 방북 차량(현대아산 제공)

운송 트럭, 운전기사를 싣고 올 45인승 버스가 전날 개통된 통일대
교를 넘었다. 경기도 문산~판문점을 잇는 통일대교는 정주영 명예
회장의 방북 전날인 1998년 6월 15일 오후 3시에 개통되었다. 자유
의 다리에서 임진강 상류쪽으로 1km지점에 위치한 통일대교는 남북
간 물자교류와 이산가족 방문에 대비해 총사업비 762억 원, 길이
900m, 6차로로 건설된 다리였다.32 정주영과 소떼가 통일대교에 진
입하자 900m에 이르는 통일대교가 소떼 트럭으로 가득 차는 장관을
이루었다.33 이들은 통일대교를 건넌 첫 사람과 동물이었다.

판문점 공동경비구역에 도착한 정주영과 소떼는 두 갈래로 나누
어졌다. 정주영과 현대 측 관계자들이 판문점 평화의 집에서 잠시

머물면서 입북절차를 밟는 동안 소떼는 트럭에 실린 채 오전 9시부터 중립국감독위원회 회의실 옆에 임시로 만든 도로를 따라 군사분계선을 넘었다. 마지막 트럭이 군사분계선을 넘은 후 정주영 일행은 오전 9시 55분경 평화의 집에서 나와 승용차와 미니버스로 분승한 뒤 군사분계선을 가로질러 놓여있는 판문점 중립국감독위 회의실에 도착했다. 남북이 중립국감독위원회 회의실에서 적십자 연락관 접촉을 갖고 방북자명단과 운전사 명단, 검역증을 주고받았다. 10시경 정주영 회장 일행은 중립국감독위원회 회의실을 통해 도보로 북한으로 넘어갔다. 군사분계선을 넘는 소감을 묻는 기자들의 질문에 정주영은 "고향땅을 밟게 되어서 반갑다"는 말로 감격스러운 감정을 표현했다.[34]

판문점 공동경비구역은 이른 아침부터 분주했다. 소떼가 인도되기 30분 전 북측지역에서는 북한병사 수십 명이 도열했고, 북측에서는 대남방송용 스피커를 통해 잔잔한 음악을 흘려보내는 등 평소와는 다른 평화로운 분위기를 연출했다. 북한에서는 송호경 북한 아태평화위원회 부위원장을 비롯한 20여 명의 환영인사들이 중립국감시위원회 회의실 북측 출입구에서 기다리고 있다가 정주영과 현대 관계자들을 맞았다. 송호경 아태평화위원회 부위원장은 "정선생이 오신 것을 열렬히 환영합니다"라고 말하면서 정주영의 손을 잡고 반갑게 인사했다. 정회장 일행은 중립국감시위원회 회의실 북측 출입구 앞에 미리 대기해있던 벤츠 승용차를 타고 통일각으로 가서 북측의 안내를 받았다.

남북 간의 소떼와 검역필증 인도와 인수는 군사분계선 상에서 이루어졌다. 남북적십자사 관계자들이 인도와 인수절차를 맡았다. 인도와 인수가 끝난 트럭은 통일각 옆 공터에 일렬로 늘어서서 북으로의 본격적인 행진을 기다렸다. 남한의 트럭기사들은 미리 대기하고 있던 북한 기사에게 운전대를 넘겼다. 북측은 이날 서산목장에서 판문점까지 소떼를 운반한 남한 측 트럭 운전사들에게 백두산 들쭉술 1병과 인삼곡주 1병, 여과담배 10갑씩을 선물했다. 운전사들이 통일각 옆에 있는 공터에서 소를 인계하고 돌아서자 대기하고 있던 북한 여성 10여 명이 "수고하셨다"면서 "냉면을 준비해뒀으니 먹고 가라"고 권했다.[35]

한편 박세용 현대상선(주) 사장 등 7명(이익치 현대증권 사장, 김고중 현대종합상사 전무, 우시언 현대건설 이사, 김경배 현대건설 차장, 이은봉 현대건설 과장, 박정두 현대건설 관광관계자)은 정회장 일행과 별도로 15일 중국 베이징을 거쳐 북한의 특별 전세기 편으로 방북했다. 이들은 정주영 회장의 도착에 발맞추어 판문점에 도착해서 남쪽에서 온 현대 측 일행과 합류했다.

소떼의 판문점 통과는 20세기 말의 세계적인 이벤트였기 때문에 취재진들의 취재 경쟁 또한 뜨거웠다. 판문점 공동경비구역은 출입을 유엔사와 북측의 합의에 따라 결정했기 때문에 취재진은 내외신 합쳐서 50명으로 제한되었다. KBS, MBC, SBS, YTN 등 국내 방송사들은 공동경비구역 내에 중계차량 진입이 허용되지 않아서 트럭 행렬이 군사분계선을 넘어 북측에 인도되는 장면을 약간의 시차를 두고 녹화 중계했다. 하지만 소떼 방북 장면은 CNN 등의 외신을 통해 전 세계로 송출되었다. 소떼 방북이 실시간으로 전세계인들에게 공유되는 순간이었다.

## 4) 시련을 뚫고 이루어진 소떼 방북

### (1) 소떼 방북 앞에 조성된 시련

정주영 현대건설 명예회장이 소떼를 몰고 방북해서 북한 측과 '금강산 관광'에 대한 논의를 마무리 지을 즈음인 1998년 6월 22일, 북한 잠수정이 동해안에 침투했다가 전복된 후 침몰하는 사건이 발생했다. 6월 22일 오후 4시 33분 강원도 속초시 동쪽 18.4km 해상에서 북한 해군 소속 잠수정 1척이 어민들이 쳐놓은 그물에 걸렸다. 속초 선적 동일호 선장 김인룡은 꽁치잡이 중 유자망에 걸린 잠수정을 발견하고 해경에 신고했다. 스크루 부분이 그물에 걸린 북한 잠수정은 수면 위로 떠올랐다가 다시 반잠수 상태로 항해하면서 북동쪽으로 도주하려고 했으나 중심을 잡지 못하고 기우뚱거리다가 전복되었다.[36]

신고를 받은 속초 해경은 오후 4시 40분경 초계정을 현지에 급파하는 한편, 해군 1함대 소속 고속정 3척과 구축함 1척을 출동시켰다. 대잠초계기와 링스헬기 2대도 출동했다. 군 당국은 표류하는 잠수정에 위협 사격을 가하고 투항을 권유했다. 군 당국은 오후 7시 35분경 해군은 예인함인 군산함을 파견했고, 6월 23일 새벽 군산함은 링스 대잠 헬기와 호위함에 포위된 북한 잠수정을 해군기지로 예인하기 시작했다. 그러나 예인 과정에서 잠수정을 묶은 밧줄이 끊어지면서 북한 잠수정은 수심 33m 아래의 바닷속으로 침몰하고 말았다.[37] 잠수정은 양양군 수산리 해안에 드보크를 설치하고 북한으로 철수하던 중 그물에 걸린 것으로 알려졌다.[38] 6월 26일 새벽 잠수정의 해치를 산소용접기로 절단하고 진입해 수색작업을 벌이던 해군은 북한군 9명이 모두 총상을 입고 숨겨있는 것을 발견했다.[39]

사건이 터진 6월 22일은 정주영 명예회장이 금강산 관광이라는 쾌거를 안고 판문점을 통해 돌아오고, 유엔사-북한 간의 장성급회담이 7년 만에 재개되며, 영국 이코노미스트 그룹 주최의 대한투자세미나 행사가 열리는 빅 이벤트를 하루 앞둔 시점이었다.[40] 소 주고 옥수수 줬는데 잠수정을 보내다니 배신감을 느낀다, 금강산 관광이 예전처럼 덧없는 꿈으로 끝날까 불안하다는 의견도 있었지만, 안보 논리로 다시 금강산 개발을 백지화시켜서는 안 된다, 사건이 가급적 조용하고 신속하게 마무리되었으면 좋겠다는 의견이 대다수였다. 국민들은 잠수정 침투사건이 모처럼 열린 남북 간의 교류협력사업에 차질을 빚을까 우려하고 있었다.[41]

정부는 당혹감을 감추지 못하면서도 "잠수정은 잠수정, 햇볕은 햇볕"이라는 입장을 내놓았다. 양측 간의 물리적 충돌과 인명피해가 없었기 때문에 남북 간의 일상적인 정탐행위를 무력도발로 간주하지 않겠다는 의사이자, 남북 간 화해기류를 해치지 않겠다는 태도였다.[42] 남측에서 일고 있는 햇볕정책에 대한 회의론을 조기에 불식시키고자 한, 발 빠른 대응이었다.

하지만 보수언론은 햇볕은 "우리가 북에 대해 취할 태도나 자세이지 북이 우리를 공격할 때도 적용되어서는 안 된다"고 주장했다.[43] 국회 국방위원회에서는 잠수정 침투사건에 대한 정부의 대응을 둘러싸고 집중 추궁이 이루어졌다.[44] 자유민주연합과 한나라당 의원들은 정부가 '햇볕정책' 유지를 위해 북한군의 침투라는 사건의 성격을 은폐하고, 고의로 사건을 축소했다면서 공격의 수위를 높였다.[45]

이에 김대중 대통령은 6월 29일 "이번 사건은 명백한 정전협정 위반이자, 남북기본합의서 위반이므로 묵과할 수 없다"는 입장을 밝혔다. 정부는 6월 30일 오후 판문점에서 열리는 유엔사-북한군 간의 장성급회담에서 북한 측의 납득할 만한 해명과 조치를 촉구할 계획이었다.[46] 국민감정이 악화되어 있는 점을 감안해서 6월 30일 북한에 보낼 예정이었던 소떼 501마리의 인도시기도 늦췄다.[47]

6월 30일 열린 장성급회담에서 북한 측은 남한 측의 문제제기에 이의를 제기하지 않음으로써 사실상 잠수정 침투를 시인했다. 이에 7월 2일 유엔군사령부 토머스 라일리 대령과 북한군 류영철 대좌가 군사정전위원회 비서장급 회의에서 3일 오후 1시 30분 판문점을 통해 주검을 송환하기로 했다.[48] 자칫 남북관계 악화로 치달을 수 있었던 사건은 이렇게 마무리되었다. 남북과 북미가 모처럼 열린 대화의 기회를 놓치지 않기 위해 가급적 자제하는 모습을 보이고자 했기 때문이다.

이렇게 수습되는 듯했던 남북관계는 며칠 후 무장간첩 침투가 확인되면서 크게 요동치기 시작했다. 7월 12일 강원도 동해시 바닷가에서 주민들이 회색 산소통을 등에 맨 잠수복 차림의 시체를 발견하고 경찰에 신고한 것이다.[49] 부근에서 수중 추진기가 발견된 것으로 보아 무장간첩은 추진기를 이용해서 해안상륙을 시도하던 중 사망한 것으로 추정되었다. 군 당국은 사망한 무장간첩이 메고 있던 산소통에 호흡기가 3개 달려 있는 점으로 미루어 2~5명의 침투조가 잠입했을 가능성이 높은 것으로 판단했다.[50]

잠수정에 이어 무장간첩의 침투가 확인되면서 국민들의 안보 불안감이 높아졌다. 야당은 햇볕정책을 맹렬히 공격하기 시작했다. 한나라당 김철 대변인은 "이번 일은 지극히 비안보적인 무차별 햇볕론 때문에 치르고 있는 대가"라고 꼬집었다. 서청원 한나라당 사무총장도 "햇볕론이 과연 우리 실정에 맞는 정책인지 의심하지 않을 수 없다", "이 기회에 정부의 햇볕론을 재검토해야 한다"고 주장했다. 자유민주연합의 김창영 부대변인은 "북의 태도에 따라 대북협력의 폭과 시기를 조절"할 것을 강력히 촉구했다.[51]

임동원 청와대 외교안보수석은 북한의 첩보활동이 어제 오늘의 일이 아니라는 입장을 취하면서도 당혹스러움을 감추지 못했다. 그리고 남북관계가 호전되는 시점에 이러한 사태가 발생한 직접적인 원인으로서 황장엽의 노골적인 김정일 비판을 지목했다. 황장엽이 각종 반공강연과 인터뷰에서 김정일과 북한체제를 겨냥해서 공격하자 북한 측이 도발에 나섰다는 것이다. 북한은 언론매체를 통해 김정일과 북한체제에 대한 황장엽의 공격을 결코 좌시하지 않겠다고 지속적으로 언급해왔다. 이런 상황에서 정권 창립 50주년을 앞두고 대남공작기구가 충성경쟁을 하면서 황장엽 제거에 나섰다는 판단이었다.

북한이 한편으로 남북 경제협력을 강화하면서 다른 한편으로 무장간첩을 침투시키는 등 강온 양면전술을 택하고 있는 원인으로서 임동원은 북한 내부의 강경파와 온건파의 투쟁을 들었다. 변화된 정세로 양자가 각축을 벌이고 있으니 햇볕정책을 통해 북한 내부 온건파가 강경파를 설득할 수 있도록 시간을 가지고 노력해야 한다는 것이 그의 견해였다.[52]

무장간첩 침투로 한국의 정세가 어수선한 상황에서 7월 15일에는 미국 의회보고서가 북한이 6개월 이내에 미국 본토까지 공격할 수 있는 대륙간탄도미사일(ICBM)의 시험 발사와 미사일 배치를 마무리할 것이라고 경고하는 상황이 발생했다.[53] 남북관계 개선을 지지하던 미국정부는 북미 간의 미사일 회담을 재개해서 북한이 개발 중인 대륙간탄도미사일의 개발과 배치를 저지하는 한편, 핵잠수함을 동해에 배치해서 북한의 도발을 억제하고자 했다.[54] 안보가 통일을 압도하고 있었다.

한편 북한은 8월 31일 광명성 1호라는 인공위성을 발사하고, 조선민주주의인민공화국 창립 50주년인 9월 9일에는 열병식과 대대적인 군중시위를 통해 강성대국 건설의 의지를 다졌다.55 남한의 과학계는 드디어 "올 것이 왔다", "북한판 스푸트니크 충격"이라는 반응을 보였다.56 북한의 발사체 기술이 상당 수준에 이르렀다는 정보가 전해졌기 때문이었다. 북한이 광명성과 같은 추진체에 대륙간탄도탄이나 핵무기를 탑재할 수 있게 된다면 북한의 전쟁능력은 전에 비할 바 없이 제고될 것이었다. 북한은 강성대국과 선군정치를 통해 체제 위기를 돌파하려고 하고 있었다. 나라 형편이 이러한데 한가하게 금강산 유람을 논할 형편이 못 된다는 회의론이 다시 고개를 들었다.57

게다가 북으로 보낸 소들 중 15마리가 폐사하자 북측이 그 책임을 남측에 전가하면서 남북관계에 냉기류가 흘렀다. 북한 당국은 통일부와 안기부가 의도적으로 소들에게 작은 비닐 같은 이물질들을 먹여 보냈다고 평양방송을 통해 김대중 정권을 비방했다.58 소들에게서 이물질이 검출된 것은 사실이었지만 먹이를 잘 먹고 건강상태가 좋았을 때는 전혀 문제되지 않을 정도의 소량이었다. 소는 축사 밖에 나가면 먹이에 이물질을 같이 먹기도 하는데 북한에 가서 먹이를 제대로 먹지 못한 소들이 허약해진 것이 폐사의 원인이었다. 김대중 정부는 선의를 왜곡하는 북측의 태도에 불쾌감을 금치 못했다. 악재의 연속이었다. 과연 이러한 시련 속에서 소떼 방북은 다시 재개될 수 있을지 모든 것이 불투명했다.

(2) 소떼들 다시 판문점을 넘다

1998년 10월 7일 오전 정몽헌 현대건설 회장과 김윤규 현대건설 부사장은 강인덕 통일장관을 예방하고 소떼 방북 앞에 조성된 난관에도 불구하고 10월 14일경 2차 소떼 방북을 하겠다는 계획을 전달했다.[59] 현대는 북측과도 정주영 회장의 방북 일정을 협의하고 있다고 말했다. 정부는 현대와 북측 간에 금강산사업을 둘러싼 협상에 문제가 없다면 10월 14일 정주영의 방북과 소떼 501마리의 방북을 허용할 방침이었다.

대북 여론이 악화된 상황에서 정부는 금강산 관광을 대가로 한 현대 측의 대규모 선불 지급 건에 대해서는 허용하지 않겠다는 입장이었다. 이에 따라 현대는 북측과 1인당 300달러 제공에 대해서는 합의하면서도 북측이 요구한 1년 6개월 치 1억 5천만 달러 선불 요구는 거절했다. 그 대신 북측이 공사에 착수한 장전항 부두공사 건설과 진입로 공사에 대한 비용을 부담하기로 했다.[60] 금강산 관광을 둘러싼 현대와 북측의 밀고 당기는 협상이 일정한 합의점에 도달함으로써 정주영 회장의 방북과 2차 소떼 방북이 가시권 안에 들어오기 시작했다.

정주영은 지난 6월의 방북에서는 김정일을 면담하지 못했지만, 2차 소떼 방북에서는 김정일과의 면담을 구두로 합의한 상태였다. 북한의 지도자가 남한의 재계인사와 남북교류 협력 전반에 대해서 교감하고 북한 개발에 대한 구체적인 논의를 하는 장이 될 것이기 때문에 정주영의 이번 방북은 매우 중요한 의미를 갖고 있었다. 조선민주주의인민공화국 창설 50주년 행사에서 강성대국 건설과 선군정치를 주창한 김정일이 과연 남북관계 및 남북경협에 대해서는 어떤 생각을 가지고 있는지 파악할 수 있는 중요한 자리였다.

당초 정부는 현대가 북에 지원한 소의 폐사원인에 대해 남북공동 조사를 실시해서 북한 주장의 진위 여부를 가리는 한편, 북측이 잘 못을 인정하고 사과하기 전에는 소떼 방북을 허용하지 않을 방침이 었다.61 정주영 명예회장의 재방북은 반대할 이유가 없지만 북한 측의 해명이 없는 한 추가적인 소 지원은 있을 수 없다는 것이 정부의 입장이었다. 현대는 10월 16일, 18일 방북예정일을 잡아두고 북한과 접촉했으나, 북한 측의 최종통보가 없어서 무산되었다. 10월 내 정 주영 회장과 소떼의 방북, 김정일과의 면담을 통한 금강산 개발에 대한 확답, 11월 금강산 유람선 출항의 일정을 잡아두고 있던 현대 측의 속은 타들어만 갔다.62

"선 사과, 후 지원"을 강경하게 고집하던 김대중 정권은 10월 21일 돌연 태도를 바꾸어 정주영과 소떼 501마리의 재방북을 허용하기로 했다는 반응을 보이면서 현대와 북측의 협상과정에서 현대가 서산 목장에 있는 소의 위에서 검출된 삼밧줄 사진을 보여주면서 통일부 와 안기부가 고의로 소에게 삼밧줄을 먹인 게 아니라고 해명했고, 북측이 "그러면 됐다"면서 김대중 정부에 대한 오해를 풀었기 때문 이었다.63

현대는 베이징에서 북측 아태평화위원회 측과 정주영 명예회장의 방북과 소떼 2차 방북에 대한 일정을 본격적으로 협의하기 시작했 다.64 현대는 정주영 회장의 재방북 때 3,500cc 다이너스티 5대, EF 소나타 6대, 아반떼, 엑센트, 갤로퍼, 싼타모 각 2대, 스타렉스 1대 등 자동차 20대도 가져갈 계획이었다.65 자동차 제공은 소떼 방북이 무산될 경우를 대비한 것이었지만, 현대 측이 현대의 기술과 성능을 북한이 경험하도록 함으로써 현대의 기술력에 대한 신뢰도를 높이는 한편, 양측이 추진 중인 자동차조립공장의 합작을 유도하고자 하는 포석의 성격도 가지고 있었다.

현대는 방북을 준비하는 과정에서 북측의 폐사 논란을 막기 위해 항문을 통해 위의 이물질 존재여부를 확인하는 직장검사를 꼼꼼히 진행했다. 소들의 수송열 예방에도 전력을 다했다. 방북할 소들은 9월 18일 백신을 맞고 10월 19일 검역을 마쳤으며, 수송 전날인 26일 트럭에 실리기 직전에는 보조백신인 마이코틸을 맞았다. 현대 측은 미연의 사태를 방지하기 위해 소떼가 북한에 전달된 뒤에도 3일 간격으로 2~3차례 백신을 투여할 수 있도록 만반의 준비를 갖추었다. 소들을 수송하기 위해 현대는 로프로 목을 묶을 수 있도록 특수 제작된 5t짜리 트럭 15대와 8t짜리 트럭 35대 등 50대와 예비용 트럭 8t짜리 1대 등 트럭 총 51대를 준비했다.[66]

드디어 1998년 10월 26일 밤 역사적인 2차 소떼 방북이 시작되었다. 현대 측은 10시경 소떼의 무사방북을 기원하는 간단한 고사를 지냈고, 소떼들은 26일 오후 10시 30분 서산농장을 출발했다. 소떼를 실은 트럭 뒤에는 소들이 2개월간 먹을 사료를 실은 트럭 9대와 예비차 1대가 행렬을 뒤따랐다. 농장을 벗어난 소떼 행렬은 홍성~아산~천안을 지나 경부고속도로에 접어들면서 속도를 높였으나 모든 차는 소의 안전을 위해 70km 속도 제한을 엄격히 준수하면서 임진각으로 향했다.[67]

정주영 회장은 10월 27일 오전 6시 15분경 자택을 출발해서 계동 현대 사옥에 들렀다가 7시에 임진각을 향해서 출발했다. 정주영 명예회장은 방북길에 아들 정몽헌 현대 회장과 동생 정희영 씨, 매제 김영주 한국프랜지 회장과 현대 대북사업단장인 김윤규 현대건설 사장과 동행했다. 이들은 8시 반 경 임진각에 마련된 환송행사에 참

2차 소떼 방북 환송식(현대아산 제공)

가해서 이북5도민 등 실향민과 현대직원들의 환송을 받았다. 오전
9시 26분경 판문점 공동경비구역 자유의 집에 도착한 정주영 명예
회장은 간단한 기자회견을 했다. 그는 기자회견에서 "머지않아 온
국민이 안심하고 금강산을 관광할 수 있게 될 것"이라면서 "이번 방
북이 분단 50년의 긴 세월을 넘어 남북 간의 화해와 평화통일을 위
한 초석이 되기를 기대한다"는 인사를 한 뒤, 10시 중립국감독위원
회 회의실을 통해 북한으로 넘어갔다.[68]

북한 측에서는 송호경 아태평화위원회 부위원장과 정운업 민족경
제협력위원회 위원장이 나와서 정주영을 맞았다. 10월 26일 베이징
을 통해 방북한 현대 인사들도 판문점에 마중을 나왔다. 북측 취재

진 5~6명이 정주영 명예회장과 소떼들의 방북을 취재했다. 정주영은 송호경 부위원장에게 "다시 만나 반갑다"는 인사를 건넸다. 1차 소떼 방북에서 정주영을 맞았던 송호경 아태평회위원회 부위원장 외에 정운업 민족경제협력위원회 위원장이 함께 참석했다는 사실은 북한의 경제협력 의지를 보여주는 것이었다.

적십자사 마크와 '정주영 명예회장 방북 소 운반차량'이라는 플랜카드를 단 차량 소떼 운반차량 41대가 먼저 군사분계선을 넘었고, 다음으로 사료를 실은 트럭 10대와 현대가 북한에 제공하는 승용차 20대가 순서대로 군사분계선을 넘었다. 현대 측은 정주영의 판문점 통과에 앞서 소떼 501마리와 사료 85t을 실은 트럭 51대를 9시 반부터 15분간 중립국감독위원회 북측 경비병 휴게실 오른쪽 길을 통해 북쪽에 인계했다. 1차 소떼방북 때와 마찬가지로 북측은 백두산 들쭉술과 인삼곡주, 담배 등을 트럭 운전기사들에게 전달했고, 현대 측에서는 북측 안내요원에게 문배주, 안동소주, 시나브로 담배를 전달했다. 북측 인수 요원들이 별다른 검사 없이 소떼와 차량들을 통과시켰기 때문에 인도-인수 절차는 15분 만에 끝이 났다. 한국적십자사 김병준 과장과 북한적십자회 임순일 연락관이 인도증서에 서명함으로써 2차 소떼 방북 절차는 모두 마무리되었다.

조선중앙통신은 이날 저녁 "아시아태평양위원회 부위원장 송호경과 관계부문 일꾼들이 남조선 현대그룹 명예회장 정주영과 그 일행을 판문점에서 따뜻한 혈육의 정으로 맞이했다", "정주영 회장 일행은

판문점에 도착한 2차 소떼 방북 차량(현대아산 제공)

동포애의 지성을 담아 마련한 소들을 몰고 왔다"고 보도했다.[69] 소떼 방북을 주민들과 공유하고 경제협력의 미래를 준비하고자 한 것이다. 그만큼 북한 측 역시 소떼 방북과 경제협력에 대한 기대가 크다는 것을 반증하는 보도였다. 이제 소떼 방북은 남북교류 협력 활성화 쪽으로 성큼 한 걸음을 내디뎠다.

## 2. 소떼 방북의 배경과 요인

소떼 방북은 정주영이라는 기업인의 결단에 따른 것이었지만, 소떼 방북을 그의 개인적이고 즉흥적인 결단력만으로 설명할 수는 없다. 소떼 방북이라는 빅 이벤트가 성사될 수 있었던 배경과 요인으로서는 첫째, 자본축적의 위기 속에서 해법을 찾고자 했던 자본가 정주영의 경제위기 돌파 구상과 미래 전략, 둘째, 탈냉전 기류를 타고 이전과 달리 공산권 국가들에 대해 전향적인 외교정책을 취했던 노태우 정권의 북방정책, 셋째, 정경분리를 내세우며 정주영의 북한 진출을 지원하고 남북정상회담을 개최하는 등 북한과의 적극적인 관계개선에 나섰던 김대중 정권의 햇볕정책을 들 수 있다. 이 장에서는 소떼 방북을 가능하게 했던 배경과 요인들을 하나씩 검토해보고자 한다.

### 1) 정주영의 경제위기 돌파 구상과 전략

#### (1) 북방에서 자원과 노동력을 확보한다

1973년 1차 오일쇼크가 시작되면서 배럴당 1달러 75센트를 하던 원유 값이 2년도 못 되는 사이에 배럴당 10달러까지 올랐다. 5배 이상 치솟은 가격이었다. 정주영은 이 위기를 극복할 수 있는 방법은 직접 중동에 가서 석유를 확보하는 한편, 그곳으로 몰려드는 오일 머니를 끌어 모으는 것이라고 판단했다.[70] 1975년부터 현대의 본격적인 중동 진출이 시작되었다. 70년대 중동 진출을 통해 그는 경제 전선에서는 선두에 서서 기선을 잡고 공격적으로 밀고 들어가서 먼저 토대를 마련해야 한다는 사실을 깨달았다. 우물쭈물하면서 남의 꽁무니만 쫓아 다녀서는 이미 기득권을 가진 이들에게 시장을 빼앗기고, 겨우 부스러기나 얻어먹게 되는 법이다.[71] 자원 확보의 중요성도 각인되었다. 직접 자원이 있는 곳에 진출해서 사업을 확대하고 그곳의 자원을 확보하는 방식이 가장 효과적이었다.

이러한 깨달음은 1970년대 말부터 공산권 국가와의 탈이념적 경제협력과 북방경제권을 구상하게 된 배경이 되었다. 정주영은 곧 한국은 저임금에 기초한 경제성장이 한계에 도달할 것이고, 저임금 노동력을 기반으로 저가공세를 퍼붓는 중국과 경쟁할 수밖에 없는 현실에 직면에 할 것이라고 판단하고 있었다. 그럴 때 발상을 전환해서 북방을 공략해야 한다고 생각했다. 1980년대 후반에 이르면 한국경제는 3저 호황이 끝나고 수출증가율이 격감했으며 미국시장의 비중이 계속 하락하면서 축적의 위기를 맞고 있었다. 선진국으로의 도약을 위한 새로운 출구가 필요한 시점이었다.

정주영은 그동안 구상했던 북방경영을 통한 경제협력과 북방경제권 구상을 구체화시켜 나가기 시작했다. 그가 구상한 경협, 북방경제권의 요체는 소련과 중국에서 자원을 조달하고, 경쟁력 제고를 위해서 생산기지를 이전하고 현지 노동력을 사용하며, 남북을 축으로 가스관이나 송유관으로 연결된 동북아시아 경제공동체를 건설하자

는 것이었다.[72]

　가뜩이나 부존자원이 부족한 한국경제는 하루빨리 자원을 확보하
지 않는다면 조만간 위기에 빠질 것이었다. 우선 부족한 자원을 어
디에서 안정적으로 공급할 것인가를 심각하게 고민해야만 했다. 선
진국뿐 아니라 후진국들까지 경제개발에 뛰어들면서 자원 확보를
둘러싼 경쟁은 치열한 바가 있었다. 선진국들은 자국의 자원이 풍부
하거나, 아니면 막대한 경제력으로 자원을 확보해서 자원 공급원을
확보하고 있었다. 일본의 경우만 해도 우리보다 한발 앞서 호주, 아
메리카 대륙, 아프리카 등지에 자원 공급처를 확보해놓고 있었다.

　한국은 미국, 캐나다, 중동, 호주, 아프리카 등 태평양과 인도양을
건너 자원을 구해오고 있지만, 그마저도 선진국에 밀려서 웃돈을 주
고 막대한 운송비까지 부담하면서 들여오고 있는 실정이었다. 정주
영은 현대가 지속적인 성장의 기반을 튼튼히 마련하기 위해서는 우
리에게 없는 자원을 항구적으로 확보할 수 있는 방안을 강구해야 한
다고 생각했다.[73]

　정주영은 자원 확보의 중요성을 강조하면서 동명목재의 사례를
자주 언급했다.[74] 한국의 합판사업은 동명목재를 필두로 세계시장
에 지배적인 점유권을 갖고 있었다. 그러나 남태평양을 통한 목재
수업이 어려워지면서 합판산업의 대명사인 동명목재까지 도산하고
한국의 합판사업은 국제경쟁력을 완전히 상실하고 말았다. 자원이
없으면 단기간의 성장과 활황도 곧바로 침체국면으로 이어질 수 있
었다. 어서 빨리 자원을 확보해야만 했다. 이는 남한의 미래, 통일
한반도의 미래를 생각할 때 장기적인 안목을 가지고 서둘러야 하는
문제였다.

　그럴 때 가장 중요하게 고려해야 할 사항은 자원 보유국과의 거

리였다. 가까운 곳에서 방법을 찾아야만 했다. 오늘날 세계의 미개발 자원은 주로 북아메리카 북쪽 지역과 시베리아에 매장되어 있는 것으로 알려져 있다. 캐나다는 비행기로는 10시간 이상, 배로 20일 내지 30일 가야 하는 거리였다. 오고 가는 데만 60일이 걸린다. 시간 뿐 아니라 과중한 운송비는 기업의 채산성을 떨어뜨리는 요인이 될 것이었다. 그렇다면 공략해야 하는 곳은 시베리아였다. 블라디보스톡은 부산에서 36시간이면 도착할 수 있는 거리였다.75 소련 동북지역은 석탄, 석유, 가스 등 현대가 원하는 모든 자원을 가지고 있으면서도76 거리가 가깝고 매장량까지 풍부해서 개발만 된다면 저렴하게 한국으로 자원을 들여올 수 있는 매력적인 선택지였다.

다음으로 고려해야 할 사항은 노동력이었다. 한국은 저렴한 인건비를 바탕으로 한 가격경쟁력으로 세계시장에 진출했지만 1980년대 후반에 들어서면 한계점에 도달하고 있었다. 1987년 6월 민주화운동 이후 불길처럼 타오른 7·8·9노동자대투쟁은 저임금과 장시간 노동, 열악한 노동조건 등 노동 착취에 기반한 자본 일변도의 이윤추구가 더 이상 유지될 수 없음을 상징적으로 보여준 사건이었다. 노동자대투쟁 과정에서 노동자들이 주로 요구한 것은 8시간 노동, 노동 3권 보장, 저임금 및 작업조건 개선 등이었기 때문이었다.

특히 노동자대투쟁이 현대의 아성인 울산에서 현대엔진, 현대 미포조선, 현대중공업 등 현대의 핵심 대공장 노동자들을 중심으로 일어났다는 사실은 현대에게 위기의식을 가져다주기 충분했다. 자본의 입장에서는 안정적으로 저임금 노동력을 공급할 수 있는 공급처를 찾아나서는 것 역시 자원 확보 이상으로 중요한 문제였다.

이때 정주영이 주목한 것은 자원의 공급처와 가까운 곳에 있는 동포들의 존재였다. 자원과 결합할 수 있는 노동력을 가까운 곳에서 안정적으로 공급할 수 있다면, 그만큼 좋은 조건이 없었다. 현대는 북한의 노동력과 중국 연변 조선족의 노동력에 주목했다.77 소련의 시베리아 자원개발에 이들을 결합시키는 방식이었다. 시베리아는 인구가 희소하고 강추위가 몰아치는 등 노동조건이 열악하지만 소련과 긴밀한 관계를 맺고 있고, 한국과 언어소통이 원활해서 노무관리가 수월한 중국 연변과 북한의 노동력을 공급할 수만 있다면 노동력 확보에 호조건을 확보하는 셈이었다. 마침 소련도 이에 적극적인 태도를 보이고 있었다. 물론 북한 및 중국 정부와 교섭이 필요한 문제였지만, 언어소통이 가능하고 훈련이 잘되어 있으며 임금이 한국의 1/6에 불과한 노동력을 가까운 곳에서 확보할 수 있다는 점에서 적극적으로 고려해볼만한 매력적인 선택지였다.

한국은 1980년대 후반 개발도상국에서 선진국으로의 도약을 꿈꾸고 있었다. 이제 세계시장에서는 누가 더 많은 자원을 안정적으로 확보할 수 있고, 누가 더 저렴한 노동력을 확보할 수 있으며, 공격적으로 시장을 개척할 수 있느냐가 기업 발전의 관건이 될 것이었다. 현대는 자원개발, 시장개척, 저임금 노동력 등 자본의 이윤추구를 위한 3대 요소를 확보하는 데 있어서 소련, 중국, 북한 등 동북아시아의 공산권 국가를 타깃으로 삼아 북방경제권을 구축하고자 했다. 아직 자본주의가 본격적으로 공략하지 않은 곳이자, 지리적으로 인접한 곳이며, 무한한 개발가능성을 가진 곳이 바로 이곳이라는 판단에서였다.

### (2) 한소수교로 돌파구를 찾자

1985년 등장한 소련의 고르바초프 정권은 페레스트로이카, 글라

스노스트를 표방하면서 시베리아 개발에도 박차를 가하기 시작했다. 소련이 처음 시베리아 개발에서 생각한 파트너는 일본이었다. 소일국교정상화(1956.10) 이후 시베리아 개발은 양자의 이해관계가 일치하면서 줄곧 논의되어온 문제였지만 일본이 제2차 세계대전 이후 소련에 넘겨준 북방 4개 섬의 반환을 요구하면서 난항을 겪고 있었다.[78]

고르바초프 정권은 시베리아 개발에 한국을 적극적으로 참여시키고 싶었다. 88올림픽을 통해 한국의 경제발전상을 접한 소련은 호텔 합작, 섬유공장, 석탄, 가스, 목재와 자원개발에 이르기까지 한국 기업의 투자유치를 위해 적극적인 공세를 펼치기 시작했다. 아직 수교 전이었지만, 한국과 서울-모스크바 직항로 개설, 서울 - 모스크바 무역사무소의 영사업무 취급도 합의되었다.[79] 특히 소련은 북방경영에 관심을 가지고 있던 현대에 적극적인 구애작전을 펼쳤다. 자원확보처와 시장개척지로서 시베리아에 주목하고 있던 현대 역시 소련의 구애작전에 적극적으로 응할 의사를 갖고 있었다.

정주영은 중국, 소련, 북한을 아우르는 북방경제권을 구상하는 과정에서 소련에 대해 각별한 관심을 가지고 있었다. 그것은 소련이 가지고 있는 두 가지 조건 때문이었다. 첫째, 전술한 바와 같이 소련은 현대가 그토록 원하던 자원의 보고였다. 시베리아는 목재, 천연가스, 석유, 석탄에서부터 바다의 생선까지 현대가 찾아 헤매던 자원이 무진장 매장되어 있을 뿐 아니라 현대미포조선이 만든 원양어선이 활약할 수 있는 공간이었다. 둘째, 소련은 북한과 오랜 맹방으로서 북한의 든든한 버팀목이 되고 있는 존재였다.[80] 사회주의 모국으로서 소련은 조선민주주의인민공화국 창설과정과 6.25전쟁 이후의 전후재건, 이후 사회주의 발전에 필요한 에너지와 물자를 전폭적으로 지원해온 국가였다.

　시장성이라는 문제를 생각한다면 중국을 공략하는 것이 더 나은 방법일 수 있지만 정주영은 중국보다 소련과의 경제협력에 더 힘을 쏟았다.[81] 중국은 다른 많은 기업들도 관심을 가지고 접근하는 지역이었기 때문에 시장 개척에 있어서 현대의 주도성을 발휘하기 어려웠다. 또한 북한과의 관계를 생각한다면 소련과의 긴밀한 관계를 지렛대로 북한과의 협력을 이끌어낼 수 있다는 이점이 있었다. 북한과 국경을 맞대고 있는 소련은 시베리아 개발에 남한뿐 아니라 북한도 참여시키고 싶다는 의사를 적극적으로 표명하고 있었다.[82] 그런 점에서 소련은 자원개발과 노동력 동원에 있어서 현대가 구상하고 있는 큰 그림을 구체화하는데 가장 적합한 파트너였다. 정주영은 소련과의 우호적인 관계를 통해 제2의 경제도약을 꿈꾸었다.[83]

　1989년 1월 정주영은 소련에 첫발을 디뎠다. 1월 6일부터 13일까지 소련연방상공회의소의 초청으로 소련 땅을 밟은 그는 소련연방상공회의소와 극동지역연구소장과 흑룡강 지역을 중심으로 한 시베리아 개발문제를 집중적으로 협의하고 돌아왔다.[84] 그 결실로서 1월 24일에는 이명박 현대건설 회장과 블라디미르 골라노프 소련연방상공회의소 부회장이 시베리아 개발 진출을 위한 한소합작회사 설립에 대한 의향서를 교환했다.[85] 정주영은 1년에 수차례 소련을 드나들면서 소련과의 협력에 공을 들였다. 한국 기업에 대한 신뢰도를 높이고자 한 포석이었다.

　정주영은 1989년 10월 4일부터 13일까지 소련을 방문하고 연해주 스베틀라야 지역의 원목과 석탄을 공동 개발하는 한편, 나홋카와 슬라비얀카 수리조선소에 기술지원을 하기로 했다. 1990년 10월 31일부터 11월 6일까지는 사할린의 천연가스를 개발해서 북한을 통과하는 파이프라인을 통해 남한에 들여오는 문제를 소련 측과 논의하는 한편, 고르바초프 소련대통령을 예방해서 시베리아와 연해주 일대의 경협 문제를 논의했다. 12월 12일부터 16일까지는 한소정상회담 수행 차 모스크바를 방문하면서 마굴로프 에너지위원회 부위원장 골라노프 한소경협 회장, 일름지노프 칼믹 자치주 부총리 등과 사할린 천연가스 수송관 건설과 야쿠트 대규모 가스전 개발, 칼믹 유전 개발 등에 대해 폭넓게 논의했다.86

이러한 논의 중 원목 개발은 1990년부터 실제적으로 추진되었다. 현대와 러시아 기업이 각각 50%씩을 출자해서 만든 합작회사 '스베틀라야'는 블라디보스톡 500km지점의 삼림에서 목재를 벌채해서 한국과 일본에 펄프용으로 수출했다.87 가스전과 유전 개발에 참여하고, 북한을 통과하는 파이프라인을 건설해서 천연가스와 원유를 남한까지 들여오는 원대한 프로젝트는 남북관계의 진전에 따라 실현 가능성을 타진해볼 수 있을 것이었다.

### (3) 종국적인 목표는 남북 경제협력이다

정주영은 1989년 1월 초 소련을 방문한 데 이어 1월 23일에는 허담 조국평화통일위원장의 초청으로 9박 10일 동안 북한을 방문했다.88 탈냉전의 기류를 타고 소련과 중국은 한국과의 교류에 적극적으로 나서고 있었다. 정주영은 허담의 초청을 받고 북한 역시 남한과의 협력을 통해 개혁개방을 추진할 적극적인 의사를 갖고 있다고 판단했다. 그는 이러한 기회를 적극적으로 활용해서 소련에 이어 북한에 진출해야 한다는 생각을 갖고 있었다. 남북의 경제협력 사업을 추진할 수 있다면 북한의 경제난을 덜어주는 한편, 축적위기를 맞고 있는 남한의 기업에 활로를 열어줄 수 있을 것이었다.[89] 또한 평화적인 분위기를 조성함으로써 남북의 긴장완화에도 도움이 될 것이었다. 그런 의미에서 그의 종국적인 목표는 남북 경제협력이었다.

정주영은 1983년 10월 한국청년회의소 회원들에게 한 강연에서 경제적인 필요가 통일의 동기가 될 것이며 남북 경제권 건설로 통일을 이루어야 한다는 선구적인 제안을 했다.[90] 그러나 남북 경협에 대한 구상을 구체화하기 시작한 것은 전 주미공사 손장래와의 만남을 통해서였다. 전두환 정권은 손장래를 통해 비밀리에 남북정상회담 프로젝트를 추진한 바 있었다. 1985년 초 손장래는 워싱턴에서 정주영을 만난 자리에서 남북정상회담 추진 사실을 알려주는 한편, "정회장 같은 분이 나서야 할 때"가 왔다면서 "회장님이 북에 가신다면 내가 전심전력하여 뒷받침 하겠다"는 언질을 주었다.[91] 정주영은 북한과의 교류가 멀지 않은 미래에 추진될 수 있으리라는 확신을 가지고 남북 경협을 북방경제권 구상과 연결시키기 시작했다.

1987년 북한 측이 먼저 손을 내밀었다. 당시 북한은 이미 금강산 관광을 구상하고 있었다. 재일교포 기업가 손달원[92]이 북한을 방문했을 때 조국평화통일위원회 위원장 허담이 금강산에 호텔을 세우자는 제안을 꺼내놓은 것이다. 손달원은 남한 기업가 정주영이 해볼 수 있을 것이라면서 정주영을 추천했고, 정주영에게도 허담과의 대화를 전하며 금강산 개발 참여를 제안했다. 허담은 손달원을 통해 정주영에게 초청장을 보냈으나, 정주영은 아직 금강산 관광에 대한 입장을 정리하지 못하고 있었다. 안기부의 반대로 북의 초청에도 응할 수 없었다.[93]

1988년 7월 7일 노태우 대통령이 '민족자존과 통일번영을 위한 대통령 특별 선언'(7.7선언)을 통해 남북 동포의 상호교류 및 해외동포의 남북 자유왕래 개방, 남북 교역 문호개방 등을 추진하겠다고 선언하자 허담의 초청장이 다시 도착했다. 안기부와 통일부, 외무부와 협의했으나 시기상조라는 반응으로 정주영은 이를 다시 거절했다. 하지만 북한은 집요했다. 1988년 11월 2일 허담이 3번째 초청장을 보내면서 금강산 개발과 합영법에 의한 합작투자를 제안했다.[94] 초청이 단지 일회적인 방문을 요청하는 것이 아니라 개발과 투자를 위한 것임을 분명히 한 것이다.

정주영이 방북을 진지하게 고민할 즈음 안기부장 특별보좌관 박철언이 북한을 방문했다. 11월 30일부터 12월 2일까지의 일정이었다. 박철언은 허담과의 회담에서 노태우 대통령의 민족문제 해결구상과 의지, 통일관을 설명했다. 과거와 달리 노태우 정권은 남북이 민족의 일원이라는 관점에서 민족 간의 진정한 화해를 통한 민족공동체를 만들어가고 싶어 하며, 이를 위해 남북정상회담을 추진하고 싶다는 내용도 전달했다.[95] 북한은 남한의 진의를 반신반의했지만, 남북관계는 새로운 국면으로 나아가고 있었다.

정주영은 10월경 금강산 개발에 주도적으로 참여하기로 입장을 정리했다. 10월 4일 박철언과의 만남에서 그는 "앞으로 금강산 관광특구를 만들어볼 생각입니다. 철원과 속초에서 금강산을 자유롭게 출입하도록 할 생각입니다. 미국, 일본, 서독, 영국, 프랑스, 이탈리아와 우리나라의 공공차관과 민간투자를 유치하고 세계은행에서도 차관을 얻어 추진해볼 요량입니다."[96]라고 하면서 금강산 개발에 대한 청사진을 내보였다.

11월 2일 허담이 금강산 개발과 합영법에 의한 합작투자를 제안하자 정주영은 남북 경협에 대한 구체적인 로드맵을 짜기 시작했다. 정주영은 박철언이 북에 다녀온 후 다시 그를 만나 "금강산을 관광특구로 만들어 속초에서 금강산을 가고 또 철원-내금강-외금강을 연결할 겁니다. 장차 강원도 통천에 자동차 부속품 공장도 설립할 겁니다. 또 남쪽에서 들어가는 사람을 위한 통로도 닦을 예정입니다. 미국, 영국, 독일, 한국의 자본을 끌어들이고 차관도 끌어들일 겁니다. 1월 7일쯤 한 일주일 소련을 방문하고 4월경에는 시베리아도 답사할 겁니다."97라고 하면서 방북에 대한 박철언의 적극적인 협조를 요청했다. 결국 1989년 1월 23일 정주영은 정부의 승인을 얻어 남한 기업가로서는 처음으로 베이징을 거쳐 북한을 방문했다.

정주영이 북한 측과 집중 논의한 사업은 5가지였다. 첫째는 현대 측과 북한 측이 어느 정도 의견접근을 이루고 있는 금강산 공동개발 사업이었다. 둘째는 원산철도차량공작소를 합작 투자해서 생산품은 북한에서 쓰고 일부는 소련에 수출하는 계획이었다. 셋째는 원산조선소 합작사업으로서 선박을 만들어 북한과 소련에 수출하고, 소련 선박까지 수리할 수 있도록 한다는 계획이었다. 넷째는 시베리아 석탄을 캐서 코크스를 만들어 북한에서 쓰고 중국에도 수출한다는 계획이었다. 다섯째는 시베리아의 질 좋은 암염을 캐서 북한도 쓰고 중국에도 수출하자는 계획이었다.98 금강산 공동개발사업을 제외한 나머지 4가지 사업은 북한이 먼저 제안한 사업으로서 소련도 적극적으로 권유하고 있는 사업이었다.

1989년 1월 31일 정주영과 최수길 조선아세아무역촉진회 고문은 5개 사업에 대해 "금강산 관광개발 및 시베리아 공동개발과 원동지구 공동진출에 관한 의정서"를 체결함으로써 사업 추진에 대한 기대감을 높였다. 남북 경협은 급물살을 탈 것으로 예상되었지만, 정주영이 북한에서 돌아온 지 6일 만에 정부 내부에서부터 색깔론이 일기 시작했다. 2월 8일 노재봉 정치특보가 정주영의 방북을 "적성국가와의 외교 과정에서 불법성을 노출"[99]했다고 문제를 제기한 것이다.

노태우 대통령은 여론의 악화를 우려했다. 결국 2월 18일 북방정책조정위원회가 안기부에서 회의를 열고 정주영과 최수길이 체결한 의정서가 법적 효력이 없다는 결론을 내리면서 남북 교류협력사업은 표류하기 시작했다. 3월부터는 문익환 목사와 황석영 작가, 서경원 평민당 의원의 방북, 전국대학생대표자협의회(전대협) 임수경의 평양축전 참가 등 잇단 밀입북 사태를 둘러싸고 정부가 초강경대응을 표방하면서 공안정국이 조성되었다. 정상회담까지 구상했던 노태우 정권의 대북정책은 반공의 역풍을 맞고 있었다.[100] 이후 대선 출마에 따른 현대와 노태우 정권과의 날선 대립, 김영삼 정권의 현대그룹 금융거래 중단 등이 이어지면서 향후 10년간 현대는 남북 교류협력 사업을 추진할 수 없었다.[101] 정주영의 남북경협 구상은 수면 아래로 복류하면서 때를 기다려야만 했다.[102]

## 2) 노태우 정권의 북방정책

### (1) 북방으로, 북방으로!!!

1988년 2월 25일 노태우는 대통령 취임사에서 민족자존의 새 시대를 개막하고, 전방위적인 외교정책인 북방정책을 전개할 것이며, 이를 통해 통일로 가는 길을 열 것을 선언했다.[103] 노태우 정권의 국정 지표는 민족자존, 민주화합, 균형발전, 통일번영이었다. 노태우 정부는 탈냉전이라는 상황에 부응해서 한반도의 미래를 준비하고자 했다. 남한의 경제성장을 배경으로 자주외교를 추진해서 국가 이익을 극대화하고 민족 자존감을 키워나가는 한편, 북한과의 관계에서는 경제적 우위를 바탕으로 무력도발과 전쟁을 제어하면서 통일의 여건을 만들어나가겠다는 것이 노태우 정권의 정책 목표였다.

노태우 대통령은 박철언과 김종휘를 투톱으로 공세적인 대외정책을 추진했다. 서방외교에 한정되어 있던 기존의 반쪽외교를 넘어 공산권을 포함한 전 세계를 대상으로 전방위 외교를 전개하는, 이른바 북방정책이었다. 북방정책은 탈냉전이라는 시대사조에 능동적으로 대처하여 전방위 외교를 하자는 것을 한 축으로 하고, 대북 포용정책을 통해 북한을 개혁과 개방의 길로 유도해서 한민족 공동번영의 시대를 열자는 것을 다른 한 축으로 하는 정책이었다.104 즉, 대공산권과 북한 모두를 겨냥한 정책의 성격을 갖고 있었다.

지금까지는 북한이 남한을 상대하지 않고 미국을 직접 상대하고자 했다면, 노태우 정권은 북한에 북핵문제와 남북관계 등에 있어서 '남한'이라는 동반자를 통해서 미국과 협상할 것을 요구했다. "민족자존"이라는 캐치프레이즈를 현실화하고자 한 것이다. 노태우 정권은 미국이 '한반도비핵화선언'을 일방적으로 공포함으로써 북한을 압박하려고 하자, "북한 핵도 남북문제이므로 한국이 주도해야 한다"고 주장하면서 이를 반대했다. 결국 1998년 1월 20일 남북이 '한반도의 비핵화에 관한 공동선언'에 서명함으로써 비핵화 문제에 대한 주도성을 확보했고, 미국 역시 한미 간 협의를 하되, 북한과의 모든 협상에서 남한이 주도권을 가진다는 점을 승인했다.105

노태우 대통령에 따르면 북방정책은 중국 진나라의 '원교근공' 전략을 남북관계에 원용한 것으로서 북한의 우방인 중국, 소련과의 관계개선을 통해서 북한과의 관계개선을 도모하는 전략이었다.106 노태우는 북방정책을 통해 남북통일의 기반을 닦고 한반도의 생활문화권을 북방으로 확장하고자 했다. 여건조성의 1단계에서 동구권,

소련, 중국과 수교하고, 2단계에서 남북통일의 기틀을 다지며 3단계 최종목표 달성을 위해서 생활문화권을 연변과 연해주로 확장하는 것이 그의 로드맵이었다.

그의 문제의식은 1988년 '민족자존과 통일번영을 위한 특별선언 (7.7 선언)'으로 첫 포문을 열었다. 7.7선언의 골자는 "우리가 북한의 우방과 수교하는 대신 북한도 우리의 우방과 수교하는데 반대하지 않고 지원하겠다." "북한을 개방과 개혁의 길로 유도하여 민족 공동 번영을 이루겠다."는 것이었다.107 북한을 개혁과 개방의 길로 유도할 수 있다면 통일은 자연스럽게 이루어질 수 있다는 것이 노태우 정권 대북전략의 핵심적 사고였다. 그런 의미에서 북방정책은 매우 공세적인 대북전략인 셈이었다.

노태우 정권은 1989년 2월 헝가리, 11월 폴란드, 12월 유고슬라비아, 1990년 3월 체코슬로바키아, 불가리아, 루마니아, 몽골, 1991년 8월 알바니아와 수교했다. 당시 헝가리는 소련과의 루트라고 불릴 정도로 자본주의 국가들과 접촉이 잦았다. 한국의 타깃도 헝가리였다. '푸른 다뉴브강'이라는 암호명 하에 이루어진 헝가리와의 비밀 교섭에서 헝가리는 거액의 차관을 요구했다. 헝가리는 차관 요청을 한국이 수용하면 동구권의 반대에도 불구하고 한국과 수교하겠다는 입장을 밝혔다. 결국 6억 5천만 달러의 유상차관을 제공하기로 하고 헝가리와 수교를 맺었다.108 동구권이 뚫린 것이다. 다음 타깃은 소련이었다. 헝가리를 뚫은 것도 소련으로 가기 위한 포석이었다. 북한을 공략하기 위해서는 사회주의 종주국 소련과 수교를 맺는 것이 가장 중요했다. 1990년 9월 30일 한소수교가 이루어졌다. 한소수교 다음은 중국이었다. 1992년 8월 24일 중국과도 국교를 맺었다. 이어서 1992년 12월에는 베트남, 1995년 10월에는 라오스 등 동아시아 사회주의 국가들과도 수교했다.[109] 탈냉전의 기류를 타고 공격적인 대외정책을 추진했던 노태우 정권의 북방정책은 소련과 동구 사회주의국가들이 개혁개방을 모색하고 동아시아에서 중국이 새로운 강자로 부상하는 국제정세의 변화에 한국의 경제력을 바탕으로 적극적으로 대응함으로써 남북관계의 지형을 근본적으로 바꿀 수 있는 외교적인 토대를 마련하고 있었다.

### 2) 남북의 핵심의제(통일방안, 관계개선, 비핵화)를 대화로 합의하자

1989년 9월 11일 정기국회 개원 직후 노태우 대통령은 '민족통일과 관련한 대통령 특별연설'을 통해 그동안 준비해온 '한민족공동체 통일방안'을 발표했다. 그는 우선 자주, 평화, 민주의 3원칙을 기본으로 신뢰구축, 남북연합, 단일민족국가라는 3단계를 거쳐 통일을 실현하겠다고 천명했다.

노태우 대통령이 구상하는 통일의 로드맵은 다음과 같았다. 먼저 남북의 대화와 교류를 통해 신뢰관계를 구축한다. 다음으로 1990년 8월 15일까지 남북정상회담을 열어서 평화와 통일을 위한 기본방안, 상호 불가침, 남북연합기구의 설치와 운영에 대한 포괄적인 내용을 담은 민족공동체 헌장을 마련한다. 그 다음 남북의 각료로 구성되는 각료회의를 통해 정치경제, 사회문화, 군사, 인도적인 문제 등을 논의하고, 국회의원 동수로 구성되는 남북평의회를 통해 통일헌법초안을 만들고 총선거를 실시해서 통일국회와 통일정부를 구성한다. 이를 통해 통일민주공화국을 건설한다. 이러한 과정을 뒷받침하기 위해 서울과 평양에 상주연락대표를 파견하고 비무장지대에 평화구역을 만들어 남북연합 기구와 시설을 설치한 후 이를 점차 '통일평화시'로 만들어간다는 구상이었다.110

한민족공동체 통일방안은 특히 남북연합 단계에 매우 많은 공력을 들인 통일방안이었다. 이 통일방안은 단일민족국가라는 궁극적인 목표에 앞서 과도기적인 남북연합 단계를 두고, 남북연합 단계에서 민족공동생활권을 형성해서 공존공영, 민족사회의 동질화를 꾀한다111는 것이 특징이었다. 한민족공동체 통일방안은 북한의 고려연방제안을 적극 수용하는 한편, 북한이 적화통일노선을 포기하고 자유와 인권을 보장하는 개혁개방의 길로 나온다면, 남한은 북한을 고립시키지 않고 체제를 보장해주면서 남북관계의 신기원을 열 준비가 되어있다는 점을 강조한 것이었다. 이는 사회주의권의 붕괴로 체제위기에 대한 불안감이 고조되어 있는 북한을 향해 양 체제가 공존할 수 있음을 선언함으로써 북한을 대화의 장으로 나오도록 하고자 한 것이었다.

7.7선언 이후부터 남북 정부 간에 고위급회담이 개최되고 있었다. 1988년 12월 28일 남의 강영훈 총리가 북의 연형묵 총리에게 고위급회담을 제의했고 북이 이를 수용하면서 1989년 2월부터 1992년 9월까지 8차례의 남북고위급회담이 열렸다. 고위급회담에서는 교류협력을 우선해서 신뢰를 쌓은 다음 군사적인 문제로 나아가자는 남측과 남북 사이의 불신은 정치군사적 대결에서 비롯되므로 이 문제를 먼저 해결하자는 북측 사이에는 분명한 입장차가 있었다. 남북관계 개선을 위한 기본합의서를 먼저 채택하자는 남한과 불가침선언을 채택하자는 북한은 3차 회담까지 팽팽하게 맞섰다.112

1991년 10월 22일 평양에서 열린 제4차 고위급회담에서 남북의 입장차가 극적으로 좁혀졌다. 북한을 방문한 정원식 총리는 남한이 북한에 대한 흡수통일 의도와 능력을 갖고 있지 않다는 점을 누차 강조했다. 남한은 이미 불가침선언과 남북관계 개선을 위한 실천적 조치를 담은 포괄적 문건을 도출한다는 가이드라인을 갖고 있었다.[113] 남북은 화해와 교류협력, 불가침을 포괄할 수 있다는 입장을 동시에 내놓았고,[114] 결국 합의서 명칭을 "남북 사이의 화해와 불가침 및 교류협력에 관한 합의서"로 하고 서문, 남북화해, 남북불가침, 남북교류협력, 수정 및 발효의 내용으로 문건을 구성하는 데까지 합의했다.

합의는 이제 쟁점 사항에 대한 이견조정이었다. 1991년 12월 13일 서울에서 열린 제5차 남북고위급 회담에서 남한의 정원식, 북한의 연형묵 총리는 "남북 사이의 화해와 불가침 및 교류 협력에 관한 합의서(남북기본합의서)에 전격적으로 서명했다. 북측은 회담 전부터 합의서 채택에 적극적이었다. 급변하는 국제정세를 고려해서 하루빨리 남북이 교류협력과 불가침에 합의하는 한편, 남북정상회담을 개최함으로써 체제를 안정화시키고자 하는 김일성의 강력한 의지가 북한 대표단에게 전달되었기 때문이었다.[115]

남북은 남한의 '선 교류협력', 북한의 '선 불가침' 주장을 함께 남북기본합의서에 담는 데 성공했다. 이는 남북이 일방적인 주장으로 상대의 주장을 압도하고자 하는 태도를 지양하고, 양측의 의견이 공존 가능하다는 태도를 취했기 때문이었다. 남북기본합의서는 '두 국가'라는 현실에서 출발하여 평화라는 기본가치를 새롭게 정립한[116] 남북관계에서 매우 의미심장하고, 중요한 합의였다. 분단 이후 남북은 상대방을 국가로 인정하지 않고, 미국 혹은 소련의 괴뢰정권으로 간주해왔다. 정상국가로서의 정당성을 대내외적으로 과시하고, 상대방을 무력으로 제압함으로써 통일을 이룬다는 것이 지금까지 남북관계의 기본 틀이었다. 이제 남북이 적대와 대결의 남북관계를 청산하고 상대방의 국가와 체제를 인정하는 가운데 통일의 과정을 함께 밟아나가면서117 남북관계의 장을 열어가자고 합의한 것이다.

1991년 12월 31일 판문점에서 남북은 "한반도 비핵화에 관한 공동선언"을 발표함으로써 핵문제에 관한 합의도 일구어냈다.118 이에 따라 1992년 미국과 남한은 팀스피리트 훈련을 실시하지 않기로 했고, 북한은 IAEA와 핵안전협정을 체결했다. 1992년 2월 17일 노태우 대통령은 남북기본합의서와 한반도비핵화공동서명에 서명했고, 남북기본합의서는 2월 19일자로 발효되었다.

노태우 정권은 적대와 대결로 점철된 남북관계를 화해협력과 대화의 방향으로 이끌었다. 그 결과 남북관계에 있어서 실제적인 인프라를 구축했고, 북한과의 회담을 통한 신뢰 회복과 상호 의견 접근을 이루었으며, '남북기본합의서'를 통해 남북관계 개선의 기본 틀을 만들었다. 비록 1992년 6월 1일 정원식 총리가 북한의 연형묵 총리에게 "남북상호 (핵)사찰이 이루어지지 않는 한 전반적인 남북관계의 실질적 진전을 기대하기 어렵다"는 전화통지를 보내119 핵문제를 남북관계 진전과 연동시키면서 남북관계가 다시 냉각되었으나 노태우 정권의 북방정책과 남북관계 개선을 위한 노력은 1998년 정주영 회장의 소떼 방북과 김대중 정권의 햇볕정책이 추진되는 데 있어 중요한 토양이 되었다.

## 3) 김대중 정권의 전향적인 햇볕정책

### (1) 통일이 아니라 평화, 정치가 아니라 경제로부터 시작한다

노태우 정권의 북방정책에도 불구하고, 정권 내부의 반발, 국제정세의 악화 등으로 남북관계가 결정적으로 개선되지 못하면서 민간특사의 방북은 노태우 정권 시기에 결실을 맺지 못했다. 이후 김일성의 사망과 고난의 행군, 북한 핵문제가 발생했고, 김영삼 정권이 남북정상회담 추진을 철회하고 흡수통일로 방향을 전환하면서 남북관계는 첨예한 대립국면으로 치달았다.

김대중 정권은 냉각된 남북관계를 풀어나가기 위해 출범 후 정경분리와 상호주의라는 접근법을 취했다.120 정경분리의 원칙을 표방한 것은 남북경협이 남북 간의 정치군사적인 상황에 영향을 받지 않고 일관성 있게 추진되어야 한다는 문제의식 때문이었다. 그러나 이러한 표면적인 이유 외에 김대중 정권이 고려한 것은 남북이 서로 필요로 하고 상대적으로 덜 민감한 경제적 분야에 남북교류가 차질 없이 확대 발전할 수 있는 독자적인 영역을 만들어놓음으로써 정치군사적인 상황에 구애됨 없이 지속적으로 남북관계를 확대, 발전시킬 수 있는 조건을 구축하고자 한 데 있었다.121 상호주의는 남북관계를 일방적인 관계가 아니라 서로 노력하면서 주고받는 관계로 만들어나감으로써 신뢰관계를 하나하나 쌓아나가겠다는 뜻이었다.

노태우 정권과 김영삼 정권 시기에서도 볼 수 있듯이 남북관계는 남한 내부의 여론뿐 아니라 한미관계를 비롯한 국제관계, 북한의 대남전략의 영향을 직접적으로 받아 등락을 거듭하고 있었다. 정세변화에 따라 정치군사적 긴장도가 높아짐으로써 신뢰관계가 조성되기 어려운 조건이었다. 김대중 정권은 햇볕정책을 통해 남북의 신뢰관계를 조성하는 데 주력하고자 했다. 따라서 햇볕정책의 핵심기조는 남북한의 적대관계를 해소하고 상호 평화공존을 이룰 수 있도록 노력하는 데 있었다. 이는 정책의 당면한 목표를 통일이 아니라 평화에 기반한 남북관계 개선에 둔 것으로서 다른 정부와 근본적인 차별성을 갖는 정책이었다.[122]

김대중 정권은 평화를 파괴하는 일체의 무력도발 불용, 흡수통일의 배제, 그리고 화해협력의 적극적인 추진을 대북정책 3원칙으로 천명하고, "평화, 화해, 협력 실현을 통한 남북관계 개선"을 햇볕정책의 목표로 설정했다. '통일'이 아니라 '평화'가 핵심가치로 등장한 것이다. 핵심가치로 등장한 평화는 "통일을 위한 도구"가 아니라 "평화 그 자체"로서 남북관계의 부침을 안정시켜줄 수 있는 든든한 주춧돌이 되어야만 했다.

그러기 위해서 북한이 반발하는 체제붕괴론이나 흡수통일론을 내세우면서 대북압박을 취하는 정책을 폐기하고, 남북의 협력관계를 통해 북한이 스스로 변화할 수 있도록 지원하며, 북한이 국제사회의 인정을 받아 국제사회의 일원이 될 수 있도록 보다 많은 협력과 보다 많은 교류라는 '햇볕'을 쐬도록 하는 것이 햇볕정책의 목표였다.

이에 김대중 정권은 출범 후 남북 경제 교류 협력과 관련한 조치를 잇달아 발표했다. 1998년 4월 1일 강인덕 통일부 장관은 대기업 총수가 통일부에 정식으로 방북신청을 하면 이를 승인해줄 예정이라고 밝혔다. 정주영 현대그룹 명예회장, 김우중 대우그룹 회장, 장치혁 고합그룹 회장, 박상희 중소기업협동조합중앙회장 등이 방북을 추진 중이었다. 4월 30일 정부는 '남북경협 활성화 조치'를 통해 북한에 대한 투자규모 제한도 완전히 폐지했다.[123] 기업인의 북한방문 자유화와 투자규모 폐지에 따라 정치군사적인 문제는 해결되지 않았지만 경제적으로는 전향적인 대북투자가 가능하게 되었다. 전략물자를 제외하고는 제한 없이 북한과 교류할 수 있는 길이 열린 것이다.

이에 재계는 IMF 극복을 위한 돌파구로서 남북경협에 주목하고 대북사업을 타진하기 시작했다. 삼성은 '특수지역전략위원회'를 꾸린 후, 타이의 외국회사가 사업권을 가지고 있으나 설립, 운영이 지지부진한 것으로 알려진 나진·선봉 지역의 통신센터 설립 운영을 재추진하는 방안을 모색했다. 국내에서 가격경쟁력이 떨어져 해외로 이전한 전자부품 사업 등을 북한으로 이전하는 방안도 강구했다. 대우는 ㈜대우특수사업팀을 독립시키고 1997년 추석부터 김우중 회장이 직접 방북해서 논의했던 가전공장 설립 문제 등을 검토했다. LG도 대북사업팀을 가동하여 통신, 에너지, 자원개발, 수산물 가공 등의 신규사업을 준비했다. 대북전담팀이 따로 없는 현대는 금강산 개발 등 숙원사업을 재추진하고 여건이 조성되는 대로 정주영 명예회장의 방북도 추진하기로 했다. 롯데, 코오롱, 고합, 국제상사, 에이스침대, 삼천리자전거, 태창, 녹십자, 중소기업협동조합중앙회 등도 각각 사업의 특장점을 살려 남북경협을 탐색해가기 시작했다.[124] 김대중 정권의 햇볕정책은 IMF를 맞아 활로를 찾고 있던 재계에 북한이라는 길을 열어주고 있었다.

### (2) 남북의 정상이 손을 맞잡다

김대중은 1997년 12월 19일 대통령에 당선성명을 발표하면서 "우리 문제를 우리 민족끼리 해결하기 위해서는 남북(기본)합의서 이행

이 가장 중요한 요건인 만큼 이에 기초한 남북대화 재개를 제의한
다"고 말한 후 김정일과의 정상회담과 이를 위한 특사교환을 북측에
제안했다.125 김대중 정권은 전임 정권들처럼 서두르지 않았다. 기
회가 있을 때마다 북측에 호응하기를 촉구하면서 북한의 반응을 참
을성 있게 기다렸다. 김대중 대통령의 당선 제1성이 남북정상회담
이었다고 해서 남북정상회담이 마치 대북정책의 목표인 것처럼 인
식되는 것도 경계했다.126

2000년 2월 드디어 북측이 정상회담 추진의사를 전해왔다. 남북정
상회담이 성사된 배경은 다음과 같았다. 김대중 대통령의 복심으로
불리는 박지원 문화관광부장관이 현대증권의 이익치 회장에게 남북
정상회담을 극비리에 요청했다. 이익치 회장은 친북 일본인으로 알
려진 요시다 다케시(吉田猛) 신일본산업 사장을 통해 남북정상회담
을 본격적으로 타진했다. 요시다 다케시는 오랫동안 대북 무역을 진
행해온 인물로서 그의 부친이 그를 "김일성에게 바친 아들"이라고
공언할 정도로 북한과 밀접한 관계를 갖고 있는 인물이었다. 요시다
는 조일대화의 막후교섭과 정주영회장의 방북, 금강산관광사업을
막후에서 성사시킨 인물로 알려졌다. 서해교전에도 불구하고 금강
산관광사업을 계속하길 원한다는 북한의 메시지를 현대 측을 통해
남한에 전달한 것도 그였다.127 민간창구는 현대, 정부창구는 국정
원이었지만 북한이 신뢰할만한 선을 이용한 것이 주효했다.

현대의 이익치 회장도 요시다를 통해 현대 측의 간곡한 입장을
전했다. 현대는 금강산관광개발사업 이외에도 서해안 산업공단 건
설, 경의선 철도 연결 및 복선화 사업, 통신 및 전력 사업 등에 큰
관심을 가지고 있는데 이러한 대규모 프로젝트를 추진하려면 남북
정상회담이 조속히 성사되어 남북관계에 일대 전환 국면이 마련되

어야 한다는 내용이었다.128 요시다 다케시는 김대중 정부의 적극적인 정상회담 추진의사와 현대의 남북경협 확대에 대한 간곡한 입장을 경청한 후 2000년 1월 하순 평양을 방문했고, 김정일에게 이러한 사실을 전달했다.

2000년 3월 9일 싱가포르에서 박지원 문화부장관과 송호경 아태평화위원회 부위원장의 비밀접촉을 시작으로 중국 상하이 등지에서 5차례의 남북 비밀접촉이 있었다.129 남측은 5, 6월경 제1차 정상회담을 하자고 제안했다. 정상회담이 성사되면 인도적인 물자지원을 제공할뿐더러 남북경협도 더욱 활기를 띠게 될 것이라는 점을 강조했다. 김대중 대통령은 '베를린 선언'을 통해 "북한이 경제적 어려움을 극복할 수 있도록 준비가 되어 있다."는 입장을 표명하는 한편, 민간의 교류협력을 정부 협력으로 전환해서 도로, 철도, 항만, 전력, 통신 등 사회간접자본에도 적극 투자하고 북한의 농업구조개혁에도 협력할 용의가 있다는 점을 강조했다.130 북한의 최대 관심사를 제시하면서 남한의 적극적인 협력의지를 내외에 공식적으로 밝힌 것이다. 박지원과 송호경은 4월 8일 3차 특사회담에서 정상회담 개최에 합의했고, 4월 10일 오전 10시 남북은 서울과 평양에서 동시에 정상회담 개최사실을 발표했다.

회담 일정이 다가오자 김대중은 임동원을 불러 "대통령 특사로 평양에 다녀와야겠어요."라고 말하면서 김정일의 의중을 파악하고 싶다는 뜻을 전했다. 임동원에게 전달된 임무는 남북관계를 실제적으로 진전시킬 수 있는 신뢰할만한 인물인지 김정일 위원장의 인물 됨됨이를 파악할 것, 남북정상회담에 대한 북측의 진솔한 입장을 파악할 것, 정상회담 공동선언에 대해 사전 합의를 해올 것 등이었다.131 임동원은 곧바로 북으로 날아가서 김정일을 만났다. 김정일은 단도 직입적으로 첫 만남에서 많은 것을 합의하기보다는 실천할 수 있는 것만 합의하자고 하면서 합의의 단계적인 이행과 실천을 강조했다. 임동원은 돌아와서 김정일이 판단력이 빠르고 개방적이며 실용적인 사고를 갖고 있는 좋은 대화 상대자라고 김대중 대통령에게 전했다.132 이것으로 정상회담 준비는 모두 끝났다.

2000년 6월 13일부터 15일까지 평양에서 김대중 대통령과 김정일 국방위원장 사이에 제1차 남북정상회담이 열렸다. 남북정상은 회담 후 '6.15공동선언'을 통해 5개항의 합의 내용을 발표했다. 첫째, 남북의 통일문제는 우리민족끼리 자주적으로 해결한다. 둘째, 남북은 남측의 연합제 안과 북측의 낮은 단계의 연방제 안이 서로 공통성이 있다고 인정하고 앞으로 이 방향에서 통일을 지향한다. 셋째, 남북은 이산가족 상봉과 비전향장기수 문제 해결 등 인도적인 문제를 조속히 해결한다. 넷째, 남북은 경제협력을 통해 민족경제를 균형적으로 발전시키고 다양한 분야의 협력과 교류를 활성화하여 서로의 신뢰를 다진다. 다섯째, 이상과 같은 합의사항을 실천에 옮기기 위해 당국 사이의 회의를 개최한다는 내용이 그것이었다.

남북정상회담은 남북의 지도자가 분단 이후 처음으로 직접 만나서 통일의 기본원칙을 확인하고, 남북 통일방안에 공통성이 있음을 확인하는 한편, 남북 주민의 오랜 숙원인 이산가족 문제로부터 시작해서 남북 경협을 비롯한 다양한 교류협력을 전면적으로 확대해나가자고 합의한 회담이었다. 그런 의미에서 남북정상이 합의한 6.15 공동선언은 남북 화해협력의 보증서와 같은 선언이었다.133 남북 정부의 관계 개선과 강력한 교류 협력의 의지가 확인됨으로써 이제 민간특사들은 더욱 적극적으로 남북 경협의 문을 열어나갈 수 있게 되었다.

## 3. 민간특사가 열어젖힌 남북의 경제교류 협력

소떼 방북은 단순한 이벤트가 아니다. 정주영은 이를 통해 남한 기업의 적극적인 경제협력 의지를 북한 수뇌부에게 각인시키고, 북한과의 경제협력 사업에 본격적으로 나서고자 했다. 김정일 역시 남한 기업을 통해 경제난에 빠진 북한의 경제에 활력을 불러일으키는 한편, 대외적인 활동에도 나서고자 했다. 정주영 명예회장이 김정일 국방위원장과의 단독면담을 통해 얻어낸 경협의 성과들과 금강산관광과 서해안 공단 구상이 분단의 오랜 질곡을 끊고 하나씩 결실을 맺는 과정을 살펴본다. 그리고 소떼 방북이 한국사회에 주는 메시지를 검토한다.

### 1) 북에서 들고 온 정주영의 보따리

#### (1) 정주영과 김정일의 만남

정주영은 소떼와 함께 판문점을 넘어섬으로써 분단의 경계를 허무는 모습을 상징적으로 보여주는 한편, 남북 경제협력 사업을 통해 분단의 경계를 실제적으로 무너뜨리고자 했다. 그러기 위해서는 책임성 있는 북한 수뇌부와의 면담을 통한 직접적인 경협 보장이 필수적이었다. 정주영은 제1차 소떼 방북에서도 김정일 면담을 추진했다.134 성사되지는 못했지만, 제2차 방북 때는 김정일을 면담하기로 구두약속이 되어 있었다. 이러한 내용이 알려지면서 남한에서도 과연 정주영이 김정일을 예방할 수 있을 것인가 하는 것이 초미의 관심사였다.135 하지만 "은둔의 지도자"로 알려진 김정일이 정주영의 면담요청에 응할지는 미지수였다.

　정주영이 김정일과의 면담에서 논의하고자 한 핵심 사안은 다음과 같았다. 첫째는 금강산 지역에 대한 독점 개발권[136]이었다. 방북 직전 국회 통일외교통상위원회의 통일부 국감에서 이신범 한나라당 위원은 현대와 북한의 이면계약 의혹을 추궁한 바 있었다. 이에 따르면 현대는 북한과 2030년까지 금강산지역 단독 이용 및 개발권을 갖는 조건으로 6년간 9억 4,200만 달러를 북쪽에 다달이 지급하기로 합의했다.[137] 현대는 연간 50만 명의 관광객이 금강산을 찾는다는 전제하에 연간 1억 5천만 달러를 북한에 지급함으로써 일종의 "보험"을 들고자 했다.[138] 이를 통해 현대는 금강산개발에 대한 배타적인 권리를 확보하고자 했다.

　둘째는 남북합작 수출 공단 건설 프로젝트였다. 현대는 남북합작 수출 공단을 서해안에 건설하는 방안을 구상하고 있었다. 현대의 대북사업을 도맡고 있는 김윤규 현대건설 사장은 "공단 내에 자동차조립공장을 입주시키는 것은 물론 우리 중소기업들을 유치해서 남북합작 경공업수출단지를 조성하자는 것이 이번 대북경협의 핵심"이라고 언급했다.[139] 현대는 해주나 남포 지역에 신발-피혁-봉제 등 남한의 중소기업을 유치하면 연간 44억 달러 이상의 수출실적을 올릴 것으로 판단하고 있었다. 남한의 중소기업은 인건비를 줄임으로써 이익을 얻고, 북한은 인건비로 1997년 북한총수출액의 절반이 넘는 4억 4천만 달러의 외화를 벌 수 있었다.[140] 남북 원원의 사업이었다. 현대는 1989년부터 추진해온 금강산관광 사업뿐 아니라 공단 건설로 대북사업을 공격적으로 확장해나가고자 했다. 그러기 위해서도 김정일과의 만남은 반드시 성사되어야만 했다.

　셋째는 북한의 대륙붕에 대한 남북공동 석유시추작업이었다.[141]

정주영은 한국경제가 제2의 도약을 위해서는 자원 확보가 필수적이라고 생각했다. 그가 시베리아에 대한 북방경영을 강조한 것도 그 때문이었다.142 만약 멀리 시베리아를 경유하지 않아도 자원 확보가 가능하다면 이것은 한국경제에 활로를 열어줄 낭보가 될 것이었다. 현대는 남북 경협사업을 추진하면서 석유 등 북한의 자원개발을 위한 사업도 추진할 계획이었다. 정주영은 판문점 기자회견에서 남북 공동 석유개발사업을 언급함으로써 언론의 주목을 끌었다.143 그 외에도 정주영은 자동차조립사업, 고선박해체사업, 철근공장, 제3국 공동진출, 통신사업 등에 대해서도 폭넓게 논의하고자 했다.

정주영 - 김정일 면담은 1998년 10월 30일 밤 10시 25분 김정일 국방위원장이 정주영 명예회장의 숙소인 백화원초대소를 찾으면서 전격적으로 이루어졌다. 30일 귀환 예정이었던 정주영은 김정일과의 면담이 성사되면서 31일 오전으로 귀환 일정을 연기했다.144 면담은 10시 25분부터 11시 10분까지 45분간 이루어졌고, 현대 측에서는 정몽헌 회장과 김영주 - 정희영 한국프랜지회장 내외가, 북측에서는 김용순 아태평화위원장과 송호경 부위원장이 배석했다.

정주영-김정일 면담 후
기념촬영(현대아산 제공)

김정일은 "명예회장 선생께서 연로하시고 거동이 불편하셔서 직접 왔습니다."라고 정주영에게 예우를 차렸고,145 남북관계에 도움이 되는 일이면 무엇이든 하겠다는 말로 남북경협에 대한 강한 의욕을 드러냈다.146 정주영은 면담을 통해 금강산관광과 남북합작 수출공단, 석유시추사업, 해외진출 등 다채로운 자신의 구상을 김정일에게 펼쳐놓았다. 김정일도 적극적이었다. 자신들이 필요한 사회기반시설, 공장건설을 현대가 맡아주기를 원했고, 현대의 해외신인도를 이용해서 해외에 진출함으로써 당면하고 있는 경제위기에서 탈출하고자 했다.

김정일은 소떼 방북 직전 조총련 제1부의장 서만술에게 보낸 문건에서 이렇게 말한 바 있었다. "정주영이 다음 달에 또 온다. 정주영은 이제 북과의 관계를 잘 풀어 뭔가 큰 성과를 내려고 한다. 그는 어쨌든 남조선 민심은 정주영에 대해 호의적이라고 보고, 이를 바탕으로 북남관계에 큰일을 해보고자 한다. 그는 북한에 연고를 둔 인물이기도 하다. 매우 기특한 일이다"147 면담 분위기는 화기애애했고, 양자는 통 큰 합의를 앞두고 있었다.

### (2) 보따리 안에 든 경협 선물

정주영이 북한에서 가지고 온 보따리 안에는 예상보다 푸짐한 선물이 들어 있었다. 정주영과 김정일은 금강산 독점 개발과 서해안공단 건설, 북한 유전개발 등 현대가 그간 구상해 온 핵심 사업에 대해 대부분 합의했다. 언론도 "생각보다 푸짐", "남북 훈풍", 남북관계의 "전기", "새 지평" 등 긍정적인 평가를 내놓았다.148 실현가능성을 우려하는 목소리도 있었지만, 생각보다 큰 선물 보따리 앞에 남한 주민들의 남북경협에 대한 기대도 한층 고조되었다. 정주영과 김정일이 합의한 내용을 구체적으로 살펴보면 다음과 같다.

우선 금강산관광 사업에 대해서 현대는 북측과 삼일포, 해금강, 온정리 등 8개 지구의 개발권과 이 지역 내 호텔, 해수욕장, 온천, 골프장, 스키장 등의 사업권을 독점 계약했다. 현대는 금강산 일대를 국제적인 관광지로 개발하고 연간 150만 명을 유치한다는 계획을 세우고 있었다. 북한은 세금 및 부과금을 면제하고 외화 직접거래 및 반출입을 허용하는 등 파격적인 특혜조치를 부여했다. 금강산 유람선의 출항 날짜는 11월 18로 합의를 보았다. 금강호와 봉래호 2척의 유람선이 매주 한 차례씩 동해와 장전항을 운항할 예정이었다. 금강산관광 사업은 처음에는 북측과 합영방식으로 운영할 예정이었으나, 독점개발권을 확보함에 따라 현대가 단독으로 운영하는 방향으로 가닥이 잡혔다.149

다음으로는 서해안에 2천만 평의 부지를 확보해서 8백만 평 규모의 공단을 개발하기로 합의했다. 현대는 남한의 자본과 기술력, 북한의 노동력을 결합하고, 도시개발과 연계하는 경제특구와 같은 방식의 공단을 구상하고 있었다. 현대가 사회기반시설을 조성한 후, 자동차 조립공장 등 중공업뿐 아니라 경공업을 중심으로 850개 업체를 유치하고 1차년도에 30만 평을 시작으로 7단계에 걸쳐 10년 동안 개발할 계획이었다. 장소는 아직 확정되지 않았으나 현대는 가능하면 수송비를 감안해서 남포, 해주 등 가능하면 남쪽 지역을 희망했다. 현대는 이미 남북당국에 공단조성제안서도 제출해둔 상태였다.150

그 다음으로는 북한의 유전개발에 참여하기로 합의했다. 정주영이 먼저 북한에 기름이 많이 난다는 사실을 전해 들었다는 말을 꺼

내면서 유전개발을 공식적으로 제안했다. 김정일이 적극적으로 이 제안에 화답하면서 현대는 북한과 공동으로 유전을 개발하고 송유관을 통해 남한에 석유를 공급하기로 합의했다. 곧 석유 수송을 위한 송유관 매설사업도 시작할 계획이었다.[151]

그 외에도 현대는 북측과 제3국 건설시장에 대한 공동진출도 합의했다. 현대건설의 제3국 건설현장에 북한 노동자를 진출시킨다는 계획이었다. 이 계획으로 북한은 해외진출을 통해 외화를 벌어들이고, 현대는 저렴한 인건비를 통해 해외건설사업의 수익성을 높일 수 있다는 이점이 있었다. 현대는 중동과 동남아시아 등 해외건설의 경험이 풍부했고, 시베리아 자원개발에 북한의 노동력을 활용할 계획을 세운 경험이 있었기 때문에 합의는 순조롭게 이루어졌다.[152]

북한 지도자의 적극적인 경협 의지와 합의는 안정적으로 남북경협을 추진해갈 수 있는 기본조건이었다. 특히 정치군사적인 문제가 상존하는 남북관계에서는 더더욱 북한 수뇌부의 관계개선에 대한 의지와 일관된 정책, 경협에 대한 분명한 목표의식이 중요했다. 현대는 방북의 성과를 김대중 대통령에게 상세히 보고했고,[153] 남북 당국의 지지 속에서 금강산관광과 서해안 공단 개발을 추진해나가기 시작했다.

## 2) 금강산관광 : 남한 주민들, 북한 땅을 밟다

### (1) 동해 바다에 '금강호'를 띄우다

금강산관광은 1989년 정주영 현대그룹회장이 방북해서 조선국제무역촉진위원회와 '금강산 관광 개발 및 시베리아 공동진출에 관한 의정서'를 체결함에 따라 남북교류의 핵심 사업으로 부상했다. 그러나 1990년대 김일성 사망과 고난의 행군 등 북한의 정세가 급변하고 남북관계가 경색국면으로 접어들고, 함에 따라 더 이상 진전되지 못했다. 의정서 역시 사문화되었다. 1998년 2월 햇볕정책을 표방하는 김대중 정권의 출범은 현대가 금강산관광에 대한 논의를 재개할 수 있는 호조건을 창출했다. 정부의 정경분리 원칙에 힘입어 정주영은 1998년 6월과 10월 소떼를 몰고 북한을 방문했고, 전술한 바와 같이 김정일과의 독대에서 금강산관광사업에 대한 합의를 도출했다. 정치군사적인 문제를 제외하면 사뭇 순조로워 보이지만 금강산 개발 문제가 순조롭게 진행된 것만은 아니었다.

현대와 북측이 금강산 개발 문제를 사전협의하는 데 있어서 최대의 걸림돌은 군사적인 문제였다. 정주영은 1989년 의정서에 합의하기 전부터 수송방법과 교통문제를 가장 중요한 협상의제로 삼았다. 육로와 해로를 이용하되, 육로를 이용할 경우 "금강산 개발에 투입되는 인원과 장비, 자재의 운반은 반드시 군사분계선을 통과해야 한다"는 것이 그의 지론이었다.[154] 그는 관련 규정을 의정서에 포함시키는 데 성공했다. 정주영은 "군사분계선의 통과가 없는 금강산 공동개발 작업은 아무런 의미가 없다", "인원과 각종 물자의 군사분계선 이용이야말로 민족이 하나로 나아가는 출발의 상징"[155]이라고 강조하곤 했다. 그는 육로를 통한 소떼 방북과 금강산 관광을 통해서 군사분계선의 정치군사적 성격을 경제적 성격으로 전환시키고자 했다.

북한을 설득해서 정주영 회장과 소떼가 판문점을 통과하는 데는 성공했지만, 금강산 육로 관광은 그것과는 차원이 다른 문제였다. 북한의 입장에서 정주영과 소떼의 군사분계선 통과는 일회적인 이벤트였으나, 육로를 통한 금강산 관광은 관광객들이 일상적으로 군사분계선을 통과한다는 걸 의미했다. 금강산 부근은 군사보호구역으로 묶여있었고, 육로 관광은 군사시설의 노출과 다수의 주민 접촉이 예상되는 등 북한으로서는 매우 민감한 사안이었다.

결국 해로가 먼저 열렸다. 현대는 1998년 2월 중국 베이징에서 북한 아태평화위원회 관계자를 만나 금강산 유람선 취항문제를 논의했다. 양측은 북한 주민들과의 접촉을 최대한 막으면서도 군사시설에 대한 외부노출이 많지 않은 장전항과 금강산을 연결하는 방안을 집중 협의했다.156 10월 30일에는 정주영과 김정일 사이에 금강산 개발 방식과 출항 일정에 대한 최종합의가 이루어졌다. 금강산관광은 소떼 방북의 파격적이고 가시적인 성과였다.

1998년 11월 18일은 동해항에서 유람선 '금강호'의 출발이 예정된 날이었다. 금강호가 출발하기 직전 북한이 금창리 지하동굴에서 핵폭탄을 개발하고 있다는 의혹이 제기되고 일본에 장거리 로켓을 발사함으로써 난관이 조성되었다. 미국과 일본은 북한의 장거리 로켓 발사를 도발로 간주하고 연일 강경 발언을 쏟아냈다. 이러한 상황에서 금강호 출항은 무리라는 여론도 대두되었다. 과연 금강호는 출항할 수 있을까? 현대는 바짝 긴장했다.

김대중 대통령과 햇볕정책 주도자들의 고민도 깊어만 갔다. 출항일은 하루하루 다가왔다. 출항을 하지 못한다면 금강산관광은 미궁 속에 빠질 위험이 컸다. 북한의 미사일 발사와 미국, 일본과의 대립 구도 속에서 한국정부의 운신의 폭은 갈수록 좁아질 것이었다. 해를 넘긴 출항 연기는 금강산관광 자체의 보류로 직결될 가능성이 높았다. 임동원은 이러한 위기상황을 돌파하기 위해서라도 금강산 관광선 취항을 허가해야 한다고 김대중에게 건의했다.157

당시 김대중 대통령은 11월 18일 아시아태평양경제공동체(APEC)

회의에 참석차 말레이시아에 머물고 있었다. 미국의 도청과 감시 속에서 안기부와 통일부, 외교안보라인이 허심탄회하게 해법을 의논하기도 쉽지 않았다. 공식적으로 이 문제를 꺼낸다면 미국은 '금강호' 출항의 연기를 종용할 가능성이 컸다. 11월 16일 김대중 대통령이 직권으로 결단을 내렸다. "일단 11월 18일 띄웁시다. 무슨 말인지 알죠?"(김대중 대통령), "아, 그 일을 그러니까 저질러 버리자는 겁니까?"(정세현 통일부 차관), "바로 그겁니다!"(김대중 대통령) 금강산 관광은 이렇게 위기를 돌파하고 난국을 타개하면서 역사적인 첫발을 내디뎠다.[158]

11월 18일 아시아태평양경제공동체 회의에 참석한 각국의 정상들은 역사적인 '금강호'의 출항을 TV 뉴스로 지켜보았다. 11월 21일 열린 한미정상회담에서 클린턴 대통령은 "매우 감동적이었다"는 소회를 김대중 대통령에게 전함으로써 금강산 관광을 둘러싼 긴장 국면은 한 고비를 넘게 되었다. 일단 금강산 관광을 시작하자, 경제인들의 대북사업에 대한 관심이 높아졌고, 미국 역시 남북의 교류협력을 기정사실화하면서 긴장완화로 가닥을 잡아갔다.

### (2) 관광, 사람들의 마음을 움직이다

유엔은 냉전 시대에 관광을 "평화로 가는 여권(passport to peace)"으로 규정하고, 냉전 국가 간 관광의 중요성을 강조해왔다. 관광은 자유왕래를 통해 적대감을 해소하고 상호의 이익을 증진하며 신뢰를 구축하는데 가장 효과적인 수단으로 알려졌다.[159] 평화관광이 평화구축을 가져올 경우 분쟁 행위자들에게는 공통의 이익이 발생한다.[160] 독일의 통일과정에서도 관광이 동서독 주민의 왕래를 촉진시

금강산 관광객들의 모습(현대아산 제공)

키고 서로를 이해할 수 있는 기회를 제공함으로써 통일에 기여했다. 분단뿐 아니라 전쟁을 경험하면서 오랜 기간 적대와 단절, 오해와 불신을 증폭시켜 온 남북관계에서 금강산관광은 더욱 특별한 의미를 가질 수밖에 없었다. 북한의 입장에서 금강산관광은 소규모 투자를 통해서 단기간에 많은 외화를 획득할 수 있는 사업이었다.161 경제난을 겪고 있는 북한에게 그만큼 효과적인 사업은 없었다. 현대의 입장에서 금강산관광은 북한이 오래전부터 구상해 온 숙원사업이라는 점에서 본격적인 남북경협에 앞서 북한의 신뢰를 얻을 수 있는 유력한 사업이었다. 평화보다 실리가 앞섰지만, 실리는 또한 평화를 담보하고 있었다.

금강산 세존봉의 봄(현대아산 제공)

　1998년 11월 18일 북한을 향해 역사적인 첫 출항에 나선 금강호는 835명의 관광객과 승무원 419명, 여행안내원과 관광버스 운전사 98명, 카자흐 무용수 3명 등 1,355명을 태우고 4박 5일의 여정을 시작했다. 앞서 17일에는 1만여 명의 인파가 참석한 가운데 출항식을 가졌다. 11월 18일 오후 6시에 동해항을 출발한 금강호는 10시간의 항해를 거쳐 19일 아침 6시 장전항에 닻을 내렸다. 관광객들은 구룡폭포, 만물상, 해금강 3개 코스로 나뉘어 금강산관광을 한 후 22일 동해항에 도착해서 4박 5일의 일정을 마무리했다.162

　관광객의 45% 정도가 실향민이었다. 실향민들은 금강산관광으로 고향에 대한 그리움을 달랬다. 최고령 금강산관광자 심재린(90)옹은 "하늘을 날 것처럼 기분이 좋다"면서 "이번엔 그저 금강산만 보고 오

금강산호텔 앞의 벚꽃 풍경(현대아산 제공)

겠지만, 우리가 이렇게 가다 보면 나중에 오는 사람들은 가족도 만나고 고향에도 갈 수 있을 거야."라고 말하면서 금강산관광이 남북의 분단 장벽을 허물 날을 기대했다.163 강원도 고성군 내침리 금강산 자락에서 태어난 장세창(78)옹은 "처음 금강산관광 얘기가 나올 때는 설마 했는데…, 이렇게 고향땅을 가게 되다니 믿어지지 않아요"라면서 남다른 감회를 밝혔다.164 실향민들 중 일부는 만물상 앞에서 어머니를 부르며 오열하기도 했다.165

　11월 20일에는 승객 702명, 승무원 288명, 총 990명을 태운 봉래호가 두 번째로 북한 장전항을 향해 동해항을 출발했다. 금강호와 봉래호는 이틀 간격으로 관광객을 북한 땅으로 실어 날랐다.166 금강산

금강산 구룡폭포의 여름(현대아산 제공)

금강산 삼선암의 가을(현대아산 제공)

금강산 귀면암과 만물상의 겨울(현대아산 제공)

관광은 이렇게 해로관광으로 시작해서 2003년에는 육로관광을 시작했다. 2004년에는 해로관광이 중단되었고, 2008년에는 승용차관광도 시작되었다. 2004년부터는 당일, 1박 2일, 2박 3일 등으로 관광 일정이 확대되었다. 구룡폭포, 만물상, 삼일포로 제한되었던 관광코스에는 해금강, 동석동 - 세존봉 - 구룡폭포 순환코스, 2007년에는 내금강관광이 추가되었다. 첫해 1만 명에 불과했던 관광객은 2008년 누적인원 195만 6천 명을 기록했다.[167]

〈표 1〉 금강산관광객(연도별 · 누적 인원) 추이

(단위 : 만 명)

|  | 1998 | 1999 | 2000 | 2001 | 2002 | 2003 | 2004 | 2005 | 2006 | 2007 | 2008 |
|---|---|---|---|---|---|---|---|---|---|---|---|
| 연도별 인원 | 1 | 15 | 21 | 6 | 9 | 7 | 27 | 30 | 24 | 35 | 19 |
| 누적인원 | 1 | 16 | 37 | 43 | 52 | 59 | 86 | 116 | 141 | 176 | 196 |

※ 출전 : 이해정, 「금강산관광의 의미 재조명」, 『이슈리포트』 14-10, 현대경제연구원, 2014, 1쪽.

　　단기간의 폭발적인 증가였다. 설문조사 결과 금강산 관광객의 71%는 관광 이후 북한 및 통일문제에 대해 "긍정적으로 변했다"고 답변했다. 관광 일정이 길어질수록 인식이 긍정적으로 변화하는 관광객의 비율이 높아졌다. 당일 방문객의 긍정적 인식이 61%에 불과했던 데 반해, 2박 3일의 외금강과 내금강 방문객의 긍정적 인식은 74%에 달했다.[168] 비록 금강산이라는 제한된 지역을 방문한 데 불과했지만 숙박을 하고 북한 땅을 밟고 북한의 접대원들을 만나면서 북한에 대한 편견이 감소했고, 같은 동포로서의 의식이 강화되고 통일의 필요성에 대한 문제의식이 높아졌다. 그런 의미에서 금강산관광은 단순한 관광이 아니라 서로에 대한 문화왜곡 현상을 타파하고,

남북 상호 이해를 도운 창구였다. 대규모 인적교류를 통해 남북주민의 적대와 불신을 걷어내고 신뢰형성의 단초를 놓은 통일의 마중물이자, 화해와 평화의 상징이었다. 또한 금강산 관광은 갈라진 한반도를 하나로 묶어 일체성을 갖게 하고, 민족이 함께 공생 번영해 나갈 수 있다는 믿음을 갖게 한 중요한 경험이었다.

금강산호텔의 안내원들(현대아산 제공)


3) 서해안 공단 조성


(1) 남북합작으로 공단을 건설하다

1999년 10월 1일 정주영 명예회장은 김정일 국방위원장과 면담을 가졌다. 1998년 10월 30일에 이어 두 번째 만남이었다. 이 자리에는 정몽헌 회장과 조선아시아태평양평화위원회 김용순 위원장, 송호경 부위원장이 배석했다. 이 면담은 특히 서해공단 조성사업을 진전시키기 위해 마련된 자리였다.[169] 금강산관광은 추진되고 있었지만, 서해안 공단 건설은 진전 없이 지지부진한 상태였다. 정주영은 방북 과정에서 서해안특구공단개발합의서를 체결하고, 용지조사 후 입지와 면적으로 확정하고 빠른 시일 내에 공단을 조성해나가기로 합의했다.[170] 현대가 나서고 있었지만 공단이 건설된다면 수많은 국내 중소기업이 참여할 것이므로 국가적인 사업이 될 것이었다.

남북정상회담에서 남북 정상이 "경제협력을 통해 민족경제를 균형적으로 발전"시키기로 한 가운데 2000년 8월 22일 정몽헌 회장과 김정일 국방위원장은 개성지역에 2,000만 평 규모의 공단을 건설하기로 합의하고 개성공업지구개발합의서를 체결했다.[171] 현대가 고려하고 있던 곳은 해주였고 김정일이 국방위원장이 생각한 곳은 신의주였지만, 군사전략적 요충지였던 개성을 북측이 내놓은 것이다. 개성에 공단이 건설되면서 북측은 주요 군사시설과 병력을 후방으로 이동배치 했고, 이는 군사분계선을 10km 뒤로 물러나게 한 효과가 있었다.[172] 이는 북한이 개성공단에 걸었던 기대가 얼마나 큰지 보여주는 것이었다.

개성공단 건설프로젝트는 개성시와 판문군 평화리 일대에 총 2,000만평 규모의 공업단지와 배후도시를 조성하는 사업이었다. 공단이 800만 평, 생활, 상업, 관광이 가능한 배후도시가 1,200만 평으로 계획되었다. 공단 800만 평 중 1단계에 조성될 100만 평은 노동집약적 중소기업 공단으로, 2단계 150만 평은 수도권과 연결된 산업단지로, 3단계 350만 평은 중화학공업과 첨단산업 분야의 유망업종을 유치해서 복합공업단지로 조성하고 다국적 기업을 유치해서 동북아시아의 경제거점으로 발돋움시킬 계획이었다.[173] 한국은행의

연구에 따르면 공단이 완공되어 가동되면 남한에는 연간 생산이 83조 9천억 원, 부가가치가 24조 4천억 원 발생하고, 일자리 10만 4천 개가 창출되는 효과가, 북한에는 연간 총수입 6억 달러와 일자리 72만 5천 개가 마련될 것으로 추정되었다.[174]

남한의 기업들은 IMF 이후 급격한 글로벌화로 치열한 경쟁 상태에 직면해 있었다. 경제위기는 중소기업에게 더 치명적이었다. 대자본과 중소기업의 격차가 벌어지고 중소기업이 한계수익률에 도달하면서 고용사정이 악화되고 생산이 감소하고 있었다.[175] 중국과의 가격경쟁력에서 밀리는 것이 가장 큰 문제였다. 고용의 대부분을 담당하는 중소기업의 침체는 국가경제에도 큰 부담이었다. 중소기업협동조합이 발간한 보고서는 인력, 판매, 기술 난에 직면한 중소기업들이 저임금이 가능한 나라로 공장을 이전하고 있는 상황에서 저임금 노동력을 활용할 수 있는 개성공단 진출은 중소기업에 새로운 돌파구이자 새로운 희망이 될 것으로 전망했다.[176] 남한의 입장에서 개성공단은 중소기업의 가격경쟁력을 높이고 해외로 빠져나가는 기업의 국내투자 진작을 통해 한국경제의 구조적인 문제점을 해소하고 새로운 활력을 불어넣을 수 있는 방책이었다.

북한의 상황도 좋지 않았다. 경제성장을 위해서는 국제금융기구와 선진국 등으로부터 자본이 유입되어야 하는데 미국이 북한을 테러지원국, 악의 축으로 지목하는 상황에서 국제기구를 통한 자본조달은 불가능했다. 북한은 개혁개방에 성공하고 있는 중국과 베트남 경제특구의 성공사례를 면밀히 분석했다. 북한은 중국의 쑤저우와 베트남의 탄투안 공단과 같이 외부 자본을 지정해서 공단 설립을 완전히 맡겨버리는 형태의 공단 건설방식에 주목했다. 결국 개성공단 건설을 추진하면서 북한은 현대와 토지개발공사를 지정해서 공단

개성공단 전경(현대아산 제공)

설립을 완전히 맡기고 북한은 토지임대료와 임금을 통한 수입만 획득하는 방식을 선택했다.[177] 이는 남한의 선진 경영기법을 습득하고 노동력을 훈련시키는 한편, 외화를 획득해서 자본을 축적하고 공업화를 진전시켜 북한 전체에 확산함으로써 경제난을 타개하고자 한 북한의 야심찬 계획이었다.

개성공단은 2003년 6월 30일 공단착공식을 갖고 2004년 4월부터 공단 부지조성공사에 들어갔다. 2002년 11월 20일 북한이 개성공업

지구법을 제정하고, 12월 23일에는 현대에게 개성공업지구에 대한
50년 사용을 보장하는 토지이용증을 발급함으로써 현대와 한국토지
개발공사의 개성공단 개발을 뒷받침하고자 했다.

서울개성간 셔틀버스

　2004년 12월에는 시범단지에 입주한 ㈜리빙아트가 개성의 시제품을 출시해서 국내에 반입하면서 개성공단의 상품이 대중 앞에 첫선을 보였다. 이른바 '통일냄비'로 불린 이 냄비는 언론의 뜨거운 관심으로 받으면서 불티나게 팔렸다. 서울의 백화점에서 1천 세트가 1시간 만에 팔리는 기염을 토하면서,178 개성공단에서 생산한 상품, 북에서 온 상품에 대한 대중들의 뜨거운 관심을 보여주었다. 2005년 4월 30일에는 ㈜리빙아트가 개성공단 제품을 처음으로 해외로 수출했고, 2005년 5월 26일에는 의류제조업체 ㈜신원이 남한의 유명 패션모델이 참석한 패션쇼를 개성공단에서 열어 국내외의 주목을 끌었다.179

　개성공단은 남북이 각각 비교우위에 있는 생산요소를 결합하는 공단 건설 모델이었다. 남한은 자본과 기술을 제공하고 북한은 노동력과 토지를 제공하는 방식이었다. 우리에게 익숙한 남한의 자본과 기술, 북한의 노동력이라는 익숙한 개발방식이 이때 도입된 것이다. 한계상황에 놓여있던 남한의 중소기업은 개성공단을 통해 고임금, 고지가 등 고비용 문제를 해결할 수 있었다. 남한 정부는 한계업종의 기업들을 개성에 입주시킴으로써 가격경쟁력을 회복하고, 사양산업을 구조조정하며 산업구조의 고도화를 촉진하고자 했다. 그런 의미에서 개성공단은 남한 기업의 새로운 성장 동력을 창출하는 데 기여했다. 또한 남한 경제와의 높은 산업연관 효과를 가짐으로써 생산과 고용을 유발하고 부가가치를 높이는 효과도 파생시켰다. 한편, 북한은 개성공단으로 경제회생에 필요한 각종 자원을 제공 받았다. 우선 노동자들의 임금과 공단개발과 운영에 따른 부대수입으로 외화수입이 급증했다. 일자리가 늘었으며, 개성공단에서 일하는 노동자들의 생활수준이 높아졌다. 선진 기술과 기업관리·노무관리 등의 경영기법, 시장경제 메커니즘을 자연스럽게 습득하는 기회도 가지게 되었다.180 개혁개방에 대비한 노하우를 자연스럽게 체득할 수 있게 된 것이다. 자본 중심의 남한 기업문화와 노동 중심의 북한 작업장 문화가 수시로 충돌했고 저임금구조를 통한 이윤획득과 노동통제라는 남한 기업의 고질적인 문제가 그대로 유지 온존 되었으며 남북의 문화차이로 인한 사소한 사건 사고가 끊이지 않았지만, 개성공단은 남북이 경제위기를 돌파하고 개발로 나아갈 수 있는 유력한 카드임에는 틀림없었다.

## (2) '사람의 통일'이 이루어지는 개성공단

남북의 근로자들이 함께 일하게 되었을 때 둘 사이에는 어떤 관계가 형성될까? 금강산관광과 달리 일상적으로 접하는 남북의 주민들은 서로에게 어떤 감정을 느낄까? 첫 인상은 이질감과 낯섦이었다. 자본주의사회와 사회주의사회에서 각각 살아온 이들은 자본주의 생활문화와 사회주의 생활문화를 체득하고 있었다. 체제 차이로 인한 문화 차이가 발생할 수밖에 없었다.

남한 근로자들은 북한 근로자에 대한 첫인상을 이렇게 술회했다. "철저히 교육을 받고 배치 받은 사람들이다 보니 이질감이 더 크게 느껴졌다", "휴식시간에 쉬고 있는 그네들한테 다가가니까 아무 말도 하지 않고 도망가면서 멀리했다. 남한사람이 얘기하면 죽는 줄 알더라. 그렇게 교육받은 것 같았다."[181] 남한 근로자들은 북한 근로자들이 보여주는 딱딱한 분위기에 자신들이 교육받은 북한상을 투영했다. 감시체제라서, 자아비판과 상호비판을 수시로 해서, 철저한 사상교육을 받아서 경직된 태도를 보인다고 생각했고, 그러한 그들의 분위기에 이질감과 거부감을 느꼈다. 낯선 존재들과 친밀해지기 위해서는 시간이 필요한 게 자연스러운 일이지만, 남한 근로자들은 북한 근로자들에게 자연스러움이란 있을 수 없다고 생각했다. 모든 것이 교육과 선전을 통해 세뇌된 것이기 때문에 깨지기 어렵다는 선입견을 가지고 있었다. 북한 근로자들도 남한 근로자들을 경계했다.

남북의 근로자들이 친밀해지는 데까지는 짧게는 몇 주, 대개는 3개월의 시간이 걸렸다. 그것이 허물어지는 것은 사적인 대화가 오가면서부터였다. 일상을 함께 하는 남북의 근로자들이 공적인 대화만 한다는 것 자체가 불가능했다. 조금 안면이 트이면 서로의 개인사를 나누고 도움을 주고받으면서 남북 근로자 사이에 '관계'가 형성되었다. 직장생활의 어려움을 나누면서 연민이 생기기도 하고, 공감대가 생기기도 했다. 상사에게 혼이 나서 풀이 죽어 있을 때 북한 근로자에게 사랑한다는 말을 듣고 진한 위로를 받기도 했고,182 아이가 아프다는 이야기에 약을 건네주고 나면 북한 근로자는 남한 근로자를 전에 없이 살갑게 대했다. 우연한 호의를 주고받으면서 웃으면서 인사하고 안부를 주고받고, 속 깊은 얘기를 꺼내놓고 작은 것이라도 나누는 사이가 되면서 남북의 근로자들은 서로를 존중하기 시작했고, 남북의 통제에서 벗어나 능동적으로 관계를 맺어가기 시작했다.183 개성공단은 이렇게 사람의 통일이 이루어지는 공간이었다.

남한의 기업운영 방식과 북한의 노동제도가 충돌하면서 발생하는 갈등과 조정과정도 있었다. "그들은 사업장에 배치되면 조직부터 만든다. 반장, 총무, 생산관리 등이 필요하다고 요구하더라 … 대표의 선발권은 직장장에게 있어 그의 권한이 엄청나다고 할 수 있다. 거의 우리에게 통보해주는 식이다. 마치 현장에 사장님이 한 명 더 있는 것 같은 느낌이다.", "만약 대표의 권한을 제한하려고 할 때는 노동생산성과도 연결되는 문제이기 때문에 (노동자들이 집단 반발하거나 말을 듣지 않아서) 쉽사리 그렇게 할 수 없다." 북한의 정기적인 생활총화나 갑작스러운 노동력 차출 등에 대한 권한은 북한의 직장장들이 갖고 있어서 남한 법인장이 임의대로 어떻게 할 수 없었다. 남한의 법인장들은 기업을 원활하게 운영하기 위해 북한의 직장장과 협의해나갔다. 남한에서는 있을 수 없는 일이 개성공단에서는 이루어지고 있었다.184

노동문화도 달라졌다. 근태문제에 대해 지적하면 북한 측이 강하

삼덕통상에서 일하는 북측 노동자들(현대아산 제공)

게 반발하던 것에서 점차 남한의 합리적인 노무관리에 대해서는 수용하는 태도를 보였다. 출근시간도 엄수되었고, 일에 대한 열정도 높아졌다. 철야근무도 마다하지 않았다. "설날 특수에 맞춰서 생산·납품하기에는 너무 촉박해서 굉장히 걱정을 많이 했는데 그 문제를 대표랑 논의한 후 '우리가 맞춰주겠다'고 공언하여 결국에는 철야근무를 하면서까지 계획에 맞춰 일을 끝냈었다." 이는 개성공단이 폐쇄되었다가 다시 재개되면서 생긴 현상이었다.[185] 북한 근로자들에게도 개성공단은 삶의 소중한 공간으로 자리 잡고 있었다.

역으로 북한의 근로자들이 노무동원을 회피하거나 초과 근로수당을 받을 목적으로 근무를 더 하게 해달라고 요구하는 일도 있었다. "8월 14일도 일요일이라 휴일인데 직장장이 와서 근무하게 해달라고 사정을 해서 들어줬어요. 여기 일을 안 하면 나가서 수해복구 작업해야 되는데 그 일하는 거보다 훨씬 일도 덜 힘들고 또 돈도 더 받게 되고 하니까 좋잖아요. 그러니까 그날 근무 좀 하게 해달라고 하더라구요."

신원에서 일하는 북측 노동자들(현대아산 제공)

　또한 낯선 문화적 습관은 생경함이었다가 곧 따라 배우게 되는
습관이 되었다. 남한 모 기업의 임직원들은 매일 출근시간에 출입문
앞에 서서 북한 근로자들에게 "안녕하세요?", "어서오세요"하고 머리
를 숙여 인사하는 것으로 하루를 시작했다. 기업의 고위직 임원이
고용된 근로자에게, 특히 나이가 많은 임원이 나이 어린 노동자에게
존댓말을 하면서 머리를 숙여 인사하는 모습은 북한 근로자들에게
는 낯선 풍경이자 문화적인 충격이었다.[186] 그러나 그러한 행위가
반복되면서 북한 근로자들은 남한 사람들의 인사에 호감을 느끼기
시작했다. 나중에는 북한 근로자들이 먼저 다가와 밝게 인사하는 풍
경이 연출되기 시작했다.

북한근로자들의 출근길 풍경(현대아산 제공)

개성공단 생활은 북한 근로자들의 생활양식도 변화시켰다. 초코파이와 커피믹스는 북한근로자들에게 폭발적인 인기를 얻는 품목이었다.[187] 개성공단에서 일한 지 수개월이 지나면서 출근하면 커피믹스를 마시고, 간식으로 초코파이와 라면을 먹는 풍경이 일상이 되었다. 이들은 초코파이와 라면, 커피믹스를 퇴근할 때 가지고 가서 가족들과 나누어 먹기도 하고, 장마당에 내다 팔기도 하면서 개성의 생활문화를 바꾸고 있었다.[188] 남북의 근로자들이 마주치면서 만들어간 문화는 남의 것이자, 북의 것이며, 개성공단의 것이었다.

## 4. 소떼 방북이 우리 사회에 남긴 메시지

정주영 회장의 방북은 소떼를 몰고 육로로 휴전선을 넘었다는 것 그 자체로서 분단 극복의 상징성을 갖는다. 1948년 남북에 대한민국과 조선민주주의인민공화국이라는 두 개의 분단국가가 수립되고, 1950년 치열한 열전을 수행한 결과 남과 북은 50년간 적대와 대결, 오해와 불신 속에 살아왔다. 국가보안법과 반공법 등 분단을 지탱하는 실정법의 존재로 인해 군사분계선은 그 어느 누구도 감히 넘을 수 없는 강고한 선이 되었다. 정주영은 곧 축적위기에 봉착할 기업의 미래를 위해 북방경제권과 남북 경제협력을 구상하고 그 연장선 속에서 소떼를 몰고 분단선을 넘었지만, 그는 단지 남북의 경계선을 넘은 것이 아니라 분단 50년이라는 시간이 만들어온 분단의 구조적 사슬을 끊는 중요한 역할을 했다.

정부나 사회운동가가 아니라 기업가가 분단의 사슬을 자르고 남북을 오갔다는 사실은 우리에게 매우 의미심장한 메시지를 남긴다. 이는 통일이 남북의 정치군사적인 협상을 통해서 타결되거나 사회운동가들의 투쟁을 통해서 쟁취되는 것만이 아니라는 점을 의미한다. 물론 정치적인 협상과 사회운동이 일정한 역할을 수행하겠지만, 이제 무엇보다 중요하게 고려해야 할 사항은 남북의 분단을 넘는 행위가 남북 주민에게 어떠한 실질적인 이득과 미래를 보장해주는가 하는 문제라는 점이다. 현대는 그것을 정확히 간취하고 있었다. 현대가 열어젖힌 경제협력 → 평화기반 조성 → 우호적 경제환경이라는 선순환 관계는 남북의 미래를 열어줄 새로운 지평으로 인식되었고, 기업들은 하나둘 남북 교류협력의 주체로 나서기 시작했다.[189]

하지만 우리는 수많은 난관을 헤치고 남북 경협을 지속한 대기업이 현대 하나였다는 사실에 주목해야 한다. 이는 남한의 자본이 분단을 극복하기보다 분단구조 속에서 성장하고 그것을 뒷받침해왔다는 사실을 말해준다. 동시에 남한의 기업들이 자본축적의 위기에 맞서 그것을 타개하기 위한 방안으로서 남북 경협으로 나아가기보다 냉전과 분단구조 속에 안주하려는 속성이 더 크다는 사실을 보여준다. 국가가 정치적, 제도적 지렛대를 통해 안전을 보장할 때만 기업들이 움직였다는 사실은 분단이 정치군사적인 영역뿐 아니라 경제적인 영역까지 구조화되어 있음을 반증한다. 자본의 축적위기에 대한 대응으로부터 출발했지만, 분단구조에 안주하지 않고 탈냉전의 시대를 맞아 전향적으로 남북의 미래와 통일의 미래를 열어간 정주영의 소떼방북이 재평가되어야 하는 이유이다.

소떼 방북은 정치군사적인 문제 중심이었던 남북관계를 근본적으로 변화시켰다. 남북관계에 있어서 정치군사적인 측면뿐 아니라 사회경제적인 측면이 중요하다는 인식은 이제 당연한 사실이 되었다.

남북 경협은 기업가의 이윤추구 행위일 뿐 아니라 남북한 주민들의 삶과 직결된 문제로서 중요한 위상을 가지고 남북관계에 자리 잡기 시작했다. 남북은 분단 이전까지 하나의 경제생활권을 형성하고 있었지만, 분단 후 50년이라는 시간이 경과하면서 경제생활권이 완전히 단절되어 버렸다. 남의 쌀과 생필품, 북의 전기가 오가던 자연스러운 풍경은 이제 낯선 풍경이 되었다. 분단 반세기가 되는 1998년, 소떼 방북과 그 이후의 경협은 우리가 한반도를 다시 하나의 생활경제권으로 상상하게 만들어주었다.

경제협력과 전면적인 교류는 냉전기의 일회적인 방문과 교류, 회담과는 차원을 달리하는 것이었다. 금강산 관광과 개성공단 건설 등의 사업들은 일회적, 시혜적 대북지원 사업이 아닌 남북 상생과 번영을 위한 미래지향적인 경제협력이라는 전략적 관점에서 장기 지속적으로 추진되었기 때문이었다.[190] 정치군사적인 사건 사고들과 국제관계의 악화 등 수많은 난관에도 불구하고 현대의 남북 교류협력 사업은 1998년 6월 소떼 방북에서 개성공단 운영이 중단된 2016년 2월까지 18년간 면면히 이어졌다. 그런 점에서 소떼 방북은 기소르망이 얘기했듯 민간특사가 만들어낸 "20세기 최후의 전위예술"이었다.

# 노래하고 춤추는 특사
## : 군사정권 시대, '정치적 적대' 속에서 '민족'을 탐색하다

군사정권은 1960, 70, 80년을 관통하여 30년 동안 지속되었다. 그 시절 군사정권을 겪은 이들은 일상적인 반공교육을 받아야 했다. 어린 학생들도 예외가 아니었다. 초등학생들은 때마다 반공포스터, 반공글짓기, 중·고등학생이 되면 여기에 더해 일명 '개구리복'을 입고 100시간이 넘는 군사훈련을 받아야 했다. 한마디로 '적대의 시대'였다. 그러나 아이러니하게도 너무나 노골적이었던 '적대의 시대'는 전례 없이 다이나믹한 남·북 관계가 추진되었고, 역사적인 합의를 만들어 냈던 시기이기도 하였다.

군사정권 이후 추진되었던 대북 정책 및 남·북 교류를 위한 많은 정책들이 군사정권 시기 만들어지고 추진되었던 정책들에 뿌리를 두고 있다는 것은 부정할 수 없는 사실이다. 정치인이 아닌 민간인이 최초로 분단선을 넘었던 때도 군사정권 시기였다. 노래하고 춤추는 남·북의 특사들은 분단선을 넘어 서로의 땅에서 민족의 가락에 맞춰 함께 했다. 복잡한 정치적 이해 속에 묵직한 합의서들이 체결 · 채택되고 있던 그 순간에도 '적대'를 멈추지 않았던 언론과 방송의 포화 속에서 소통과 통합에 대한 열망, 함께 했었던 기억을 상기시켜 준 것은 오히려 노래하고 춤추는 남 · 북의 특사들이 무대 위에서 함께하는 모습이었다.

그러나 남 · 북 예술교류가 순수하게 '한민족'임을 확인하고 서로의 예술적 지형을 탐색하기 위해서만 만들어졌던 '이벤트'는 아니었다. 이러한 '이벤트'는 독재적 · 강압적 군사정권이 국민들의 정치적 관심을 다른 곳으로 유도하고 자신들의 과오를 치적으로 가리기 위해, 그리고 현재의 '필요'를 정당화하기 위한 분위기 전환을 위해 기획되었다. 이런 이유로 '정치적 합의'가 진행되고 '역사적 교류'가 실현되고 있는 동안에도 언론을 통한 '적대'를 멈추지 않았다. 정권의 의도대로 '기획된 이벤트'는 '국민 드라마'가 되었고, 가장 흥행한 'TV 쇼'가 되었다.

하지만 남 · 북 예술교류는 정치적 이해와 체제의 벽을 뛰어 넘었다. '인기몰이'로 정치적 의도에 이용되는 것에 그치지 않았다. 남과 북의 예술인들이 만나고 함께 노래하고, 우리에게 익숙한 가락과 춤을 서로 기억하고 있는 모습을, 그 현장을 바라보면서 남 · 북의 주민들은 '통일'로 조금씩 가고 있었다.

하나. '빨갱이'와 '반동분자'를 넘어 '민족'을 상기하다
    : 박정희 시대

1972년 7월 4일, 분단 이후 남 · 북은 한반도 평화정착을 위한 최초의 합의 문서에 서명했다. 바로 '7.4 남북공동성명'이었다. 아이러

니하게도 7.4 남북공동성명에 합의한 1970년대 초는 남·북이 유신 체제와 유일체계로 대립하며 격렬한 이데올로기 경쟁을 벌였던 시기였다. 남한에서는 '반공교육'이 일상화되었고, 북한에서 남한은 미제국주의자들의 자본주의에 물든 '반동분자'였다. 당시 남·북의 주요 언론들은 이 역사적이고 충격적인 합의 과정과 각국의 반응을 연일 대서특필하면서도 각자의 체제와 이데올로기의 우월함을 선전하고 자신이 역사적 정통성을 이어받은 정부임을 내세우기 위해 상대를 격렬히 공격하는 것을 서슴지 않았다.

세계주요 신문, 통신, 방송의 서울발 기사는 북한 적십자 대표단을 맞는 1일의 서울 환영인파, 13일의 조선호텔에서의 정치선전 뒤의 한국인의 실망과 분노 그리고 다음날 밤 다음번 본회담 날짜가 결정된 뒤의 안도감, 조선 호텔발언 이후의 북한 적십자 대표단원들에 대한 시민들의 표정변화 등을 사실대로 보도하고 있다.

일본의 공동통신은 서울주재 「나까다」(중전) 특파원의 해설기사를 통해 "평양과 서울의 1, 2차 본회담은 의식적인 것이었고 실질적인 토의는 3차 평양회담에서부터 시작될 것 같으나 구체적인 결과를 얻기까지는 적어도 1년은 걸리지 않을까"라고 보도했다.

UPI통신은 북한 적십자 대표들의 정치선전은 한국민의 반공의식을 오히려 강화해서 역효과를 가져왔다고 지적하고 북한 적십자 대표들이 이에 심리적 압력을 받아 태도가 마일드(유순)해진 것 같다고 말했다. 한국인들이 공산주의를 실감나게 느꼈으며 "UPI 기자가 만난 대다수의 시민들은 한결같이 공산주의자들의 태도에 큰 쇼크를 받았고 배신당한 기분이라고 말했다"고 보도했다. AP통신은 한국인들이 신문사와 방송국에 빗발치는 항의전화를 걸어왔다고 보도했고, 영국의 「로이터」, 「프랑스」의 AFP통신도 북한 적십자 대표들의 입경 때와는 판이한 시민들의 냉담한 반응을 실었다. "외신이 본 서울 본회담 "가장 큰 반공교육"", 『경향신문』 1972년 9월 16일.

7.4 남북공동성명은 한반도 분단 역사에 큰 의미를 가지고 있었음에도 불구하고 복잡한 국제정세에 대응하고 통치 권력이 자신의 정권을 사수하기 위해 급하게 이루어진 '정치적 이벤트'라는 측면이 있었다. 이런 이유로 실질적 상황은 오히려 서로에 대한 '적대감'과 '차이'를 확인하는 분위기였다. 그러나 예상치 못한 곳에서 남·북의 주민들은 '적대'를 뛰어 넘어 '민족'의 '모습'을 확인할 수 있었다.

바로 남측 대표단 일행이 '평양학생소년궁전'을 방문했던 '순간'을 기록한 영상 및 사진과 기사들을 통해서였다. 주요 언론들은 한 치의 오차도 없이 기계적으로 움직이고 김일성을 찬양하는 어린 학생들의 모습을 경직되고 공포적인 북한체제를 비판하기 위해 기사화했다. 하지만 주민들은 민족 전통악기를 연주하고 공통의 언어로, 민족의 가락에 맞춰 노래하는 어린 학생들의 모습을 보면서 낯설음 속에서도 서로의 익숙함을 기억해 냈다. 그들은 단절된 서로의 시간을 잇는, 분단의 역사 속에서 노래하고 춤추는 민족의 특사였다.

둘. 기획된 'TV 쇼', 하지만 민족은 '통일'을 노래하다
　　: 전두환 정권 시대

노래하고 춤추는 특사가 최초로 분단선을 넘었던 때는 독재적 군부 정권과 민주세력이 격렬하게 충돌했던 1980년대, 전두환 정권 시대였다.

1973년 8월 28일 '김대중 도쿄 납치사건'과 '6.23 선언'을 이유로 남측이 남북대화 중단 선언을 하고 이에 북측이 제8차 서울 개최 적십

자 본회담에 불응하면서 중단되었던 남·북 교류는 칠 년여 만인 1980년 10월 4일 남측의 제의와 북측의 수용의사 표명으로 재개되었다. 그러나 7.4 남북공동성명 합의 당시와 마찬가지로 이 시기 이루어진 남·북 교류 합의도 '5.18 광주 민주화 운동'으로 확산되고 있었던 민주화 운동, 그리고 국민들의 정치에 대한 관심을 돌려보고자 한 전두환 정권의 '정치적 이벤트'였다.

그럼에도 불구하고 이 합의가 갖는 의미는 남달랐다. 이 합의를 바탕으로 1985년 5월 27일부터 30일까지 서울에서 열린 제8차 적십자 본회담에서 '남북 이산가족 고향방문 및 예술공연단' 교환이 합의되었고 그로부터 넉 달여 만인 9월 20일부터 23일까지 서로의 땅에서 최초로 예술공연이 펼쳐졌기 때문이다.

분단 이후 45년만이었다. 이산가족상봉이 분단의 아픔을 상기하고 공유하는 민족 행사였다면, 남·북 공연예술단이 분단선을 넘어 상대방의 땅에서 펼친 공연은 민족의 공통성을 확인하고 함께했던 역사의 기억을 찾아가는 당시 분단선을 넘은 남·북 공연예술단원은 각각 50명이었다.

이 '정치적 이벤트'는 엄청난 반향을 불러일으켰다. 9월 28일 KBS1TV로 2시간 20분 동안 녹화 방영된 서울예술단의 평양대극장 공연과 평양예술단의 서울 국립극장 공연은 마치 '국민 드라마'처럼 온 나라의 관심을 받았다.

남·북한 최고의 가수, 희극인, 무용가가 총출연하였다. 남한에서는 가수 김정구, 나훈아, 김희갑, 남보원 등 TV 유명인과 순수 공연예술인들이 골고루 출연한 데 반해 북한에서는 무용가 김명득, 차영희, 박복희 등 순수 공연예술인이 주가 되어 출연하였다. 따라서 공연 프로그램의 구성도 차이가 있었다. 각각 120여 분에 걸쳐 공연된 프로그램은 다음과 같다.

서울예술단이 평양에서 펼친 공연 프로그램은 1, 2부로 나뉘어 진행되었다. 1부에서는 '겨레의 맥박'이라는 주제 아래 「북소리」라는 무용으로 개막을 알렸다. 이어서 민속무용 「태평성대」, 「승무」, 민요합창 「울산아가씨」, 「잦은 산타령」, 창작무용 「꽃보라」, 가곡 「사공의 노래」, 창작과 민속무용 「강강술래」, 민속무용 「봉산탈춤」, 「부채춤」, 코미디 「고향가는 열차」가 차례로 공연되었다. 2부에서는 '2천년대를 향하여'라는 주제로 현대무용 「겨레의 갈망」, 가요 「눈물 젖은 두만강」, 「불효자는 웁니다」, 가요합창 「아리랑 목동」, 「신고산 타령」, 「고향만리」, 「서울의 찬가」, 가요 「찔레꽃」, 「꿈에 그린 내고향」, 「삼다도 소식」, 현대무용 「2천년대를 향하여」, 가곡 「그리운 금강산」, 민속무용 「농악」, 전원합창 「아리랑」 순으로 공연되었다.

서울에서 공연한 평양예술단의 공연프로그램은 무용과 가야금독주, 그리고 남성과 여성 중창으로 구성되었다. 무용 「금강선녀」, 민요2중창 「노들강변」, 「조선팔경가」, 무용 「손북춤」, 가야금독주 「봄」, 무용 「달맞이」, 남성4중창 「양산도」, 「까투리타령」, 무용 「칼춤」, 장새납독주 「그네뛰는 처녀」, 무용 「3인무」, 「샘물터에서」, 여성4중창 「모란봉」, 「새 봄을 노래하네」, 무용 「쟁강춤」 등의 순이었다.

셋. 남·북의 공연예술단, 최초의 민간 특사가 되다
  : 노태우 정권 시대

엄청난 '흥행'을 거둔 최초의 공연예술단 교류에 이어 두 번째 남·북 공연예술단 교류는 1990년 10월, 그리고 12월에 평양과 서울에서 이루어졌다. 남·북한 당국이 아닌 민간차원에서 이루어진 첫

문화예술 교류라는 측면에서 역사적이었다.

분단 이후 최초의 노래하고 춤추는 민간 특사로 북한을 방문한 남측 공연예술단은 1990년 10월 18일부터 23일까지 북한의 무대에 올랐다. 평양의 '2·8문화회관', '봉화예술극장'을 비롯하여 6개 공연장에서는 '범민족통일음악회'가 연이어 막을 올렸다. 음악회에서는 황병기를 단장으로 구성된 남측 '서울전통음악연주단'과 김원균을 단장으로 한 북측의 '평양음악단'이 함께 무대에 올라 합동공연을 선보였다. 미국, 캐나다, 소련, 중국 등을 비롯한 15개 해외동포로 구성된 연주단도 함께했다.

떠들썩하게 남·북 고위급회담이 이루어지고 있던 가운데에도 적대적 시각을 거두지 않고 여전히 남·북한의 언론은 물론 주민들은 서로에게 날을 세우고 있었다. 하지만 '범민족통일음악회'를 바라보는 남·북한 언론과 주민들의 반응은 확연히 달랐다. '범민족통일음악회'에 직접 참여한 남·북한 예술인들은 물론이고 이 공연이 성사되고 실현되는 과정을 지켜보았던 남·북한 주민들에게 들려온 '우리의 소원은 통일'은 반드시 함께 만들어 내야 할 '민족의 염원'이었던 것이다. 당시 북측 주민들의 반응을 동아일보는 다음과 같이 전했다.

남북한간의 고위급회담이 양측정부의 이해득실 차원에서 나온 정치적 산술이었다면 범민족통일음악회는 한반도의 남과 북에 어쩔 수 없이 잠시 떨어져 지재고 있는 민초들의 정서와 한과 하나됨에 대한 열망이 분출 확인된 것이리라. 비슷한 시기 북한을 방문한 강영훈 총리 등 남북 고위급회담 우리측 대표들이 북한 주민들로부터 회담성과에 따라 환대와 냉대를 번갈아 받았던데 반해 14일 판문점을 거쳐 평양에 도착, 성공적인 공연을 계속하고 있는 서울전통예술단은 대부분 환대를 받았다. 그러면서 남북의 예술인과 북녘의 동포들은 감정이 고조될 때마다 「우리의 소원은 통일」을 소리높여 합창, 통일의 그날이 하루속히 찾아오기를 빌고 또 빌었다. 이번대회 산파역인 윤이상씨는 그럴때마다 "내가 바라던 우리 민족의 모습이 바로 이런것이었다"며 눈시울을 붉히곤 했다.

「범민족통일음악회 「한민족」 확인한 우리가락 잔」, 『동아일보』, 1990.10.22.

1990년 12월에는 서울 '예술의 전당'에서 '송년 통일전통음악회'가 열렸다. 10월에 열렸던 '범민족통일음악회' 때와 마찬가지로 공연은 남·북 공동으로 진행되었다. 공연을 위해 서울을 방문한 북측의 '평양민족음악단'은 12월 8일부터 13일까지, 5박 6일 동안 서울 워커힐 호텔에 머물렀다.

'평양민족음악단'은 성동춘 조선음악가동맹 부위원장을 단장으로 최상근이 총연출, 그리고 감독은 신동일, 이외에 성악가 김관보, 백순희, 김진명, 정재선, 백영희, 배윤희, 이성훈, 장애란, 이순덕, 성영희, 기악가 전영남, 전영일, 최영섭, 유덕재, 전동환, 장창거, 김천남, 한철, 정송희, 김길화, 이순화, 유혁철, 박순일 등으로 구성되었다. 별개로 음향사 정자흡, 통신사 송남수, 연락원 강덕순, 기자 이춘경, 최영화, 김남수, 강영수가 '송년 통일전통음악회'를 위해 남측을 방문했다.

북측 예술인들 중 월북 작곡가 조영출의 부인이었던 민요가수 김관보, 그리고 서도소리 명창이자 평양음악무용대학 강사로 활동 중이었던 김진명이 서울연주단 서도소리 인간문화재 오복녀와 40여년 만에 해후하여 언론의 주목을 받았다. '청진포의 뱃노래'를 부른 민족성악가수 이순화와 가야금병창 명인으로 유명했던 이순화도 화제였다.

'송년 통일전통음악회'는 K-1TV를 통해 전국으로 녹화 방송되었다. 1부 남측 공연에서는 아악, 거문고산조, 민요, 가야금합주, 심청가 한 대목이, 2부 북측 '평양 민족음악단' 공연에서는 독창, 혼성민요 2중창, 여성민요 3중창, 혼성민요제창, 여성민요 5중창, 소합창 '우리의 소원', 단소독주, 옥류금독주, 가야금독주, 그리고 병창이 공연되었다.

남·북 주민들은 익숙한 전통음악에서 서로의 공통성과 민족성을 확인할 수 있었다. 그 중에서도 북측 예술인 승영희가 남측 황병기와 북측 성동춘이 공동으로 작곡한 '통일의 길'을 불러 큰 박수를 받았다. 공연 마지막 날, 남과 북 예술인 2백 50여 명은 함께 무대에 올라 손을 맞잡고 '우리의 소원'을 불렀다. 객석도 합세했다. '우리의 소원'은 7차례나 계속되었다.

1985년 첫 남·북 공연예술단 교류에서 날을 세워 서로를 공격했던 언론도 이번 남·북 합동공연에 대해서는 '혈육 화음', '한핏줄 실감'이라며 긍정적 평가를 내놓았다. 실제로도 당시 남·북 합동공연은 여러 면에서 발전적이었다. 이 공연의 집행위원장이었던 황병기도 두 번째로 치러진 남·북 합동공연을 '성공적'으로 평가했다.

85년 남북예술단이 서울과 평양에서 내왕공연 했을 때는 화해를 위해서라기 보다 반목과 나쁜 감정을 확인하는 무대가 됐었으나 이번 행사는 상호 이해와 호감이 증폭된 무대였다.

「"남북 음악 이해폭 넓혔다" 통일음악회 황병기 집행위원장」, 『동아일보』, 1990.12.15.

남·북한 주민들은 국가에 의해 교육 받은, 또는 강요당한 '적대감' 속에서 '다름'을 확인하면서도 민족의 춤과 노래 속에 부정할 수 없는 '같음'이라는 양가적 감정을 느끼고 있었다. 그리고 공연이 무르익을수록 그 감정은 폭발적으로 터져 나왔다. 박정희, 전두환, 노태우로 이어진 군사정권은 자신들의 정권을 유지하기 위해 '반공교육'을 극단적으로 강조했다. 그리고 자신의 종신정권을 위해 감정적 분단을 강요하고 강압했다. 그럼에도 불구하고 남·북한 주민들의 서로에 대한 열망은 '적대감'을 뛰어넘어 민족을 확인하고 있었다. 노래하고 춤추는 특사들은 강고한 체제의 벽을 허물고 한민족의 감정을 흔들어 놓았던 것이다.

세 번째 남·북 공연예술단 교류는 1991년 5월에 이루어졌다. 1991년은 남·북한 관계가 전례 없이 구체적이고 폭넓게 전개되었던 해였다.

중단되었던 남·북 교류는 1991년 5월 1일 북한 만수대의사당에서 남측의 박정수 국회대표단단장을 만난 북한의 양형섭 최고인민회의장의 남북대화 재개 제안으로 급진전 되었다. 대표적으로 1988년 10월 '남북민간교역허용' 이후 제3국을 통한 간접교역이 아닌 최초의 직교역이 성사되었다. 10월에 이루어진 '두만강 개발회의'를 통해 '남·북 경제사회 공동체'가 추진되면서 경제 분야를 중심으로 교류와 협력의 구체적인 논의가 오고 갔다.

제6회 세계청소년축구선수권대회와 제41회 세계탁구선수권대회에 남·북 단일팀이 출전하기도 하였다. 9월에는 유엔동시가입이 추진·성사되었으며, 12월 서울에서 열린 고위급 회담에서는 '남북 기본 합의서'라는 역사적 합의가 이루어졌다. 정치·경제적 합의가 '통일'을 지향하고 있었는지에 대해서는 논란의 여지가 있지만 '남·북

한 관계 개선', '남·북한 교류·협력의 확대'라는 측면에서 1991년은 기념비적인 해였다.1

이러한 가운데 남·북의 공연예술단은 일본에서 다시 만났다. 1991년 5월, '쓰루가'시 부둣가의 특설무대에서 열린 '환동해국제예술제'를 통해서였다.

남측에서는 '중앙국악관현악단'이 북측에서는 '평양음악무용단'이 참가했다. 5월 3일, 각자의 레퍼토리를 선보였던 남·북한 공연예술단은 5월 4일, '남·북합동연주회'로 함께했다. 남측 '중앙국악관현악단'이 아리랑을 주제로 한 '아리아리'를 연주하고 북측 '평양음악무용단' 가수들이 아리랑을 함께 불렀다. 현장에 있었던 민단 및 조총련계 동포 5백여 명은 남·북 공연예술단의 합동공연에 열광했다. 마지막 날이었던 5월 5일, 남·북 공연예술단은 '클래식'으로 다시 한 무대에 올랐다. 북측 김일진의 지휘에 남측 이혜경이 모차르트피아노협주곡 24번을 연주했다. 이국의 땅에서 만난 남·북한 공연예술단은 물론 이를 지켜보았던 해외동포, 그리고 '쓰루가의 아리랑환상곡'이라는 제목으로 MBCTV를 통해 당시 남·북 예술인들의 만남을 바라보았던 남한의 주민들은 민족의 음악과 춤을 통해 공유하고 있는 역사적 뿌리를 확인했다.

다음은 당시 북한은 방문하여 기록했던 정수웅 감독과 북측 주체사상문학연구소 소장 김진영과의 대화 내용이다.

단상에서 내려왔을 때 한 노인이 나를 불렀다. 주체사상문학연구소 소장 김진영 선생이었다. 그는 내 얘기를 듣고 눈물을 글썽거렸다며 "앞으로 이런 마음을 가져주세요"했다. '또 주체사상 얘기를 하겠구나' 생각했는데 그의 말은 의외였다. "정동지, 윤동주라는 민족시인 아시죠.

그의 시에 '한 점 부끄러움 없는 마음'이라는 구절이 있죠. 그런 마음이면 민족혼을 찾을 수 있을 겁니다." 그의 말은 나를 울컥하게 만들었다. 내게 통일이란 거창한 정치문제도, 골치아픈 경제문제도 아니다. 북한 처녀의 "서울총각 소개해 주세요"라는 농담이요, 노학자가 인용한 "한 점 부끄러움 없는 마음"일 뿐이다.

「나의 젊음, 나의 사랑 '다큐' 감독 정수웅(8) "통일은 부끄럼 없는 마음에서"」(칼럼/논단), 『경향신문』, 1997.10.21.

'적대의 시대'에 남·북의 예술인이 나눈 대화는 통일이 "거창한 정치"로, "골치 아픈 경제"로 가능한 것이 아님을 다시 한번 확인하게 한다. 통일은 여전히 '우리'가 함께 '우리의 소원은 통일'을 벅차게 부를 수 있을 때만 분단의 땅에서 '염원'이 되고 '소원'이 되어 실현될 것이다. 언젠가 노래하고 춤추는 특사가 다시 경계를 넘어 함께 한 역사를 깨워주길 바란다.

# 신스틸러, 대남특사 김여정

## 1. 남한 땅을 밟은 김여정

2018년 2월 김여정이 남한 땅을 밟았다. 북한이 내세우는 백두혈통의 일원이 남한을 방문한 것은 최초의 일이었다. 누구도 예상하지 못했던 북한의 행보에 '파격적'이라는 단어가 따라 붙었다. 세계인들은 북한의 퍼스트 시스터인 '김여정'에게 시선이 쏠렸다. '과연 그녀가 분단을 넘어 평창까지 온 이유는 무엇일까', '그녀는 김정은의 메시지를 가지고 왔을까' 등 세간의 관심은 높았다. 김여정은 2박 3일 남한에서의 일정을 소화하면서 당당한 표정을 잃지 않았고, 공식적인 석상에서 말을 아꼈지만, 남측 당국자들과 만남에서는 주도적으로 의견을 개진했다. 당연히 압권은 방남 둘째 날 2월 10일 문재인 대통령을 만난 자리에서 김여정은 김정은 국무위원장의 친서를 전달하며, 김정은의 특사 자격임을 밝힌 것이다. 향후 남북관계 전망과 함께 북한이 선정한 '대남특사' 김여정에게 한국 사회와 세계의 관심이 쏠렸다. 표정, 글씨체, 말 한마디까지 화젯거리를 불러일으킨 김여정은 평창올림픽 외교전에서 압도적인 이목을 끌었다. 미국 언론 CNN조차 대남특사 김여정을 두고 '올림픽에 외교부문이 있었다면 금메달 후보'라고 평가했다.

이른바 김여정의 '평창 외교'는 평화의 대격변기라 불렸던 2018년 한반도 정세에 중요한 국면을 가져왔다. 그해 남과 북 두 정상은 4월과 5월 판문점에서, 9월 평양에서 회동하며 70년 적대를 청산하고 민족의 화해와 공동번영을 다짐하였다. 남과 북의 화해 분위기와 가동된 평화 프로세스는 치열했던 북·미의 대결을 진정시켰다. 6월에는 북·미 두 정상이 싱가포르회담을 통해 이전과 다른 새로운 관계 설정과 한반도 비핵화 및 항구적 평화체제 건설을 두고 '세기의 담판'을 연출했다. 또한, 2018년 평화 정세는 남과 북은 물론 미국과 중국 등 한반도 유관국 사이의 적대와 대립의 질서를 해체하기 위해 종전선언, 평화협정, 평화체제 등 다양한 미래를 상정하며 논의를 계속하고 있다. 분단과 냉전의 낡은 장벽을 허물고 담대한 평화의 첫걸음을 내딛는 과정에서 '김여정'은 주연 같은 조연인 '신스틸러 (scene stealer)'였다.

## 2. 남북관계의 돌파구를 열어라

### 1) 한미군사훈련 연기 방침과 김정은의 신년사

2017년 한국 사회는 '촛불 혁명'을 통해 변화에 대한 열망으로 가득했다. 하지만 유독 냉각된 남북관계는 요지부동이었다. 북한은 대륙간탄도미사일(ICBM)을 수차례 발사했고, 11월 29일 화성-15형 발사와 함께 '국가 핵 무력 완성'을 선언했다. 이에 미국의 도널드 트럼프 대통령은 북한에 '전 세계가 결코 본 적 없는 힘, 화염과 분노 (fire and fury)에 직면할 것'이라며 한반도 긴장을 최고 수위로까지 격화시켰다. 북한과 미국은 서로를 향해 '말 폭탄'과 '무력시위'를 전개했고, 그때마다 한반도는 전쟁 위기설에 휩싸였다.

문재인 정부는 2018년 2월 '평창 동계올림픽 대회(이하 평창올림픽)'를 예정하고 있었다. 세계인의 축제라 불리는 올림픽을 성사하기 위해 한반도 역내 안정은 중요했고, 당연 북한의 행보를 예의주시할 수밖에 없었다. 통상 2월 말에서 3월에 시작되는 한·미연합군사훈련(키리졸브 연습 및 독수리 훈련)은 올림픽 기간과 겹칠 가능성이 컸다. 한·미연합군사훈련은 북한을 자극하고, 한반도 역내 긴장을 고조시키는 요인이었다. 12월 19일 문재인 정부는 '한미 훈련 연기는 북한의 태도에 달려 있다'라고 언급했다. 정부는 훈련 연기 결정을 내리지 않았지만, 연기 가능성을 비치며 북한에 신호를 보냈다. 올림픽이 '세계평화'를 상징하고 있다는 점에서, 대결로 상징되는 훈련을 중단하는데 충분한 명분이 되었다. 거친 언사와 화약 냄새로 위기의 연속이었던 2017년의 막이 내리고 있었다.

2018년 새해가 시작되었다. 김정은 국무위원장(이하 위원장)은 신년사 육성 연설을 통해 "남조선에서 머지않아 열리는 겨울철 올림픽"을 "민족의 위상을 과시하는 좋은 계기가 될 것"이라며 성과적인 개최를 위해 대표단 파견"을 전격 제안하였다. 더하여 "한 핏줄을 나눈 겨레로서 동족의 경사를 같이 기뻐하고 서로 도와주는 것은 응당"하다고 강조하며, "긴장 완화"를 위해 남한 당국의 화답을 요구하였다. 김 위원장은 문재인 정부에서 제시한 한·미연합군사훈련 연기 가능성을 믿고, 평창올림픽을 남북관계 회복의 기회로 만들고자 했다.

문재인 정부는 즉각 '환영' 입장을 밝혔다. 청와대 대변인은 "평창 올림픽의 성공적 개최"는 "한반도는 물론 동북아와 세계평화, 화합에 기여할 것"이라며 "남북관계 복원, 한반도 평화와 관련된 사안이라면 시기·장소·형식에 구애됨 없이 북한과 대화할 용의"가 있음을 밝혔다. 1월 3일 북한은 대남정책 담당 기구인 조국평화통일위원회 리선권 위원장을 통해 평창올림픽 대표단 파견 문제를 포함하여 남북 당국 간 회담 개최 등 남한과의 소통을 위해 판문점 연락 채널을 다시 개통하겠다고 밝혔다. 2016년 2월 개성공단 폐쇄로 단절된 남북 당국 간의 소통 창구가 23개월 만에 다시 복원된 것이다. 리선권 위원장은 올림픽의 성과적 개최를 강조하며, 일정에 오른 남북관계 개선에 대해 전적으로 남북 당국이 민족의 기대와 염원에 맞게 책임을 다하자고 밝혔다. 남과 북 모두 올림픽을 기회로 한반도 평화국면 조성을 위해 속도를 높였다.

4일 밤 문재인 대통령과 트럼프 미국 대통령이 전화 통화를 통해 '한·미연합군사훈련 연기'에 전격 합의했다. 곧이어 북한은 문재인 정부에서 제안한 '1월 9일 판문점 남북 고위급회담'을 받아들였다. 그리고 판문점 남측 평화의 집에서 조명균 통일부 장관을 단장으로 하는 남측 대표단과 리선권 조국평화통일위원회 위원장을 단장으로 하는 북측 대표단이 25개월 만에 회담 테이블에서 마주했다. 리선권 위원장이 '온겨레에 새해 선물'이 되는 회담을 만들자고 운을 떼자, 조명균 장관은 '시작이 반'이라며 화답했다. 양측 모두 남북대화가 열릴 수 있었던 가장 큰 이유로 '민심'을 언급했다.

9시간의 긴 회담을 통해 남과 북은 3가지 합의를 발표한다. 첫째, 남측 지역에서 개최되는 올림픽의 성공적 개최를 위해 북측은 올림픽에 고위급대표단과 민족올림픽위원회 대표단, 선수단, 응원단, 예술단 등을 파견하고 남측은 필요한 편의를 보장한다는 것이었다. 둘째, 군사적 긴장 상태 완화를 위해 '군사당국회담'을 개최하고 다양한 분야에서 접촉과 왕래, 교류와 협력을 활성화하자는 것이었다. 마지막으로 남과 북은 이전의 남북 합의를 존중하며, 남북관계에서 제기되는 모든 문제를 한반도 문제의 당사자로서 대화와 협상을 통해 해결하자는 것이었다. 남과 북 모두 조심스러웠지만, 민족의 화해와 한반도 평화를 향한 진심을 전달했다. 남과 북은 대화를 통해 지난날의 앙금을 녹이고 평화의 물길을 열어가고 있었다.

### 2) 여자 아이스하키 남북단일팀을 둘러싼 논의

남과 북 당국이 속전속결로 남북관계 냉각기를 녹이며 평창올림픽으로 향해가고 있을 때, 삐걱거림도 있었다. 바로 '여자 아이스하키 남북단일팀' 구성 문제였다. 남과 북은 9일 고위급 회담을 기반으로 실무적인 합의를 위해 17일 차관급 회담을 진행했다. 남과 북은 차관급 실무회담을 통해 '여자 아이스하키 남북단일팀' 구성에 합의했다. 남북단일팀 구성은 1991년 세계탁구선수권대회에서 남측의 현정화와 북측의 리분희가 코리아팀을 이뤄 겨레에 감동을 선사한 역사를 갖고 있다. 27년 만에 성사된 남북단일팀은 평창올림픽을 통해 겨레에 감동을 선사하고, 세계인 앞에 평화를 강조하는데 분명 파급력이 있을 것이라 예상했다. 정부와 여당은 험악했던 남북관계를 뒤로하고 북한과 단일팀 결성까지 극적 합의했다는 점에서 국민적 지지를 받을 것이라고 기대했다.

그러나 남북단일팀에 대한 여론은 예상외로 비판적이었다. 특히 2030 청년세대에서는 단일팀 반대 여론이 강하게 표출되었다. 청년들은 올림픽 출전을 위해 수년간 노력한 남한 선수들의 자리가 남북단일팀 구성 때문에 북한 선수들에게 빼앗기게 되는 것을 '공정성 훼손'이라고 판단했다. 남측 여자 아이스하키팀 감독을 맡고 있던 사라 머레이(Sarah Murray) 감독 또한 급작스러운 단일팀 결정에 '충격적'이라고 표현하였다.

남북 차관급 실무회의 합의 일정대로 여자 아이스하키 남북단일팀 엔트리(경기에 참여하기 위한 등록) 구성에 대한 최종 결정권은 국제올림픽위원회(IOC)로 넘어갔다. 그러나 엔트리 결정이 발표되기 전부터 일부 언론과 정치인은 확정되지 않은 엔트리 문제에 대해 근거 없는 전망을 하였다. 이들은 한국 선수 중 일부가 출전하지 못할 가능성을 제기했다. 물론 예상되는 문제를 제기할 수는 있지만, 아직 확정되지 않은 상황에서 '꿈이 짓밟혔다', '기회 박탈' 등의 자극적인 표현이 난무했다. 언론과 정치권은 '공정성'을 앞세우고 있었지만, 이면에는 강력한 '반북(反北) 정서'도 작동되고 있었다. 한편 이낙연 국무총리는 여자 아이스하키 경기를 두고 '메달권이 아니다'며 남북단일팀을 추진하는 정부 당국자로서 논란을 키울만한 실언을 했다.

20일 IOC는 남북단일팀에 한해 기존 23명의 출전 엔트리를 35명으로 대폭 늘렸다. 남측 선수 23명 모두 출전의 기회가 부여되었고 북측 선수 12명이 추가되었다. 물론 경기 엔트리는 다른 출전팀과 동등하게 22명이며, 경기마다 북한 선수 3명을 포함 시킬 것을 조건에 달았다. 결정을 내리기까지 IOC와 남북한 올림픽위원회의 협의는 물론이고, 국제아이스하키연맹(IIHF)과 참가국들의 동의가 있었다. 어렵사리 모두에게 경기 출전의 기회가 제공되었지만, 섬세하게 들여다보면 각 선수의 출전 시간이 줄어들었다. 더하여 조직력이 중요한 아이스하키 경기에서 출전 1달 전 구성된 단일팀의 조직력 문제도 있었다.

여자 아이스하키 남북단일팀 논란은 통일의 과정에서 고민 지점을 남겨주었다. 우선 통일 과정에 있어 소통의 문제이자, 정확히는 소통 대상의 문제이다. 기존 남북관계에서 소통은 남과 북의 당국에만 한정되는 경향이 있다. 남북단일팀 구성이 합의되는 과정 또한 남과 북 당국 회담을 통해 우선 이뤄졌고, 합의 후에는 남과 북 선수들에게 일방적으로 통보되었다. 물론 엔트리 결정 등 IOC에 최종 권한이 있기에 남과 북 당국이 선수들과 국민을 대상으로 자세한 설명을 전달하기 어려운 구조였다. 그러나 기본적으로 올림픽 경기를 한 달도 남기지 않은 상황에서 남북단일팀을 구성한 것은 정치적 성과를 앞세운 남북 당국의 성급한 결정이었다는 비판을 피해가기 어렵다.

대조적으로 1991년 세계탁구선수권대회 출전을 위해 단일팀이 꾸려진 과정을 돌아볼 필요가 있다. '탁구단일팀 실무위원회'가 만들어졌고, 남과 북의 탁구협회에서 실무위원회에 직접 참가하여 단일팀 구성에 대한 논의를 직접 진행했다. 물론 절대적 시간은 부족했지만, 남북 탁구단일팀 선수들은 46일간의 합숙 훈련을 함께하기도 했다. 더하여 민단(재일본대한민국민단)과 조총련(재일본조선인총연합회)으로 대표되는 재일조선인 사회에서도 반목을 딛고 남북 탁구단일팀을 위해 공동응원에 나섰다는 점을 반추하면 2018년 여자 아이스하키 단일팀 구성 과정에서 다양한 소통과 교류의 부족은 아쉬움을 짙게 남긴다.

둘째, 남북단일팀 논란 과정에서 2030 청년세대들의 반응은 더욱 유심히 살펴볼 필요가 있다. 일각에서 2030 청년들이 남북단일팀에 대한 비판적 여론이 높다는 이유로 통일문제에 관심이 없는 세대로 비평한다. 그러나 이는 다시 고민해볼 필요가 있다. 오히려 남북단일팀을 둘러싼 논의 과정에서 2030 청년들은 통일이 자신의 삶에 어떤 영향을 줄 것인지를 자신의 입장에서 바라보고 있다. 이들은 남과 북에 사는 사람들의 삶을 고려하지 않은 채, 민족적 대의만을 앞세우는 통일 논의에는 찬성할 수 없다는 자기표현을 분명히 하고 있었다. 국가 담론 안에 갇힌 통일문제를 넘어서 자신의 삶으로 통일문제를 바라보는 것이다. 청년들은 남북관계 개선 인식하면서도, 단순히 하나가 되는 과정이 아닌, 남과 북이 평화에 기초한 관계 회복에 더 중점을 두는 이유이다.

분단 70년을 넘긴 오늘날, 통일의 과정은 결코 남과 북 당국만의 문제일 수 없다. 통일은 남과 북, 그리고 해외에 살아가는 모든 이들의 대화와 논의의 과정이어야 한다. 그렇기 때문에 '자신의 삶에서 통일문제 읽기'는 통일이 하나의 정치적 이벤트가 아닌 한반도와 그 자장 속에 살아가는 사람들의 삶에 변화를 추동한다는 점에서 의미 있다. 무엇보다도 '논란'이라고 표현될 정도로 시끄럽더라도 통일문제에 대해 허심탄회하게 자신의 의견을 개진하는 것이야말로 '민주주의'이고, 통일 이후의 사회가 그려야 하는 모습일 것이다.

남북단일팀 구성이 안정적으로 자리를 잡아갔던 것은 남과 북 선수들과 감독의 노력 때문이다. 사라 머레이 감독은 팀워크가 중요한 아이스하키 경기에서 남 / 북 선수들의 라커룸을 사이사이에 배치했고, 북한의 박철호 감독(코치)과 훈련 방법 등을 공유하며 단일팀을 이끌었다. 선수들은 서로에게 통역과 용어설명을 해주었고, 생일을 챙겨주며, 경기를 쉬는 날에는 소풍도 함께했다. 제대로 된 승리를 거머쥔 경기는 없었지만, 한수진 선수의 골은 남북단일팀의 첫 골로 감동을 나누기에 충분했다. 선수들은 경기가 끝나고 헤어지면서도 맞잡은 손을 꼭 잡으며 아쉬워했고, 눈물을 붉히며 건강히 다시 만나자고 말했다. 남과 북 선수들이 3주간 쌓은 신뢰와 애정은 '민족적 감정'이라는 단어로 담기에 부족할 정도로 진한 여운을 남겼다. 남과 북의 '원바디(One-Body, 하나의 몸이 되어 움직인다는 아이스하키 선수들의 구호)'는 무거운 공기가 가득한 회담장보다, 선수들이 땀 흘리는 경기장에서 이뤄졌다.

### 3. 김여정의 2박 3일

#### 1) 북한의 고위급대표단 남한 방문과 다시 열린 서해 직항로

2월에 접어들면서 '평창올림픽 북측 대표단에 누가 올 것인가'에 대한 관심이 집중되었다. 4일 북한은 올림픽 개회식에 맞춰 김영남 최고인민회의 상임위원장을 단장으로 단원 3명, 지원 인원 18명으로 구성된 고위급대표단을 남한에 방문할 예정임을 통지했다. 북한 사회주의 헌법상 대외적으로 국가수반의 역할인 최고인민회의 상임위원장은 그동안 남한을 방문한 북한 인사 중 최고위급이었다. 북한 전문가들은 신원이 밝혀지지 않은 3명 중 김여정이 포함될 가능성에 대해서 희박하다고 판단했다. 그러나 방남 이틀을 앞두고, 북한은 남측을 방문하는 고위급대표단의 일원에 김여정 당 중앙위원회 제1부부장을 포함했다. 문재인 정부는 김정은 위원장의 직계가족인 김여정까지 포함된 유례없는 북한의 고위급대표단 구성에 흥분과 기대감을 숨기지 않았다.

2월 9일 오후 1시 46분. '조선민주주의인민공화국'이라는 글씨와 인공기 문양이 선명하게 새겨진 전용기가 인천공항에 착륙했다. 북한의 고위급대표단이 탄 전용기였다. 북한 대표단은 서해 직항로를 통해 내려왔는데, 2000년 6.15 남북정상회담 당시 김대중 대통령이 북한으로 올라갔던 '하늘길'이었다. 이를 의식하듯 북한은 항공기 편명을 'PRK-615'로 정했다. 6.15 남북공동선언 이후 획기적으로 변화했던 남북관계를 다시 만들겠다는 북한의 의지가 담긴 이름이었다. 김여정과 북측 대표단을 마중하기 위해 조명균 통일부 장관부터 시작하여 천해성 통일부 차관, 남관표 청와대 국가안보실 2차장이 인천공항에 마중 나왔다. 남한의 대중들 앞에 비친 김여정은 긴장을 숨긴 채 당당한 모습이었고, 남측 당국자들을 만난 자리에서 밝은 표정으로 인사를 나눴다.

### 2) '역사적인 악수'

9일 오후 8시, 평창올림픽 개회식이 올림픽 스타디움에서 예정되어 있었다. 김여정을 비롯한 북측 대표단은 먼저 도착하여 4층 VIP 석에 자리를 잡았다. 북측 대표단 자리 앞줄에는 문재인 대통령 내외의 자리가 배치되었다. 통상 VIP석에는 외국 정상급 인사와 배우자가 앉지만, 정부는 북측 대표단에 특별히 자리를 마련했다. 문 대통령 내외가 개회식장에 입장했고, 차례로 귀빈들과 인사를 나눴다. 김여정은 문 대통령을 보자 자리에서 일어나 환한 미소와 함께 손을 내밀었다. "정말 반갑습니다. 김여정입니다." 문 대통령이 김여정의 손을 맞잡자 카메라 플래시가 터져 나왔다. 짧은 순간이었지만, 올림픽 성화처럼 강렬하고 뜨거운 악수였다. 외신은 문 대통령과 김여정의 악수 장면을 개회식의 명장면으로 뽑았다. 미국 CNN은 '역사적인 악수'라고 평가했다.

92개국 3,000여 명의 선수들이 참가한 평창올림픽에서 남과 북은 마지막 순서인 91번째로 등장했다. 신명 나는 아리랑이 경기장을 가득 메웠고, 한반도기를 앞세우고 남측 봅슬레이 대표 원윤종 선수와 여자 아이스하키 단일팀 선수인 북측 황충금 선수가 당차게 개막식장에 입장하였다. 그 뒤로 남과 북으로 구분되지 않는 '코리아의 선수'들이 한반도기를 흔들며 행진했다. 11년 만에 성사된 코리아팀 공동입장에 개회식장은 감동의 물결로 일렁였다. 3만 5천 명 관중들은 기립하며 코리아로 하나 된 남북 선수들에게 박수갈채를 보냈다. 문 대통령은 자리에서 일어나 손을 흔들며 선수들을 격려했고, 함께 손을 흔들던 김정숙 여사도 뭉클함에 고개를 끄덕였다. 김여정도 코리아팀 선수들에게 연신 박수를 보냈고, 김영남 상임위원장은 두 손 모두 들고 선수들을 반겼다. 토마스 바흐 IOC 위원장을 비롯하여 슈타인마이어 독일 대통령도 박수를 아끼지 않았다. 세계 25억 명의 시청자들은 평화의 걸음으로 냉전을 넘어서는 코리언을 보며 올림픽의 정신인 화합의 의미를 되새겼다.

개회식 당일 문재인 대통령은 '평화'를 강조했다. "평창올림픽이 아니었으면 한자리에 있기가 어려웠을 분들도 있다"라면서 냉전의 해체 이후에도 반목하는 한반도와 주변국의 상황을 언급했다. 곧이어 1991년 세계탁구선수권대회 당시 남북단일팀과 2018년 여자 아이스하키 남북단일팀을 거론하며 "2.7g의 작은 (탁구)공이 평화의 씨앗이 되었다. … 27년 후 170g의 (아이스하키)퍽으로 커졌다"라며 남과 북의 평화를 향한 의지는 계속 확장되고 있음을 내비쳤다. "스틱을 마주하며 파이팅을 외치는 선수들의 가슴에 휴전선은 없다"라고 말하며 "평화가 시작된 겨울 올림픽"으로 "오늘을 기억하자"라고 당부하였다. 평화의 시작, 평창올림픽은 한반도 평화의 변곡점이 되고 있었다.

### 3) 김정은 위원장의 친서

방남 이틀 차인 10일 오전 10시 56분 김여정과 북측 대표단이 청와대 본관에 들어섰다. 김여정의 손에는 묵직한 서류가방이 쥐어져 있었다. 문재인 대통령은 현관까지 마중 나와 북측 대표단을 맞이했다. 문 대통령은 김여정과 악수를 하며, "어제 추운 날씨 힘들지 않았습니까?"라며 안부를 건넸고, 김여정도 "대통령께서 마음을 많이 써주셔서 불편함 없이 잘 보냈습니다."라고 화답했다.

바로 이어진 접견식에서 김여정은 남색 파일철을 테이블에 올려놓았다. 파일 표지에는 금박으로 처리된 조신민주주의인민공화국 국장(國章)과 그 아래에는 '조선민주주의인민공화국 국무위원장'이라는 글씨가 음각으로 새겨져 있었다. 김정은 위원장의 친서였다. 문 대통령이 들어오기 전까지 접견식장은 다소 긴장감이 팽배했다. 접견식에 북측 대표단은 총 4명으로 중앙에 김여정과 김영남 상임위원장이 착석했고, 양 끝으로 리선권 조국평화통일위원장과 최휘 국가체육지도위원장이 배석했다. 남측 참석자는 총 5명으로 문재인 대통령은 김여정과 김영남 상임위원장의 사이에 마주하게 되었고, 대통령 가까이에는 조명균 통일부 장관과 임종석 비서실장, 그리고 양 끝에는 서훈 국가정보원장과 정의용 국가안보실장이 배석했다.

김여정은 문 대통령에게 자신이 김정은 국무위원장의 특사 자격으로 남한을 방문했음을 밝혔다. 김여정은 북한 고위급대표단의 일원보다도 더욱 상징적인 '대남특사'로 정치적 위상이 달라지는 순간이었다. 김여정은 김정은 위원장의 친서와 함께 '문 대통령을 빠른 시일 안에 만날 용의가 있다. 편하신 시간에 북을 방문해주실 것을 요청한다'라는 김정은 위원장의 메시지를 정중하게 전달했다. 이에 문 대통령은 '앞으로 여건을 만들어 성사시키자'라고 밝혔다. 김여정은 문 대통령에게 "통일의 새 장을 여는 주역이 되셔라"라는 정치적 무게감이 실린 제안을 통해, 특사다운 임무를 수행했다. 문 대통령은 남북정상회담에 대한 필요성을 인식하면서도 "미국과의 대화에 북한이 더 적극적으로 나서달라"고 언급했다.

회담 이후 열린 오찬장에서는 남북정상회담에 대한 기대와 희망으로 화기애애한 분위기가 이어졌다. 문 대통령은 "남북 평화와 공동의 번영을 위하여!"라는 건배사로 오찬 행사를 시작했다. 문 대통령은 젊은 시절 꿈으로 '개마고원 등산'을 언급하자, 김여정은 "이렇게 가까운 거리인데 오기가 힘드니 안타깝다. 한 달 하고도 조금 지났는데 과거 몇 년에 비해 북남관계가 빨리 진행되지 않았나. 북남 수뇌부의 의지가 있다면 분단 세월이 아쉽고 아깝지만 빨리 진행될 수 있을 것"이라며 남북관계 개선에 대한 의지와 희망을 피력했다. 이어 문 대통령은 전날 개회식에서의 남과 북의 악수를 상기하며, "단일팀이 공동입장 할 때 저도 모르게 자연스럽게 다시 축하 악수를 했다"라고 말했다. 이에 김영남 위원장도 한반도기를 흔들고 개회식에 입장한 선수들을 보며 "감격스러웠다"라고 대답했다. 실제 김영남 위원장은 개막식에서 남북 선수단을 보며 눈물을 흘렸다. 임종석 대통령 비서실장이 남과 북에서 '오징어'와 '낙지'를 정반대의 의미로 사용하고 있다고 언급하자, 김여정 특사는 "그것부터 통일해야겠다"라며 농담을 건네기도 했다.

남과 북은 2시간 50분 동안 회담과 오찬을 이어갔다. 문 대통령으로서는 김정은 위원장이 자신의 혈육이자, 북한 노동당 내 선전과 조직을 담당하고 있는 김여정을 '대남특사'로 파견했다는 점에서 북한의 남북관계 개선 의지를 충분히 확인할 수 있었다. 김여정은 남북 당국의 의견을 전달하는 역할은 물론, 남북 두 정상 사이의 신뢰를 전달하기에도 충분히 무게감 있는 존재였다. 특히 170여 분 동안 대화를 나눈 남과 북은 평창올림픽을 단순히 '일회적 만남'으로 그치지 않겠다는 것을 증명했다. 남과 북은 올림픽을 통해 서로에 대한 불신을 녹이며 남북관계 회복의 기반을 만들었고, 올림픽 이후에도 남과 북이 공유할 수 있는 일정을 제시하며 평화의 미래를 기대하고 있었다. 대남특사 김여정, 김정은 위원장의 친서, 문 대통령의 북측 고위급대표단 환대 등 아직 남북정상회담이 합의에는 이르지 못했지만, 한반도 정세는 결정적인 전환 국면을 맞이하고 있었다. 김여정 특사는 문 대통령과 만남 이후 방명록에 기대감 섞인 소감을 남겼다.

"평양과 서울이 우리 겨레의 마음속에서 더 가까워지고 통일번영의 미래가 앞당겨지기를 기대합니다."

문 대통령과 김여정 특사는 청와대에서 회견을 가진 뒤에도, 남북 여자 아이스하키 단일팀 경기와 삼지연관현악단 공연 등을 함께 관람했다. 2박 3일 동안 두 사람은 총 4차례 만남을 가졌다. 김영남 위원장의 경우 개회식 전 리셉션에서 문 대통령을 만났기 때문에 총 5차례 만난 것이다. 김여정 특사는 2박 3일의 마지막 일정도 남한의 고위급 인사들과 자리를 함께 했다. 이낙연 국무총리는 이날 오전 오찬 자리를 주최했고, 김여정 특사는 그 자리에서 "하나 되는 그날을 앞당겨 평양에서 반가운 분들을 다시 만나기를 바란다"고 건배사를 제안했다. 김여정은 문 대통령과의 마지막 일정인 삼지연관현악단의 공연을 관람하고, 영부인인 김정숙 여사에게 "늘 건강하세요, 문 대통령과 꼭 평양을 찾아오세요."라며 간절함을 거듭 전달했다.

남한에서의 모든 일정을 마치고 김여정과 북측 고위급대표단은 다시 평양으로 향하는 비행기에 올랐다.

## 4. 미완의 만남, 다시 시작되어야 할 평화

평양으로 돌아간 김여정은 김정은 위원장을 만나 남한 방문에 대한 상세한 보고로 대남특사의 역할을 마무리했다. 대남특사의 귀환 보고를 받은 김정은 위원장은 '남측이 성의를 다한 모습이 인상적이었다면서 사의'를 표했다. 또한 '북남관계의 화해와 대화의 좋은 분위기를 더욱 승화시켜 훌륭한 결과들을 계속 쌓아나가는 것이 중요하다'라며 '실무적 대책' 마련을 주문했다. 다만 김여정이 평양으로 돌아간 뒤 문재인 정부는 여전히 남북정상회담 실현에 대해서는 신중했다. 2월 17일 문 대통령은 남북정상회담에 대한 질문에 "많은 기대를 하고 있는 것으로 알고 있지만, 마음이 급한 것 같다. 우리 속담으로 하면 우물가에서 숭늉 찾는 격"이라며 신중함을 기했다. 문 대통령으로서는 한반도 유관 국가들 사이의 의견 교환 및 한반도 비핵화 문제에 대해 북한과 미국이 조율할 수 있는지를 판단해야 했을 것이다. 더하여 세계 축제인 올림픽이 한창인 상황 또한 대통령이 결정을 빠르게 내릴 수 없는 상황이었다.

평창올림픽을 안정적으로 마무리하고 2월을 넘기자 문재인 정부는 본격적으로 남북정상회담을 목표로 평화 프로세스를 가동했다. 3월 5일 정의용 청와대 국가안보실장을 비롯하여 서훈 국가정보원장, 천해성 통일부 차관, 김상균 국정원 2차장, 윤건영 청와대 국정상황실장 등 5명의 대북특사단이 1박 2일 북한을 방문했다. 김여정의 바람대로 대남특사 당시 만났던 남측 고위급 인사들이 남북정상회담의 가능성을 타진하기 위해 방북했다. 그리고 7일 대북특사단 대표로 정의용 실장은 방북 결과를 보고하며, 4월 말 판문점에서의 남북정상회담을 개최할 것을 북측과 합의했다고 발표했다. 추가로 합의 내용에는 북한이 '비핵화 문제 및 북미 관계 정상화'를 위해 미국과 대화할 용의가 있음을 밝혔다. 4.27 남북정상회담으로 이어지는 '평화의 봄'이 성큼 다가오고 있었다.

2018년 한반도는 유례없는 '평화의 시간'을 보냈다. 남북 정상은 세 차례나 회동하며 한반도 긴장 국면을 완화 시키는 것은 물론, 민족 화해와 공동번영의 시대를 도모하였다. 2018년 판문점에서 열린 남북정상회담은 역사상 첫 북미정상회담까지 추동했다. 김정은 국무위원장과 트럼프 미 대통령은 회담을 통해 새로운 북미 관계 수립, 한반도 평화체제 구축, 한반도 비핵화, 유해 송환 등을 발표하며 마지막 남은 냉전의 질서에 균열을 일으켰다. 판문점과 평양에서 열린 남북정상회담에서, 그리고 싱가포르에서 열린 북미정상회담에서 김여정은 현장을 종횡무진으로 움직이며 회담의 안정적인 진행과 성과를 만들기 위해 노력했다.

2019년 6월 12일 김여정은 김대중 전 대통령의 부인이자, 여성인권·통일운동가 이희호 여사의 별세(2019.6.10)에 대한 김정은 위원장의 조의문과 조화를 전달하는 역할을 수행했다. 김여정은 판문점 통일각에서 문재인 정부 측 정의용 국가안보실장과 이희호 여사 장례위원회 인사를 만나 15분가량 이희호 여사의 서거를 애도하는 뜻을 전달했다. 김여정은 "김 위원장께서 이희호 여사님에 대해서는 각별한 감정을 가지고 남측의 책임 있는 인사에게 직접 조의를 전달하는 것이 좋겠다", "이희호 여사님의 그간의 민족 간 화합과 협력을 위해 애쓰신 뜻을 받들어서, 남북 간의 협력을 계속해 나가길 바란다"라고 말했다. 대남특사의 역할을 마친 김여정은 이후에도 북한의 대외관계 및 남북관계 곳곳에 출현하면서 '신스틸러'로서의 면모를 보였다.

그러나 오늘날 우리가 보는 김여정은 사뭇 낯설다. 이전의 정중한 모습은 사라졌고, 남한과 미국을 향해 노골적인 불쾌감을 드러내고 있기 때문이다. 2020년 3월부터 김여정은 남한과 미국을 향해 개인 명의의 담화를 발표했다. 첫 담화의 내용에는 한·미연합군사훈련과 미국의 첨단무기 반입에 대한 강도 높은 경고였다. 이후 2022년 까지 총 18차례(2020년 7회, 2021년 10회, 2022년 4월까지 1회) 담화를 내며 유화적인 제의에서부터 때로는 경고, 그리고 비난 섞인 험담까지 거침없는 행보를 이어가고 있다. 소위 '김여정 담화'는 스스로가 밝히고 있듯 '위임'에 따른 것이자, 북한의 공식적인 입장으로 파악된다. 여전히 김여정은 북한의 주요 스피커로 존재감을 과시하지만, 그녀는 이제 위기의 한반도에서 남북관계를 경색시키는 역할을 하고 있다.

이를 두고 남한 언론은 남북관계 '파국의 주역'으로 김여정을 평가한다. 그러나 분명 2018년 김여정은 남북관계 개선을 위한 돌파구로서 역할을 했다는 점을 곱씹을 필요가 있다. 김여정을 둘러싼 상반된 평가의 이면에는 화해에서 대결로 향해가는 한반도 정세의 국면 전환과정과 강온을 오가는 북한의 대남전략 속에서 김여정의 역할이 '특사'에서 '악역'으로 변경되었다는 사실이 있다. 그래서 우리가 주목해야 하는 것은 김여정의 격앙된 표현보다 무엇이 남북을 화해에서 대결로 이끌어가고 있는가, 현재 남북관계 회복을 가로막고 있는 '방해 요소'가 무엇인가, 다시 평화와 화해의 길로 나아가기 위해서는 무엇이 필요한가 하는 점이다. 이는 오늘날 경색 국면에 접어든 남북관계를 다시 평화의 시간으로 돌리기 위한 방법을 모색하는 첫걸음이 될 것이다.

## 1장 북괴인가 북한인가: 간첩사건과 '남남갈등'

1 김준현, 「1950년대 '진보' 개념의 변화와 반공주의 내면화의 문제」, 『한국학연구』 35, 인하대학교 한국학연구소, 2014, 47쪽.

2 민주화 이후 참여정부 시절 '진실·화해를 위한 과거사 정리위원회'는 2007년 9월 18일 진보당 사건이 이승만의 정적이었던 조봉암을 제거하기 위해서 조작된 사건이라고 판단하였다. 이후 진보당 사건 후 52년 만인 2010년 1월 20일 대법원은 유족과 '진실, 화해를 위한 과거사 정리위원회' 권고로 청구된 재심에서 원심을 파기하고 진보당 사건 관련자에 대해서 무죄판결을 내렸다. 강우진, 「1956년 선거에서 조봉암의 약진요인에 대한 분석」, 『현대정치연구』 10(1), 서강대학교 현대정치연구소, 2017, 33쪽. 재독 음악가 고 윤이상 선생을 비롯하여 예술계·학계·관계 인사 194명이 연루됐던 1967년 '동백림(동베를린) 간첩단 사건'은 당시 박정희 대통령이 정치적 목적을 위해 '간첩단'으로 확대 포장한 것으로 2006년 1월 26일 밝혀졌다. '국가정보원 과거사건 진실규명을 통한 발전위원회(진실위)'는 26일 오후 국정원에서 이같은 조사 결과를 공식 발표하고 정부는 ▲ 해외거주 관련자들에 대한 불법 연행 ▲ 조사과정에서의 가혹행위 ▲ 간첩죄의 무리한 적용과 범죄 사실의 확대·과장 등의 잘못에 대해 이 사건 관련자들에게 포괄적으로 사과해야 한다고 권고했다. '진실위'는 당시 중앙정보부가 피의자들의 단순 대북접촉 및 동조행위까지도 국가보안법과 형법상 간첩죄를 무리하게 적용해 사건의 외연과 범죄사실을 확대·과장했다고 밝혔다.

3 김정인 외, 『간첩시대: 한국 현대사와 조작간첩』, 책과함께, 2020, 77쪽. 이승만 시대의 대표적인 간첩사건은 1949년 국회 프락치 사건, 52년 국제공산당사건(부산정치파동), 53년 서북청년회 부회장 김성주 고문사(조봉암의 경호), 진보당사건(조봉암) 등이 있다.

4 오유석, 「진보당사건 분석을 통한 1950년대 사회변혁운동 연구」, 『경제와 사회』 6, 비판사회학회, 1990, 58쪽.

5 정승현, 「조봉암 진보당과 한국 현대진보이념」, 『현대정치연구』 6(1), 서강대학교 현대정치연구소, 2013, 132쪽.

6 강우진, 「1956년 선거에서 조봉암의 약진요인에 대한 분석」, 『현대정치연구』 10(1), 서강대학교 현대정치연구소, 2017, 32쪽.

7 강우진, 「1956년 선거에서 조봉암의 약진요인에 대한 분석」, 『현대정치연구』 10(1), 서강대학교 현대정치연구소, 2017, 32쪽.

8 오유석, 「진보당사건 분석을 통한 1950년대 사회변혁운동 연구」, 『경제와 사회』 6, 비판사회학회, 1990, 59쪽.

9 정진아, 「조봉암의 평화통일론 재검토」, 『통일인문학』 48, 건국대학교 인문학연구원, 2009, 76쪽.

10 「한국과의 회담호소 북한괴뢰 일집단」, 『조선일보』, 1956.05.27, 1면.

11 정용욱, 「북한 통일정책의 역사적 변천」, 『한국민족운동사연구』 59, 한국민족운동사학회, 2009, 383쪽.

12 정용욱, 「북한 통일정책의 역사적 변천」, 『한국민족운동사연구』 59, 한국민족운동사학회, 2009, 383쪽.

13 「한국문제 해결엔 오직 무력」, 『조선일보』, 1956.04.27, 1면.

14 「중공군철수 있을 뿐」, 『조선일보』, 1956.05.20, 1면.

15 「양유찬 유엔감시하에 북한자유선거 실시 통한 삼개 방안」, 『조선일보』, 1957. 01.9, 1면.

16 정진아, 「조봉암의 평화통일론 재검토」, 『통일인문학』 48, 건국대학교 인문학연구원, 2009, 75쪽.

17 정승현, 「조봉암 진보당과 한국 현대진보이념」, 『현대정치연구』 6(1), 서강대학교 현대정치연구소, 2013, 127쪽.

18 박태균, 「1950년대 무력통일론과 평화통일론」, 『민족21』, 2005.04, 114쪽.

19 「자유·민주양당의 대결」, 『조선일보』, 1956.05.02, 1면.

20 「선거운동 본격적 궤도에 10일부터 각후보자들 정견발표」, 『조선일보』, 1956. 04.09, 1면.

21 정승현, 「조봉암 진보당과 한국 현대진보이념」, 『현대정치연구』 6(1), 서강대학교 현대정치연구소, 2013, 128쪽.

22 「대공대일정책에 관한 이대통령 담화」, 『조선일보』, 1956.04.14, 1면.

23 「친공·친일을 엄계」, 『조선일보』, 1956.05.04, 1면.

24 「대통령담화는 유감」, 『조선일보』, 1956.04.14, 1면.

25 「통한문제는 세계적 과제」, 『조선일보』, 1956.08.15, 1면.

26 「통한문제는 세계적 과제」, 『조선일보』, 1956.08.15, 1면.

27 「통한문제는 세계적 과제」, 『조선일보』, 1956.08.15, 1면.

28 「휴전폐기 북진통일운동을 전개」, 『조선일보』, 1957.01.02, 1면.

29 「통일추진연맹으로 북진통일투위 개편」, 『조선일보』, 1957.04.23, 1면.

30 김도민, 「1956년 헝가리 사태에 대한 남한의 대응과 인식」, 『역사비평』 119(2), 2017, 308쪽.

31 김도민, 「1956년 헝가리 사태에 대한 남한의 대응과 인식」, 『역사비평』 119(2), 2017, 308쪽.

32 대통령이승만박사담화집 3, 공보실, 1959.

33 박태균, 「1950년대 무력통일론과 평화통일론」, 『민족21』, 2005.04, 115쪽.

34 김도민, 「1956년 헝가리 사태에 대한 남한의 대응과 인식」, 『역사비평』 119(2), 2017, 312쪽.

35 박태균, 「1950년대 미국의 정전협정 일부조항 무효선언과 그 의미」, 『역사비평』 63(2), 2003, 역사문제연구소, 50쪽.

36 박태균, 「1950년대 미국의 정전협정 일부조항 무효선언과 그 의미」, 『역사비평』 63(2), 2003, 역사문제연구소, 50쪽.

37 박태균, 「1950년대 미국의 정전협정 일부조항 무효선언과 그 의미」, 『역사비평』 63(2), 2003, 역사문제연구소, 42쪽.

38 「간첩 관련에 확증」, 『조선일보』, 1958.01.14, 2면.

39 「평화통일론과 국시」, 『조선일보』, 1958.01.16, 1면.

40 「조씨등 체포이유는 이것」, 『조선일보』, 1958.01.15, 3면.

41 「조씨등 체포이유는 이것」, 『조선일보』, 1958.01.15, 3면.

42 「조봉암씨등 삼명등을 연행」, 『조선일보』, 1958.01.13, 3면.

43 「조봉암씨등 삼명등을 연행」, 『조선일보』, 1958.01.13, 3면.

44 박태균, 「1950년대 무력통일론과 평화통일론」, 『민족21』, 2005.04, 115쪽.

45 「조봉암은 공산당원」, 『조선일보』, 1958.01.16, 3면.

46 「조봉암은 공산당원」, 『조선일보』, 1958.01.16, 3면.

47 「치안국에서 진보당 사건을 공포」, 『조선일보』, 1958.01.21, 3면.

48 「사건핵심은 평화통일선언문 초안」, 『조선일보』, 1958.01.21, 3면.

49 강우진, 「1956년 선거에서 조봉암의 약진요인에 대한 분석」, 『현대정치연구』 10(1), 서강대학교 현대정치연구소, 2017, 33쪽.

50 정용욱, 「북한 통일정책의 역사적 변천」, 『한국민족운동사연구』 59, 한국민족운동사학회, 2009, 384쪽.

51 박영실, 「중국인민지원군'과 북·중 관계」, 한국학중앙연구원, 2010, 정치학과 박사학위논문, 201쪽.

52 한상준, 「중국인민지원군 철군의 원인과 중북관계」, 『아태연구』 19(2), 경희대학교 국제지역연구원, 2012, 7쪽.

53 이종석, 『북한 주둔 중국인민지원군 철수에 관한 연구』, 세종정책연구 19, 세종연구소, 11쪽.

54 이종석, 『북한 주둔 중국인민지원군 철수에 관한 연구』, 세종정책연구 19, 세종연구소, 11쪽.

55 이종석, 『북한 주둔 중국인민지원군 철수에 관한 연구』, 세종정책연구 19, 세종연구소, 11쪽.

56 한상준, 「중국인민지원군 철군의 원인과 중북관계」, 『아태연구』 19(2), 경희대학교 국제지역연구원, 2012, 7쪽.

57 이종석, 『북한 주둔 중국인민지원군 철수에 관한 연구』, 세종정책연구 19, 세종연구소, 16쪽.

58 「남북협상운운」, 『조선일보』, 1957.01.08, 1면.

59 박태균, 「1950년대 미국의 정전협정 일부조항 무효선언과 그 의미」, 『역사비평』 63(2), 2003, 역사문제연구소, 42.

60 이종석, 『북한 주둔 중국인민지원군 철수에 관한 연구』, 세종정책연구 19, 세종연구소, 12쪽.

61 「중공철병과 통한문제」, 『조선일보』, 1958.05.23, 1면.

62 박영실, 「'중국인민지원군'과 북·중 관계」, 한국학중앙연구원, 2010, 정치학과 박사학위논문, 202쪽.

63 박영실, 「'중국인민지원군'과 북·중 관계」, 한국학중앙연구원, 2010, 정치학과 박사학위논문, 202쪽.

64 「중공철병과 통한문제」, 『조선일보』, 1958.05.23, 1면.

65 박영실, 「'중국인민지원군'과 북·중 관계」, 한국학중앙연구원, 2010, 정치학과 박사학위논문, 204쪽.

66 「미제 침략을 반대하며 조국의 평화적 통일을 실현하기 위한 조선인민의 념원을 막을 힘은 세상에 없다」, 『노동신문』, 1960.11.15, 1면.

67 「평화적 통일을 촉진하는 과도적 대책으로서의 남북조선 련방제」, 『노동신문』, 1960.09.08, 5면.

68 「평화적 통일을 촉진하는 과도적 대책으로서의 남북조선 련방제」, 『노동신문』, 1960.09.08, 5면.

69 「평화적 통일을 촉진하는 과도적 대책으로서의 남북조선 련방제」, 『노동신문』, 1960.09.08, 5면.

70 강광식, 「1960년대의 남북관계와 통일정책」, 『1960년대 대외관계와 남북문제』, 백산서당, 1999, 163쪽.

71 전명혁, 「1960년대 1차 인혁당」, 『역사비평』 76, 역사문제연구소, 2006, 292쪽.

72 전명혁, 「1960년대 1차 인혁당」, 『역사비평』 76, 역사문제연구소, 2006, 293쪽.

73 「평화적 통일을 촉진하는 과도적 대책으로서의 남북조선 련방제」,

『노동신문』, 1960.09.08, 5면.

74 강광식, 「1960년대의 남북관계와 통일정책」, 『1960년대 대외관계와 남북문제』, 백산서당, 1999, 170쪽.

75 강광식, 「1960년대의 남북관계와 통일정책」, 『1960년대 대외관계와 남북문제』, 백산서당, 1999, 170쪽.

76 강광식, 「1960년대의 남북관계와 통일정책」, 『1960년대 대외관계와 남북문제』, 백산서당, 1999, 170쪽.

77 강광식, 「1960년대의 남북관계와 통일정책」, 『1960년대 대외관계와 남북문제』, 백산서당, 1999, 181쪽.

78 이주봉, 「1960년대 정치세력의 통일논의 전개와 성격」, 『한국사학보』 50, 2007, 고려사학회, 213쪽.

79 강광식, 「1960년대의 남북관계와 통일정책」, 『1960년대 대외관계와 남북문제』, 백산서당, 1999, 163쪽.

80 강광식, 「1960년대의 남북관계와 통일정책」, 『1960년대 대외관계와 남북문제』, 백산서당, 1999, 179쪽.

81 강광식, 「1960년대의 남북관계와 통일정책」, 『1960년대 대외관계와 남북문제』, 백산서당, 1999, 179쪽.

82 김정인 외, 『간첩시대: 한국 현대사와 조작간첩』, 책과함께, 2020, 269쪽.

83 오제연, 「동백림 사건의 쟁점과 역사적 위치」, 『역사비평』 119, 역사학연구소, 2017, 133.

84 신종대, 「5.16 쿠데타에 대한 북한의 인식과 대응」, 『정신문화연구』 33(1), 한국학중앙연구원, 2010, 85쪽.

85 홍석률, 「1960년대 말 북한의 대남 무력공세」, 『내일을 여는 역사』 69, 통일시대민족문화재단, 2017, 266쪽.

86 정용욱, 「북한 통일정책의 역사적 변천」, 『한국민족운동사연구』 59, 한국민족운동사학회, 2009, 389쪽

87 강광식, 「1960년대의 남북관계와 통일정책」, 『1960년대 대외관계와 남북문제』, 백산서당, 1999, 163쪽.

88 정용욱, 「북한 통일정책의 역사적 변천」, 『한국민족운동사연구』 59, 한국민족운동사학회, 2009, 389쪽

89 김일성, 「조국통일위업을 실현하기 위하여 혁명력량을 백방으로 강화하자 (1964년 2월 27일) - 조선로동당 중앙위원회 제4기 제8차 전원회의에서 한 결론」, 『김일성 저작선집』 4, 1975, 조선로동당출판사, 86쪽.

90 정용욱, 「북한 통일정책의 역사적 변천」, 『한국민족운동사연구』 59, 한국민족운동사학회, 2009, 389쪽

91 김일성, 「조국통일위업을 실현하기 위하여 혁명력량을 백방으로 강화하자 (1964년 2월 27일)-조선로동당 중앙위원회 제4기 제8차 전원회의에서 한 결론」, 『김일성 저작선집』 4, 1975, 조선로동당출판사, 86쪽.

92 전명혁, 「1960년대 1차 인혁당」, 『역사비평』 76, 역사문제연구소, 2006, 294쪽.

93 이주봉, 「1960년대 정치세력의 통일논의 전개와 성격」, 『한국사학보』 50, 2007, 고려사학회, 215쪽.

94 박태균, 「박정희의 동아시아인식과 아시아 태평양 공동사회구상」, 『역사비평』 76, 역사문제연구소, 2006, 120쪽.

95 「적극외교를 추진하자」, 『경향신문』, 1962.01.07, 1면.

96 「역방외교에서 초청외교로」, 『경향신문』, 1962.11.23, 1면.

97 「유엔의 한국문제표결에서 얻는 교훈」, 『경향신문』, 1962.12.14, 1면.

98 「유엔의 한국문제표결에서 얻는 교훈」, 『경향신문』, 1962.12.14, 1면.

99 「유엔의 한국문제표결에서 얻는 교훈」, 『경향신문』, 1962.12.14, 1면.

100 강광식, 「1960년대의 남북관계와 통일정책」, 『1960년대 대외관계와 남북문제』, 백산서당, 1999, 193쪽.

101 이주봉, 「1960년대 정치세력의 통일논의 전개와 성격」, 『한국사학보』 50, 2007, 고려사학회, 219쪽.

102 이주봉, 「1960년대 정치세력의 통일논의 전개와 성격」, 『한국사학보』 50, 2007, 고려사학회, 219쪽.

103 이주봉, 「1960년대 정치세력의 통일논의 전개와 성격」, 『한국사학보』 50, 2007, 고려사학회, 219쪽.

104 강광식, 「1960년대의 남북관계와 통일정책」, 『1960년대 대외관계와 남북문제』, 백산서당, 1999, 193쪽.

105 이주봉, 「1960년대 정치세력의 통일논의 전개와 성격」, 『한국사학보』 50, 2007, 고려사학회, 221쪽.

106 강광식, 「1960년대의 남북관계와 통일정책」, 『1960년대 대외관계와 남북문제』, 백산서당, 1999, 200쪽.

107 제13차 국회본회의 회의록 (1966년 7월 1일), 6쪽.

108 「민정외교로 가는 길-한국외교의 지향점」, 『경향신문』, 1964.01.08, 1면.

109 「중공승인 한국에 어떤 영향 미치나」, 『경향신문』, 1964.01.21, 1면.

110 「중공승인 한국에 어떤 영향 미치나」, 『경향신문』, 1964.01.21, 1면.

111 「중공승인 한국에 어떤 영향 미치나」, 『경향신문』, 1964.01.21, 1면.

112 「중공의 핵실험 성공 북괴의 허세를 경계」, 『경향신문』, 1964.01.26, 1면.

113 「급변하는 국제정세」, 『동아일보』, 1964.10.26, 1면.

114 「급변하는 국제정세」, 『동아일보』, 1964.10.26, 1면.

115 「중공승인 한국에 어떤 영향 미치나」, 『경향신문』, 1964.01.21, 1면.

116 「급변하는 국제정세」, 『동아일보』, 1964.10.26, 1면.

117 「한일회담 조속재개」, 『조선일보』, 1964.10.23, 1면.

118 「중공의 핵실험 성공 북괴의 허세를 경계」, 『경향신문』, 1964.01.26, 1면.

119 「중공승인 한국에 어떤 영향 미치나」, 『경향신문』, 1964.01.21, 1면.

120 「한국문제 유엔토의 대비」, 『경향신문』, 1964.10.22, 1면.

121 「한국문제 유엔토의 대비」, 『경향신문』, 1964.10.22, 1면.

122 「한국문제 유엔토의 대비」, 『경향신문』, 1964.10.22, 1면.

123 「전환점에 설 유엔의 성격변질과 중공진출」, 『경향신문』, 1964.10.24, 1면.

124 「전환점에 설 유엔의 성격변질과 중공진출」, 『경향신문』, 1964.10.24, 1면.

125 「전환점에 설 유엔의 성격변질과 중공진출」, 『경향신문』, 1964.10.24, 1면.

126 「두개의 한국론을 경계한다」, 『동아일보』, 1965.01.20, 1면.

127 「두개의 한국론을 경계한다」, 『동아일보』, 1965.01.20, 1면.

128 「두개의 한국론을 경계한다」, 『동아일보』, 1965.01.20, 1면.

129 「새 출구 찾으려는 외교정책」, 『경향신문』, 1966.01.14, 1면.

130 제13차 국회본회의 회의록 (1966년 7월 1일), 6쪽.

131 「공산권에의 개방 전기에 선 한국외교」, 『동아일보』, 1966.04.26, 1면.

132 「공산권에의 개방 전기에 선 한국외교」, 『동아일보』, 1966.04.26, 1면.

133 이주봉, 「1960년대 정치세력의 통일논의 전개와 성격」, 『한국사학보』 50, 2007, 고려사학회, 217쪽.

134 이주봉, 「1960년대 정치세력의 통일논의 전개와 성격」, 『한국사학보』 50, 2007, 고려사학회, 216-217쪽.

135 「70년대 후반에야 통일문제 본격화」, 『조선일보』, 1966.06.09, 1면.

136 「70년대 후반에야 통일문제 본격화」, 『조선일보』, 1966.06.09, 1면.

137 제13차 국회본회의 회의록 (1966년 7월 1일), 2쪽.

138 제13차 국회본회의 회의록 (1966년 7월 1일), 2쪽.

139 제13차 국회본회의 회의록 (1966년 7월 1일), 2쪽.

140 이주봉, 「1960년대 정치세력의 통일논의 전개와 성격」, 『한국사학보』 50, 2007, 고려사학회, 228쪽.

141 이주봉, 「1960년대 정치세력의 통일논의 전개와 성격」, 『한국사학보』 50, 2007, 고려사학회, 223쪽.

142 이주봉, 「1960년대 정치세력의 통일논의 전개와 성격」, 『한국사학보』 50, 2007, 고려사학회, 224쪽.

143 정문상, 「"중공"과 "중국" 사이에서: 1950-1970년대 대중매체상의 중국 관계 논설을 통해 보는 한국인의 중국 인식」, 『동북아역사논총』 33, 동북아역사재단, 2019, 68쪽.

144 정문상, 「"중공"과 "중국" 사이에서: 1950-1970년대 대중매체상의 중국 관계 논설을 통해 보는 한국인의 중국 인식」, 『동북아역사논총』 33, 동북아역사재단, 2019, 68쪽.

145 「미국의 동아정책과 한국」, 『매일경제』, 1966.03.24, 1면.

146 「공산권에의 개방 전기에 선 한국외교」, 『동아일보』, 1966.04.26, 1면.

147 「공산권에의 개방 전기에 선 한국외교」, 『동아일보』, 1966.04.26, 1면.

148 「반공국시와 공산권에의 접근」, 『동아일보』, 1966.04.04, 1면.

149 「반공국시와 공산권에의 접근」, 『동아일보』, 1966.04.04, 1면.

150 「반공국시와 공산권에의 접근」, 『동아일보』, 1966.04.04, 1면.

151 「반공국시와 공산권에의 접근」, 『동아일보』, 1966.04.04, 1면.

152 「반공국시와 공산권에의 접근」, 『동아일보』, 1966.04.04, 1면.

153 「수정되는 타부」, 『동아일보』, 1966.07.28, 1면.

154 「수정되는 타부」, 『동아일보』, 1966.07.28, 1면.

155 「수정되는 타부」, 『동아일보』, 1966.07.28, 1면.

156 「수정되는 타부」, 『동아일보』, 1966.07.28, 1면.

157 「반공의식과 지식인」, 『조선일보』, 1967.07.09, 2면.

158 오제연, 「동백림 사건의 쟁점과 역사적 위치」, 『역사비평』 119, 역사학연구소, 2017, 117쪽.

159 전명혁, 「1960년대 동백림사건과 정치사회적 담론의 변화」, 『역사연구』 22, 역사학연구소, 2012, 143쪽.

160 전명혁, 「1960년대 동백림사건과 정치사회적 담론의 변화」, 『역사연구』 22, 역사학연구소, 2012, 148쪽.

161 오제연, 「동백림 사건의 쟁점과 역사적 위치」, 『역사비평』 119, 역사학연구소, 2017, 135쪽.

162 「교수 학생등 194명 관련」, 『조선일보』, 1967.07.09, 1면.

163 「교수 학생등 194명 관련」, 『조선일보』, 1967.07.09, 1면.

164 이정민, 「동백림 사건: 냉전체제 속에서 남북의 경계를 넘은 사람들」, 『기독교사상』 739, 대한기독교서회, 2020, 35쪽.

165 전명혁, 「1960년대 동백림사건과 정치사회적 담론의 변화」, 『역사연구』 22, 역사학연구소, 2012, 152쪽.

166 「윤이상부부 공소시인」, 『조선일보』, 1967.11.16, 7면.

167 「진심으로 사과한다」, 『조선일보』, 1967.11.16, 7면.

168 「진심으로 사과한다」, 『조선일보』, 1967.11.16, 7면.

169 「윤이상부부 공소시인」, 『조선일보』, 1967.11.16, 7면.

170 「윤이상부부 공소시인」, 『조선일보』, 1967.11.16, 7면.

171 「평양가서 실망」, 『조선일보』, 1967.11.28, 7면.

172 「평양가서 실망」, 『조선일보』, 1967.11.28, 7면.

173 「평양가서 실망」, 『조선일보』, 1967.11.28, 7면.

174 이정민, 「동백림 사건: 냉전체제 속에서 남북의 경계를 넘은 사람들」, 『기독교사상』 739, 대한기독교서회, 2020, 34쪽.

175 이정민, 「동백림 사건: 냉전체제 속에서 남북의 경계를 넘은 사람들」, 『기독교사상』 739, 대한기독교서회, 2020, 35쪽.

176 오제연, 「동백림 사건의 쟁점과 역사적 위치」, 『역사비평』 119, 역사학연구소, 2017, 117쪽.

177 이정민, 「동백림 사건: 냉전체제 속에서 남북의 경계를 넘은 사람들」, 『기독교사상』 739, 대한기독교서회, 2020, 34쪽.

178 오제연, 「동백림 사건의 쟁점과 역사적 위치」, 『역사비평』 119, 역사학연구소, 2017, 117쪽.

179 이주봉, 「1960년대 정치세력의 통일논의 전개와 성격」, 『한국사학보』 50, 2007, 고려사학회, 229쪽.

## 2장 은밀하지도 위대하지도 않은 간첩 영화 이야기

1 유상수, 「누구를 간첩으로 만들었나3 : 재유럽·미국 한인」, 김정인 외, 『간첩시대 : 한국현대사와 조작간첩』, 책과함께, 2020, 265쪽.

2 정영권, 「한국 간첩영화의 성격변화와 반공병영국가의 형성」, 『인문학연구』 제59호, 조선대학교 인문학연구원, 2020, 778쪽 : "〈국제간첩〉은 서울관객 10만여 명을 동원하며 한국판 제임스 본드 영화에 길을 내주었다. 1965년 연말에 개봉한 이 영화 이후 1966년에는 수편의 '코리안 제임스 본드' 영화들이 쏟아져 나왔다. 〈SOS홍콩〉, 〈스파이

제5전선〉, 〈스타베리 김〉, 〈비밀첩보대〉, 〈국제금괴사건〉, 〈순간은 영원히〉 등이 그것이다. 이제 범죄/액션/스릴러의 한 하위장르에 불과했던 간첩영화는 007에게서 빌려 입은 외국제 수트(suit)로 무장하고 해외에서 종횡무진으로 활약하는 첩보영화로 탈바꿈 할 수 있었다."

3 장우진, 「1960년대 남북한 정권의 정통성과 영화」, 『영화연구』 30호, 한국영화학회, 2006, 306-307쪽 : 월남 파병 시절에는 파병 용사의 활약상을 다룬 군사물이 집중적으로 다수 제작되었다. 김묵의 〈맹호작전〉(1966)과 〈뚝고전선〉(1968), 이만희의 〈냉과 열〉(1967), 〈얼룩무늬의 사나이〉(1967)와 〈고보가 강의 다리〉(1970) 등이 대표적이다.

4 문화영화에 대해서는 이충직, 「한국의 문화영화에 관한 연구」, 중앙대학교 연극영화과 석사학위논문, 1985 참고.

5 김종군, 「전쟁 체험 재구성 방식과 구술 치유 문제」, 『통일인문학논총』 제56집, 건국대학교 인문학연구원, 2013, 41쪽.

6 정영권, 「한국 간첩영화의 성격변화와 반공병영국가의 형성」, 『인문학연구』 제59호, 조선대학교 인문학연구원, 2020, 770쪽.

7 정영철·정창현, 『평화의 시선으로 분단을 보다』, 유니스토리, 2017, 86쪽.

8 황병주, 「공안통치와 간첩 담론」, 김정인 외, 『간첩시대 : 한국현대사와 조작간첩』, 책과함께, 2020, 108-109쪽.

9 황병주, 「공안통치와 간첩 담론」, 김정인 외, 『간첩시대 : 한국현대사와 조작간첩』, 책과함께, 2020, 108-109쪽.

10 정영권, 「한국 간첩영화의 성격변화와 반공병영국가의 형성」, 『인문학연구』 제59호, 조선대학교 인문학연구원, 2020, 785쪽.

11 정영권, 「한국 간첩영화의 성격변화와 반공병영국가의 형성」, 『인문학연구』 제59호, 조선대학교 인문학연구원, 2020, 785쪽.

12 홍정욱, 「누구를 간첩으로 만들었나2 : 재일한인」, 김정인 외, 『간첩시대 : 한국현대사와 조작간첩』, 책과함께, 2020, 261쪽.

## 4장 "20세기 최후의 전위예술", 소떼 방북

1 이호철(소설가), 「정주영 명예회장 방북 참관기 우공(牛公)이여, 통일을 앞당겨다오」, 『동아일보』, 1998.06.17.

2 김영삼, 「민주자유당 후보의 통일관, 한민족연합체 통일방안」, 『통일한국』 108, 1992, 26~27쪽.

3 김대중, 「민주당후보의 통일관, 3원칙 3단계 통일방안」, 『통일한국』 108, 1992, 35~38쪽.

4 이호철(소설가), 「정주영 명예회장 방북 참관기 우공(牛公)이여, 통일을 앞당겨다오」, 『동아일보』, 1998.06.17. 그는 "이제 바야흐로 이렇게 우리 남북관계는 명실공히 새로운 지평으로 들어서고 있고 그 첫발을 우리 정주영씨가 내디디고 있는 것이다. 지난 50년간 우리 남북간에 끈질기게도 이어져 왔던 갖가지 '시시비비', 무겁고도 지당한 말씀들, 말, 말, 말의 세계를 일거에 뛰어넘어 '직접성', '직접감각'으로 와닿게 판을 벌여놓고 있는 것이다."라고 지적하면서 이산가족의 한사람으로서 판문점을 넘는 소들에게 부러움조차 느낀다고 술회했다.

5 정주영, 『시련은 있어도 실패는 없다』, 제삼기획, 1991, 84~90쪽 참조.

6 「현대 그룹 3명 방북」, 『매일경제』, 1998.04.18.

7 「'국민의 정부' 남북관계 일지」, 『경향신문』, 1999.06.03.

8 「김대중대통령 오늘 취임, 화합 · 도약 통한 '국민정부시대' 개막 선언」, 『매일경제』, 1998.02.25.

9 「민간 지원품이 판문점 '문' 연다」, 『조선일보』, 1998.05.07.

10 「북, 대남정책 5원칙 발표」, 『한겨레』, 1998.04.28.

11 「소 1천 마리 「방북」할까 "반드시 판문점 통과" 조건」, 『조선일보』, 1998.05.02.

12 「'소떼' 선물에 판문점 문 열리나」, 『경향신문』, 1998.05.08.

13 「판문점 '소떼통과' 내달초 이뤄질 듯」, 『한겨레』, 1998.05.28.

14 「북한 개방 적극 유도 재확인」, 『매일경제』, 1998.06.11.

15 「김대중대통령 방미 정상회담 대북정책 성과, 남북 미북 교류 이견 해소 '북개방 공조' 가닥 잡아」, 『동아일보』, 1998.06.11.

16 「한미 정상의 대북공조 다짐」, 『한겨레』, 1998.06.11.

17 윈스턴 로드 전 미국무부차관보는 한승주 전 외무무장관과의 특별대담에서 미국의 소프트랜딩(연착륙)과 김대통령이 말하고 있는 햇볕이론이 북한을 점진적으로 변화시킴으로써 북한의 갑작스러운 붕괴를 막는다는 점에서 지향점이 같다고 말했다. 그는 한미 양국의 과제가 북한정권의 체질개선을 유도하는 것이라고 언급하고, 북한이 폐쇄와 개방의 갈림길에 서 있는 지금 한미 양국이 북한이 개방을 선택할 수 있도록 공조해야 한다고 주장했다. 그는 북한이 새정부가 들어서면서 대화를 먼저 요구했고, 김대중 대통령이 미국 방문에서 대북한 정책을 조율할 기회가 온 지금이야말로 전향적인 대북정책을 취할 수 있는 적기라는 점도 강조했다(「한승주 전 외무-윈스턴 로드 전 미국무부차관보 특별대담」, '남북관계 개선 지금이 적기', 『동아일보』, 1998.04.25).

18 「김대통령 방미 한미정상 공동회견, "수개월 내 남북관계 진전될 것"

클린턴 "대북 '햇볕정책'으로 개방유도" 김대통령」, 『경향신문』, 1998.
06.11.
19 「소떼 이동 뒤엔 '별들의 대화'」, 『한겨레』, 1998.06.17.
20 「CNN 정주영 소 방 북 취재 추진 북한측에 승인요청」, 『동아일보』,
1998.06.11.
21 「정회장 소 1000마리 '북행풍경' 궁금」, 『동아일보』, 1998.05.09.
22 「소떼 판문점 행 이르면 내주께」, 『한겨레』, 1998.05.20.
23 「소떼 몰이 방북 운송채비 분주, 정주영씨 내달 9일께 성사될 듯」,
『경향신문』, 1998.05.28.
24 「판문점 '소떼통과' 내달초 이뤄질 듯」, 『한겨레』, 1998.05.28.
25 「판문점 '소떼통과' 내달초 이뤄질 듯」, 『한겨레』, 1998.05.28.
26 「정주영씨 방북 내주말로 가닥」, 『조선일보』, 1998.06.02.
27 「정주영씨 방북 내주말로 가닥」, 『조선일보』, 1998.06.02.
28 「"통일 큰밭 갈아라" 한밤 대장정 격려, 소떼 북행길 표정」, 『한겨레』,
1998.06.16.
29 「정씨 일가 출발에서 귀환까지, "소 운반" 플래카드 달고 15일밤 서산
출발 「평화의 집」서 입북 절차…판문점 통해 귀환」, 『조선일보』,
1998.06.13.
30 「차라리 내가 소라면…」, 『조선일보』, 1998.06.13.
31 「소떼가 간다 "음메" 통일 의망가 '500마리 북송' 군사작전 방불」, 『경향
신문』, 1998.06.16.
32 「통일대교 내일 개통, 정주영씨 방북때 지나」, 『조선일보』, 1998.
06.14.
33 「분단허리 이은 소떼행렬 장관 정주영 명예회장 북한 가던 날」, 『매일
경제』, 1998.06.17.
34 「정주영씨 '소몰이 방북' 서산에서 평양까지, "음메" 판문점에 통일염
원 메아리」, 『동아일보』, 1998.06.17.
35 「정주영씨 '소몰이 방북' 서산에서 평양까지, "음메" 판문점에 통일염
원 메아리」, 『동아일보』, 1998.06.17.
36 「동해침투 북 잠수정 1척 예인」, 『동아일보』, 1998.06.23.
37 「북 잠수정, 예인중 침몰」, 『조선일보』, 1998.06.24.
38 「북 잠수정 사건 침투서 자살까지 재구성」, 『동아일보』, 1998.06.30.
39 「북, 잠수정 9명 주검 발견」, 『한겨레』, 1998.06.27.
40 「정부 '햇볕정책'에 때아닌 먹구름」, 『동아일보』, 1998.06.23.
41 「금강산 관광 '잠수정 예인' 명암 갈린 혼돈의 하루, "그래도 화해의

뱃길은 열려야」, 『경향신문』, 1998.06.24.

42 「잠수정은 잠수정, 햇볕은 햇볕, '잠수정 사건' 정부 대응」, 『경향신문』, 1998.06.27.

43 「(사설) '잠수정'이 남긴 것」, 『조선일보』, 1998.06.30.

44 「"대북정책 전면 재검토하라" 국회정보위, 여야 공방」, 『경향신문』, 1998. 07.14.

45 「북 잠수정 침투 사건, 국회 국방위 간담회 '예인 지연-항구 변경' 집중 추궁」, 『동아일보』, 1998.06.27.

46 「대북 엄중대응조치 김대통령 오늘 입장 표명」, 『경향신문』, 1998. 06.29.

47 「소떼 대북 2차 지원 인도시기 늦춘다」, 『한겨레』, 1998.06.29.

48 「잠수정 주검 오늘 송환」, 『한겨레』, 1998.07.03.

49 「무장간첩 시체 1구 발견, 일당 1~4명 상륙한 듯」, 『조선일보』, 1998. 07.13.

50 「"침투조 잠입…공작 수행 가능성"」, 『조선일보』, 1998.07.13.

51 「야, '햇볕정책' 맹공격」, 『조선일보』, 1998.07.13.

52 「임동원 청와대 외교안보수석 일문일답, 이런 때 소떼 보낼 수 있겠나 대통령 입장 조만간 밝힐 것 황장엽 김정일 자극 한 원인」, 『한겨레』, 1998.07.14.

53 「"대륙간 탄도 미사일 북, 6개월 내 배치"」, 『조선일보』, 1998.07.17.

54 「미, 핵잠수함 동해 배치」, 『조선일보』, 1998.07.21.

55 「북위성 이름은 '광명성' 1호」, 『동아일보』, 1998.09.08 ; 「북 어제 정권수립 50돌 대대적 경축행사 벌여」, 『동아일보』, 1998.09.10.

56 「'광명성'에 '딥임팩트'」, 『한겨레』, 1998.09.14.

57 배병휴, 「(칼럼) 너무 서두는 금강산 유람」, 『매일경제』, 1998.09.09.

58 「남북교류 '닫힌 듯 열렸다' 민간 협력사업 이상기류」, 『경향신문』, 1998.09.23.

59 「정주영씨 '소떼와 방북 재추진', 14일께 2차분 501마리 싣고…김정일 면담 가능성」, 『경향신문』, 1998.10.08.

60 「남북관계 다시 복원되나, 정주영씨 방북 재추진 안팎」, 『경향신문』, 1998.10.08.

61 「'소 고의 폐사' 북 사과해야 현대에 추가지원 허용」, 『동아일보』, 1998.10.17.

62 「대북사업 진전 없어 애태우는 현대」, 『매일경제』, 1998.10.19.

63 「정부, 소떼 북송 태도 바꿔」, 『조선일보』, 1998.10.22.

64 「정주영씨 내주 소떼와 방북」, 『경향신문』, 1998.10.22.

65 「소떼 북송길에 승용차도 동행」, 『동아일보』, 1998.10.25.

66 「김정일 면담 위해 일정 조정한 듯」, 『조선일보』, 1998.10.27.

67 「소떼 3km 행렬 밤새 이동, 어제 501마리 서산농장 출발」, 『경향신문』, 1998.10.27.

68 「"이번엔 화해─통일의 길 열렸으면…" 정주영씨 재방북 스케치」, 『동아일보』, 1998.10.28.

69 「"이번엔 화해─통일의 길 열렸으면…" 정주영씨 재방북 스케치」, 『동아일보』, 1998.10.28.

70 정주영, 『시련은 있어도 실패는 없다』, 제삼기획, 1991, 132쪽.

71 정주영, 『시련은 있어도 실패는 없다』, 제삼기획, 1991, 133쪽.

72 정주영의 경협과 북방경제권 구상에 대해서는 정태헌의 「1980년대 정주영의 탈이념적 남북경협과 북방경제권 구상」, 『민족문화연구』 59, 고려대학교 민족문화연구원, 2013에 자세하게 분석되어 있다.

73 정주영, 『시련은 있어도 실패는 없다』, 제삼기획, 1991, 280쪽.

74 「소련은 가난하지만 부자나라입니다」, 『월간조선』 1990. 3(정주영전집간행위원회, 『정주영은 말한다─아산 정주영 인터뷰 모음집』, 울산대학교 출판부, 1992, 244~246쪽에 재수록).

75 정주영, 「한소경제협력 방안에 대하여」, 『현대』 1990. 3(『정주영은 말한다─아산 정주영 인터뷰 모음집』, 울산대학교 출판부, 1992, 222~223쪽에 재수록).

76 정주영, 「90년대를 전망한다」, 『현대』, 1989. 2(『정주영은 말한다─아산 정주영 인터뷰 모음집』, 출산대학교 출판부, 1992, 210쪽에 재수록).

77 정주영, 「소련은 가난하지만 부자나라입니다」, 『월간조선』 1990. 3(『정주영은 말한다─아산 정주영 인터뷰 모음집』, 울산대학교 출판부, 1992, 242~243쪽에 재수록).

78 돈 오버더퍼 저, 이종길 역, 『두 개의 한국』, 길산, 2002, 246~252쪽.

79 정태헌, 「1998년 소떼방북, '21세기 한반도' 대전환의 문을 연 메가이벤트」, 『역사비평』 112, 2015, 307쪽.

80 정주영전집간행위원회, 「바로 저기에 시베리아가 보인다」, 『한국경제의 신화와 현실─정주영 연설문집 I (경제편)』, 울산대학교 출판부, 1992, 231쪽 참조.

81 정주영, 『시련은 있어도 실패는 없다』, 제삼기획, 1991, 281쪽 ; 정주영전집간행위원회, 『한국경제의 신화와 현실─정주영 연설문집 I (경제편)』, 울산대학교 출판부, 1992, 231쪽.

82 「소 극동개발 남북한 동참 촉구」, 『매일경제』, 1989.02.04.

83 정주영전집간행위원회, 『한국경제의 신화와 현실-정주영 연설문집 I (경제편)』, 울산대학교 출판부, 1992, 213쪽.

84 「이달 하순 북한 방문 예정, 정주영회장 소련으로 떠나」, 『한겨레』, 1989.01.07.

85 「현대-소 합작사 설립 합의」, 『동아일보』, 1989.01.24.

86 「연해주를 집중적으로 개발하고 싶다」, 『월간중앙』, 1991.2(『정주영은 말한다-아산 정주영 인터뷰 모음집』, 울산대학교 출판부, 1992, 267~268쪽에 재수록).

87 국제환경단체 '지구의 친구들'과 우데헤 원주민들은 현대의 연해주지방 삼림벌채 계획이 원주민과 시베리아 호랑이의 삶터를 파괴한다면서 반대운동을 전개했다(「현대 추진 시베리아림 벌채 국제 환경단체서 강력 제동」, 『한겨레』, 1992.08.19). 그린피스 회원들도 현대가 남벌로 생태계를 교란시키고, 대규모 환경파괴를 일삼고 있다면서 전용선을 보내 항구를 봉쇄하는 등 강력히 항의했다(「시베리아 벌채사업 현대 환경파괴 가속」, 『매일경제』, 1992.11.23 ; 「현대 시베리아 벌채 '그린피스'서 항의 "환경파괴 심각"」, 『동아일보』, 1992.11.23). 4년간 계속된 벌목작업은 우데헤 원주민들의 격렬한 반대에 부딪혀 1993년 초 중단되었다.

88 「정주영씨 초청자는 허담」, 『한겨레』, 1988.12.31.

89 정주영, 「90년대를 전망한다」, 『현대』, 1989. 2(『정주영은 말한다-아산 정주영 인터뷰 모음집』, 울산대학교 출판부, 1992, 212~213쪽에 재수록).

90 정주영, 『이 아침에도 설레임을 안고』, 삼성출판사, 1986, 261쪽.

91 정태헌, 「1980년대 정주영의 탈이념적 남북경협과 북방경제권 구상」, 『민족문화연구』 59, 2013, 134~137쪽 참조. 손장래는 정주영이 이미 대북사업에 대한 구상을 가지고 현실적인 여건을 살피는 중이었다고 언급했다(같은 글, 137쪽).

92 손달원은 1960년대 경제개발5개년계획을 추진하는 과정에서 군사정권의 울산 및 마산, 포항제철 개발 논의에 참여했고, 북한에 플랜트 수출을 기획하는 등 북측과도 가까운 기업가였다.

93 국회 정주영 회장 '방북간담회' 일문일답」, 『경향신문』, 1989.02.10.

94 국회 정주영 회장 '방북간담회' 일문일답」, 『경향신문』, 1989.02.10.

95 박철언, 『바른 역사를 위한 증언』 2, 랜덤하우스중앙, 2005, 141~142쪽.

96 박철언, 『바른 역사를 위한 증언』 2, 랜덤하우스중앙, 2005, 32쪽.

97 박철언, 『바른 역사를 위한 증언』 2, 랜덤하우스중앙, 2005, 48~49쪽.

98 정주영, 「소련은 가난하지만 부자나라입니다」, 『월간조선』 1990. 3 (『정주영은 말한다-아산 정주영 인터뷰 모음집』, 울산대학교 출판부, 1992, 243~244쪽에 재수록).

99 박철언, 『바른 역사를 위한 증언』 2, 랜덤하우스중앙, 2005, 59쪽.

100 「(사설) 우리사회는 어디로 가고 있는가?」, 『한겨레』, 1989.07.20. 이 사설은 시대에 역행하는 상황들을 우려스러운 시선을 가지고 바라보고 있다.

101 정주영은 1991년 7월 19일에는 중국 방문길에 올랐다. 이는 도로, 건설 및 석유시추 프로젝트에 참여해달라는 중국 측의 요청에 따른 것이었지만, 지지부진한 남북교류 문제를 타개하기 위한 우회전략이었다. 연변조선족자치주 유력인사들과의 유대강화를 통해 북측과의 채널을 확대하는 것이 방중의 중요한 목적이었다(「현대 '중량급 인사' 동원 세 과시 작전, 대규모 방중 민간사절단 왜 가나」, 『동아일보』, 1991.07.17).

102 1989년 8월 19일 KBS 심야토론 "북방경제정책 어떻게 추진할 것인가" 중 정주영 토론내용 발췌 요약(『정주영은 말한다-아산 정주영 인터뷰 모음집』, 울산대학교 출판부, 1992, 215쪽에 재수록). 정주영은 사람들이 남북교류를 포기했냐고 묻는데 모든 것은 다 때가 있고, 긍정적 희망을 가지고 그때를 기다리고 있다고 대답했다.

103 노태우, 『노태우 회고록 (상)-국가 민주화 나의 운명』, 조선뉴스프레스, 2011, 423~424쪽.

104 박철언, 『바른 역사를 위한 증언』 2, 랜덤하우스중앙, 2005, 22~23쪽.

105 백학순, 『노태우 정부와 김영삼 정부의 대북정책 비교』, 세종연구소, 2012, 54쪽.

106 노태우, 『노태우 회고록 (하)-전환기의 대전략』, 조선뉴스프레스, 2011, 141~142쪽.

107 박철언, 『바른 역사를 위한 증언』 2, 랜덤하우스중앙, 2005, 24~25쪽.

108 헝가리와의 수교과정에서 대해서는 박철언, 『바른 역사를 위한 증언』 2, 랜덤하우스중앙, 2005, 81~123쪽이 자세하다.

109 백학순, 『노태우 정부와 김영삼 정부의 대북정책 비교』, 세종연구소, 2012, 59~61쪽.

110 「북한 태도 변화 땐 획기적 조치, 노대통령 통일안 발표 적화노선 포기 인권보장 촉구, '신뢰구축→남북연합→단일국가' 3단계로 통일안」, 『동아일보』 1989.09.11.

111 「한민족공동체' 통일방안 골격」, 『경향신문』, 1989.09.11.

112 1차 고위급회담에서 3차 고위급회담까지 남북의 입장차와 회담 분위

기에 대해서는 백학순, 『노태우 정부와 김영삼 정부의 대북정책 비교』, 세종연구소, 2012, 66~67쪽을 참조할 것.

113 「총리회담 포괄 합의 모색」, 『경향신문』, 1991.10.21 ; 「남북교류 등 일괄타결 추진」, 『동아일보』, 1991.10.22.

114 「화해-불가침-교류협력 포괄, 남북 단일안 동시 제의」, 『매일경제』, 1991.10.23

115 임동원, 『피스메이커』, 중앙books, 2008, 218쪽. 김일성은 직접 "합의하고 오라"고 지시했다고 한다.

116 박영균, 「남북의 통일원칙과 통일과정의 기본가치」, 『시대와 철학』 25-2, 2014, 131쪽.

117 정규섭은 통일을 결과가 아닌 과정으로 전제하고, 남북관계 개선과 평화공존, 통일을 향한 기본 틀을 제시했다는 점이 남북기본합의서의 가장 핵심적인 의의라고 평가했다(정규섭, 「남북기본합의서: 의의와 평가」, 『통일정책연구』 20-1, 2011, 17쪽).

118 「남북 '비핵선언' 완전타결」, 『조선일보』, 1992.01.01 ; 「한반도 비핵' 실행단계로」, 『경향신문』, 1992.01.01.

119 「핵 상호사찰 안되면 남북관계 진전 난망」, 『매일경제』, 1992.06.01 ; 「북한 핵' 겨냥 압력카드」, 『동아일보』, 1992.06.01.

120 김진영, 「김대중 정부의 대북정책 : 정경분리 원칙과 상호주의 원칙을 중심으로」, 『한국민족문화』 2, 1998.

121 김영수, 「햇볕정책과 북한의 정치적 변화」, 『통일연구』 3-2, 1999, 7쪽 각주3) 참조.

122 김영수, 「햇볕정책과 북한의 정치적 변화」, 『통일연구』 3-2, 1999, 8쪽 ; 예대열, 「우보천리(牛步千里)의 첫 걸음이 남북을 변화시키다」, 『민족문화연구』 59, 2013, 173쪽.

123 재시동 걸린 남북경협, 기업인 4~5월중 대거 방북」, 『매일경제』, 1998.04.01 ; 「기업총수 방북 무조건 승인」, 『매일경제』, 1998.04.02 ; 「남북경협 활성화조처 의미」, 『한겨레』, 1998.05.01.

124 「대북한 경협 봄바람 '솔솔'」, 『한겨레』, 1998.04.07 ; 「기업인 방북 줄 이을 듯」, 『매일경제』, 1998.05.04.

125 「남북정상회담 제의, 김대중 대통령 당선자 회견」, 『경향신문』, 1997.12.20.

126 「남북정상회담 서둘지 않겠다」, 『경향신문』, 1999.05.11.

127 임동원, 『피스메이커』, 중앙books, 2008, 25~28쪽.

128 임동원, 『피스메이커』, 중앙books, 2008, 28쪽.

129 「막뒤의 빅딜…DJ 정부 박지원-송호경, 노무현 정부 김-김라인 가동」,

『국민일보』, 2015.01.15.

130 임동원, 『피스메이커』, 중앙books, 2008, 32쪽.

131 이제훈, 「(칼럼) 이제훈의 1991-2021 (22) "김정일이 어떤 인물인지 알아 오시오"」, 『한겨레』, 2022.02.22.

132 임동원, 『피스메이커』, 중앙books, 2008, 60, 72쪽.

133 김지형, 「6·15남북공동선언: 남북정상 간 첫 합의, 화해협력시대의 보증서」, 『내일을 여는 역사』 71·72, 2018 참조.

134 「정주영씨 10일께 방북」, 『동아일보』, 1998.05.02.

135 「정주영 '김정일 면담' 이뤄질까」, 『경향신문』, 1998.10.13 ; 「정주영-김정일 이번엔 만날까」, 『조선일보』, 1998.10.26 ; 「김정일 총비서 면담 '금강산 30년 독점 개발' 정주영회장 재방북 '대가' 관심」, 『한겨레』, 1998.10.27 ; 「김정일 면담 경협논의 희망」, 『동아일보』, 1998.10.28.

136 「정주영씨 소떼 몰고 재방북, 북 김용순과 회담」, 『조선일보』, 1998.10.28.

137 「김정일 총비서 면담 '금강산 30년 독점 개발' 정주영회장 재방북 '대가' 관심」, 『한겨레』, 1998.10.27.

138 「김정일과 29일쯤 면담할 가능성, 정주영씨 북서 뭘 논의할까」, 『조선일보』, 1998.10.28. 판문점 기자회견에서 논란이 되고 있는 북한과의 이면계약에 대해 묻는 기자들에게 정몽헌은 "보험을 들었다고 생각하면 된다"고 답변했다.

139 「남북합작 수출공단 건설 추진」, 『경향신문』, 1998.10.27.

140 「김정일과 29일쯤 면담할 가능성, 정주영씨 북서 뭘 논의할까」, 『조선일보』, 1998.10.28.

141 「정주영 회장 소떼 몰고 재방북 북 연안 석유시추 타진」, 『매일경제』, 1998.10.28.

142 정주영전집간행위원회, 「통일조국과 제2의 경제도약」, 『한국경제의 신화와 현실-정주영 연설문집 I (경제편)』, 1992, 울산대학교 출판부, 213쪽.

143 「정주영씨 일문일답, "북연안 석유 공동개발 논의"」, 『동아일보』, 1998. 10.28.

144 「정주영씨 김정일 만난 듯」, 『경향신문』, 1998.10.31 ; 「정주영회장 귀환 연기」, 『조선일보』, 1998.10.31.

145 「정주영 명예회장-김정일 면담 이모저모 "길 터 놨으니 자주 오십시오" 환송」, 『매일경제』, 1998.11.02 ; 「정씨 "김정일 나를 어른으로 대접", '정주영-김정일 면담' 상황」, 『동아일보』, 1998.11.02.

146 「남북경협 신기원 북 대외정책 바뀌나, 쇄국 빗장 풀고 '공동번영' 모색」, 『매일경제』, 1998.11.02.

147 이병도, 『영원한 승부사 정주영 신화는 계속된다』, 찬섬, 2003, 16쪽.

148 「경협 보따리 '예상보다 푸짐', 남북 훈풍 주요 합의내용」, 『경향신문』, 1998.11.02 ; 「(사설) 새 지평 열린 남북 경협」, 『매일경제』, 1998. 11.02 ; 『주춤했던 대북경협 전기 될지도」, 『조선일보』, 1998.11.02.

149 「경협 보따리 '예상보다 푸짐', 남북 훈풍 주요 합의내용」, 『경향신문』, 1998.11.02.

150 「정주영씨, 김정일 면담 대북 경협사업 성과, 북 서해안에 '경제특구' 개발 추진」, 『동아일보』, 1998.11.02 ; 「남북 경협 신기원 북 대북정책 바뀌나, 쇄국 빗장 풀고 '공동번영' 모색」, 『매일경제』, 1998.11.02.

151 「현대 북 유전개발 참여 합의, 정주영씨 김정일 만나 대북사업 협의」, 『동아일보』, 1998.11.02.

152 「경협 보따리 '예상보다 푸짐', 남북 훈풍 주요 합의내용」, 『경향신문』, 1998.11.02.

153 「김대통령 오늘 정주영씨 만나 방북 결과 보고 받아」, 『경향신문』, 1998.11.02 ; 「남북관계 하나씩 쌓아 올라가야, 김대통령 정주영씨 면담 공단 중요성 역설」, 『동아일보』, 1998.11.03.

154 정주영, 『이땅에 태어나서』, 솔, 1998, 342~343쪽.

155 「금강산 유람선 이참에 뜰까」, 『한겨레』, 1998.06.17.

156 「금강산 유람선 이참에 뜰까」, 『한겨레』, 1998.06.17.

157 임동원, 『피스메이커』, 중앙books, 2008, 373쪽.

158 정세현, 『정세현의 통일토크-남북관계 현장 30년 : 이론과 실제』, 서해문집, 2013, 119~120쪽.

159 심상진, 「남북관광이 국내관광산업에 미치는 영향」, 『한국관광정책』 30, 2008, 40쪽.

160 서보혁, 「피스 투어리즘(Peace Tourism)과 금강산 관광사업」, 『국제정치논총』 58-2, 2018, 84~86쪽.

161 김철원·이태숙, 「남북 관광 협력과 통일 인식 변화에 관한 연구-금강산관광을 중심으로」, 『통일문제연구』 49, 2008, 68쪽.

162 「'금강산관광' 오늘 첫 출항」, 『조선일보』, 1998.11.18 ; 「금강산 관광선 북 도착」, 『동아일보』, 1998.11.19 ; 「실향민 등 승객 835명 탑승…60세 이상이 51%」, 『동아일보』, 1998.11.19.

163 「최고령 금강산관광 심재린 할아버지 "오가다 보면 고향 갈 수 있겠지"」, 『한겨레』, 1998.11.19.

164 「"날 키운 금강 51년만에 올라" 금강산 자락 출신 장세창옹의 감회」,

『경향신문』, 1998.11.19.

165 「금강산 관광 이모저모, 만물상앞 어머니 부르며 오열 구룡폭포 하늘서 쏟아지는 듯」, 『한겨레』, 1998.11.20.

166 「990명 태운 '봉래호' 금강산 두 번째 출항」, 『경향신문』, 1998.11.21.

167 이해정, 「금강산관광의 의미 재조명」, 『이슈리포트』 14-10, 현대경제연구원, 2014, 1쪽.

168 김철원·이태숙, 「남북 관광 협력과 통일 인식 변화에 관한 연구-금강산관광을 중심으로」, 『통일문제연구』 49, 2008, 83쪽.

169 「정주영 회장 김정일 면담」, 『경향신문』, 1999.10.02 ; 「현대 대북사업 가속도 붙을 듯, 정주영-김정일 면담 의미」, 『동아일보』, 1999.10.02.

170 「현대-북한 합의사항 이달중 서해안공단 개발 실무진 방북」, 『매일경제』, 1999.10.04.

171 개성공단5년발간위원회 편, 『개성공단 5년』, 통일부 개성공단사업지원단, 2007, 17쪽.

172 양문수, 「한반도 평화 회복을 위한 국가전략-개성공단 사업을 중심으로」, 『국가전략』 19-2, 2013, 59쪽.

173 양문수, 「한반도 평화 회복을 위한 국가전략-개성공단 사업을 중심으로」, 『국가전략』 19-2, 2013, 59~60쪽.

174 박석삼, 「개성공단 조성의 경제적 효과 분석」, 『금융경제연구』 183, 2004. 〈표 2〉 참조.

175 현영미, 「남북경제공동체의 시금석-개성공단」, 『기억과 전망』 11, 2005, 282쪽.

176 송장준·박승찬·전영선·안형준, 『개성공단 조기 조성방안』, 중소기업협동조합중앙회, 2003 참조.

177 현영미, 「남북경제공동체의 시금석-개성공단」, 『기억과 전망』 11, 2005, 280~282쪽.

178 개성공단5년발간위원회 편, 『개성공단 5년』, 통일부 개성공단사업지원단, 2007, 17쪽.

179 개성공단5년발간위원회 편, 『개성공단 5년』, 통일부 개성공단사업지원단, 2007, 43쪽.

180 양문수, 「한반도 평화 회복을 위한 국가전략-개성공단 사업을 중심으로」, 『국가전략』 19-2, 2013, 63~69쪽.

181 정은미, 「개성공단 북한 근로자의 정체성 인식과 행동 양식의 메커니즘」, 『북한연구학회보』 18-2, 2014, 131쪽.

182 김진향, 『개성공단 사람들』, 내일을여는책, 2015, 162쪽.

183 임지훈, 「상호의존에 따른 남북 근로자의 협력-신뢰형성 연구」, 『분단생태계와 통일의 교량자들』, 한국문화사, 2017, 210~216쪽.

184 임지훈, 「상호의존에 따른 남북 근로자의 협력-신뢰형성 연구」, 『분단생태계와 통일의 교량자들』, 한국문화사, 2017, 204~205쪽 ; 정은미, 「개성공단 북한 근로자의 정체성 인식과 행동 양식의 메커니즘」, 『북한연구학회보』 18-2, 2014, 137쪽.

185 정은미, 「개성공단 북한 근로자의 정체성 인식과 행동 양식의 메커니즘」, 『북한연구학회보』 18-2, 2014, 140쪽.

186 정은미, 「개성공단 북한 근로자의 정체성 인식과 행동 양식의 메커니즘」, 『북한연구학회보』 18-2, 2014, 132쪽.

187 김진향, 『개성공단 사람들』, 내일을여는책, 2015, 170~171쪽.

188 정은미, 「개성공단 북한 근로자의 정체성 인식과 행동 양식의 메커니즘」, 『북한연구학회보』 18-2, 2014, 141쪽.

189 정태헌, 「1998년 소떼방북, '21세기 한반도' 대전환의 문을 연 메가이벤트」, 『역사비평』 112, 2015, 317쪽.

190 김지형, 「6·15남북공동선언: 남북정상 간 첫 합의, 화해협력시대의 보증서」, 『내일을 여는 역사』 71·72, 2018, 270쪽.

## 사잇글 1 노래하고 춤추는 특사

### : 군사정권 시대, '정치적 적대' 속에서 '민족'을 탐색하다

1 당시 남한의 정부 고위당국자는 '유엔 동시 가입'에 대해 "북한의 유엔 가입은 지금까지 '하나의 조선'을 주장해 왔던 북한이 국제법상 두 개의 국가 실체를 인정하는 등 남북 관계의 본질적인 변화를 의미한다"고 평가했다. 남·북 모두 표면적으로는 '통일'을 이야기 하고 있었지만 결국 서로의 체제를 인정하고 두 개의 국가임을 전제한 '합의'였다는 점에서 실리적 목적을 위한 '분단의 인정'으로 해석할 수 있다.

## 저자소개

### 도지인

- 건국대학교 통일인문학연구단 및 대학원 통일인문학과 교수
- 북한의 외교와 문화를 연구하고 있다. 주요 논문으로는 "Fashion and Consumer Culture of North Korean Women and the 'Cultural Turn' toward Harmony (2021)," "Dressing Socialism: Joseonot and Revolutionary Womanhood in North Korea, 1955-1960 (2021)," 「북한의 교육관·사제관계의 변화와 특징: 북한이탈주민 초점집단면접(Focus Group Interview)을 중심으로」(2021), 저서로 『일상을 통해 본 남북의 가치·정서·문화』(2020), 『남북의 가치·정서·문화 충돌과 포스트 통일 연구의 방향』(2021) 등이 있다. 고려대학교 정치외교학과(학사), 하버드대학교 동아시아학과(석사), 북한대학원대학교(박사)를 졸업하고 고려대학교, 서강대학교, 서울대학교에서 북한사, 남북관계사, 동아시아냉전사 등을 강의하였다.

### 전영선

- 건국대학교 통일인문학연구단 HK연구교수
- 한양대학교에서 국문학을 전공하고, 고전문학으로 문학박사 학위를 받았다. 한반도 평화와 통일을 인문학적으로 성찰하고, 통일 개념과 남북 문화의 소통을 디자인하는 통일디자이너이자 남북문화의 차이를 소개하고 번역하는 통일문화번역가로 연구와 활동을 하고 있다.
주요 저서로는 『북한 지식사전』, 『공화국의 립스틱 : 김정은 시대 뷰티와 화장품』, 『찾아라 만리마 슈퍼마켓 새우맛튀기과자』, 『김정은의 전략과 북한』, 『한(조선반도) 개념의 분단사 '문화예술편'』, 『어서와 북한 영화는 처음이지』, 『NK POP : 북한의 전자음악과 대중음악』, 『북한의 체육정책과 체육문화』, 『북한에서 여자로 산다는 것』, 『김정은 리더십 연구』, 『글과 사진으로 보는 북한의 사회와 문화』, 『영상으로 보는 북한의 일상』, 『북한의 언어-소통과 불통 사이의 남북언어』 등이 있다.

김지형

• 서원대학교 역사교육과 교수
• 한양대 대학원 사학과에서 박사학위를 받고, 한양대 동아시아문화연구소 연구교수를 역임하였다. 현재 서원대학교 역사교육과 교수로 재직하면서 한국사연구회 연구이사, 한국사학회 연구이사직을 맡고 있다. 주요 논저로 는 「탈냉전 초기 남북관계 인식의 분화와 갈등-정부내 강온파 대립과 민간 통일운동세력의 이원화 현상을 중심으로-」, 「4.19 직후 내각책임제 개헌논 의와 '보수합동'」, 「60년 전 기록으로 보는 부산지역 4월혁명의 장면」, 「대학 신입생의 수능 필수 한국사 경험과 '사고와 표현' 교육의 상관성」, 「1987년 헌법 개정과 이후 개헌 논의의 정치적 상관성」, 「한국전쟁기 부역 이데올로 기의 전환: 부일(附日)과 부공(附共)의 교차점에서」 등이 있다.

정진아

• 건국대학교 통일인문학연구단 및 대학원 통일인문학과 교수
• 연세대학교 대학원에서 이승만정권의 경제정책론 연구로 박사학위를 받았고, 현재 건국대학교 교수로 재직하고 있다. 한국경제사뿐 아니라 해방 이후 남북의 주민들이 만들어가고자 한 국가, 사회, 개인의 모습에 관심이 많다. 특히 그 속에 살았던 사람들의 생활문화와 병리현상에 관심을 갖고 있다. 논문으로는 「이승만정권의 자립경제론, 그 지향과 현실」, 「장면정권의 경제정책 구상과 경제개발5개년계획」, 「남북의 농업협동화 경험과 통일농 업의 미래-남의 협업농장과 북의 협동농장을 중심으로」 등이 있고, 저서로 는 『한국 경제의 설계자들』, 『역사학의 시선으로 읽는 한국전쟁』, 『사회주 의는 북한사람들을 어떻게 변화시켰나』가 있다.

김지니

- 건국대학교 통일인문학연구단 HK연구원
- 이화여자대학교에서 북한학 석사학위를 받았고, 현재 건국대 통일인문학과 박사과정을 수료하였다. 북한의 문화예술, 특히 정치사를 통해 문화공간을 해석하고 북한예술을 통해 한반도의 민족예술을 추적하는 연구를 진행하고 있다. 논문으로는 「해방 후 남북 문화정책 연구 : 국립극장을 중심으로」, 「김정은 시기 무용연구 : 전통의 복원과 비물질무용유산을 중심으로」, 「'선군시대' 예술비평 연구」, 「북한 정권초기 문화권력의 대중지배 전략연구」 등이 있고, 저서로는 『북한예술의 창작지형과 21세기 트렌드』, 『봉변다반사』가 있다.


이태준

- 건국대학교 통일인문학연구단 HK연구원
- 대학에서 한반도 분단 문제와 한국 사회로부터 소외된 사람들에게 관심을 가지며, '사회적 연대'의 소중함을 배웠다. 현재 건국대학교 통일인문학과에서 식민과 분단이 사람들에게 남긴 역사적 상처에 대해 공부하고 있다. 폭력의 역사로부터 새겨진 상처를 극복하고, '인간의 존엄'을 실현하는데 주체가 되고자 했던 사람들에게 무한한 애정을 가진다. '평범한 사람들이 평화로운 삶을 살아갈 권리'를 학문적 고민으로 삼으며, 평화로운 세상을 모색하는데 연대하고자 한다.